適用SPSS 26~22

SPSS 26
統計分析嚴選教材

序

SPSS 原名是 Statistical Package for the Social Science，後來更名為 Statistical Product and Service Solutions，為一用於社會科學研究上的統計套裝軟體。

SPSS 在統計上的功能相當完備，有一般市調人員（包括報章雜誌撰寫民調結果的人）及大學生撰寫報告所需之分析工具：次數分配、交叉表、均數檢定、變異數分析、相關、迴歸、……等；甚至，包括研究生撰寫博/碩士論文所需之多變量分析工具：因數分析（因素分析、因子分析）、判別分析（區別分析）、集群分析、……等。

本書係將筆者於教學時，經多年與學生合作，進行實際問卷調查所收集到之資料，作為全書之分析實例的主要資料。其特性為：

1. **具真實性且符合國情**

   絕大多數之資料均是於國內真正進行問卷調查所獲得，每筆均是真真實實的資料，並非如坊間大部分書籍所使用之假設資料；或國情不同的國外資料。

2. **具親切感**

   各問卷所調查之對象，均是一般人日常生活上所使用得到之事物或產品。如：臉書（Facebook）、星巴克（STARBUCKS）、7-11、智慧型手機、信用卡、網路購書、運動鞋、運動飲料、化妝品、……。而非機械、生物、植物、昆蟲、化學、醫學、……等，較難懂之實例。對普通人言，應是較具親切感。

3. **具時效性**

   所使用之資料為最近幾年才進行調查之實際資料，絕對是讀者們最近還接觸得到的事物；而非數十年前的老資料。

4. **實例充足**

   因筆者教授與市場調查相關之課程多年，所獲取之原始問卷及資料相當多。除可用於課本之本文上，多舉幾個實例進行解說外；還可供學生於課堂上進行實作演練，或於課後當作習題作業。

5. 重過程也重解說

每一個實例，除了不厭其煩，詳盡地逐步解說其操作及進算過程外；對其結果，也儘量以讀者較容易接受之口語化加以說明；而不是以艱澀難懂的統計術語來進行解說。

6. 包含報告之整理與寫法

於以 SPSS 取得分析之報表後，最終仍得將其寫成報告或論文。這個工作通常是以 Word 來處理，可是要如何將 SPSS 之結果轉到 Word，仍是大有學問，無論單選題之次數分配表與交叉表；或是複選題之次數分配表與交叉表，其處理方式均不相同，沒有充分之實作經驗可真是事倍功半。

此外，對於應如何將龐大之報表濃縮整理成 Word 表格之技巧與方式；以及，如何撰寫成報告或論文內容？本書在這幾個方面均有詳盡的介紹，這絕對是其它類似書籍上找不到的！

7. 易學易用

所談及之內容，均是一般常用之問卷分析技巧。無導出/驗證統計公式之乏趣內容，也無過深理論。絕對能讓讀者能『學得輕鬆、學得實用』！

為節省教師指定作業之時間，並讓學習者有自我練習之機會，每一範例均再加入一含題目內容之練習，可馬上驗收所學之內容；且於章節適當位置附加有『馬上練習』之題目，學習者可隨時於任一章插進來閱讀並練習。

為方便教學，本書另提供教學投影片與各章課後習題，採用本書授課教師可向碁峰業務索取。

撰寫本書雖力求結構完整與內容詳盡，然仍恐有所疏漏與錯誤，誠盼各界先進與讀者不吝指正。

楊世瑩　謹識

目 錄

▶ CHAPTER 3 設計問卷與取得資料

▶ CHAPTER 4　資料轉換

▶ CHAPTER 5　次數分配

CHAPTER 6 敘述統計

CHAPTER 7 交叉分析表

▶ CHAPTER 8 複選題

▶ CHAPTER 9 均數檢定

▶ CHAPTER 10 單因子變異數分析

▶ CHAPTER 11 相關

▶ CHAPTER 12 迴歸

下載說明

本書範例與附錄 PDF 電子書請至
http://books.gotop.com.tw/download/AEM002500 下載。
其內容僅供合法持有本書的讀者使用，未經授權不得抄襲、轉載或任意散佈。

概說

1-1 SPSS 簡介

SPSS 原名是 Statistical Package for the Social Science，後來更名為 Statistical Product and Service Solutions，為一用於社會科學研究上的統計套裝軟體。

SPSS 在統計上的功能相當完備，有一般市調人員（包括報章雜誌撰寫民調結果的人）及大學生撰寫報告所需之分析工具：次數分配、交叉表、均數檢定、變異數分析、相關、迴歸、……等；甚至，包括研究生撰寫博碩士論文所需之多變量分析工具：因素分析、判別分析、集群分析、……等。

目前，SPSS 與 SAS(Statistical Analysis Software)同為是世界上公認最優秀的統計套裝軟體。雖然，兩者在統計上的功能，均相當受肯定。但若是以進行市場調查分析為目的言，SPSS 似乎是較 SAS 好用一點。所以，SPSS 之普及度還是較 SAS 來得高一些！

SPSS 算是非常成熟的產品，推出的年代也相當久。早在 1965 年，PC 尚未問世之前，它就已經在大電腦上被使用了。那時的電腦，作業系統相當多，且資料也不一定可以共享，所以 SPSS 就隨電腦所使用的作業系統不同，有很多不同的版本。但因開發成本較高，故其租金相當昂貴，若不是政府機關的研究單位，或是經費較充足的學校，是不可能有能力購買的！

　　隨著 PC 的普及，SPSS 也相續推出 DOS 版以及目前的 Windows 版。其租金與售價才稍微降低一點點，普及率也略為提高一些；但還是僅為政府或大型公司之研究單位及學校所採用而已！有很多碩博士論文也都是靠它的幫忙才得以完成，很多學校除用來作為研究工具外，許多統計課程，也直接以其作為教學工具。

1-2 進入 SPSS

　　欲執行 SPSS，可於 Windows 的『開始』畫面，點選「IBM SPSS Statistics 26」方形圖示：

或按應用程式畫面之「IBM SPSS Statistics 26」圖示 IBM SPSS Statistics 26 ；或按工作列上之 圖示，均將轉入 SPSS 之『歡迎使用對話框』：

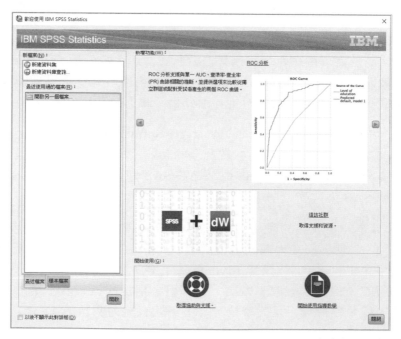

供我們決定要建立新檔案或開啟其它舊檔。

其內，較常用的選項及作用分別為：

新檔案(N)

選按 🔳 **新建資料集**，按 確定 鈕後，可轉入『IBM SPSS Statistics 資料編輯器』畫面：

等待輸入資料，以建立資料檔。通常，用於第一次輸入問卷資料時。因為，必須有資料才可進行後續之統計分析。（各部位作用詳本章後文說明，此部份之動作，相當於執行「**檔案(F)/新建(N)/資料(D)**」）

最近使用過的檔案(R)

若已經將要進行分析之資料，輸妥並存檔，且於最近才使用過該檔，此處會列出先前才處理過的資料檔名，找出該檔案，直接雙按其檔名（或於選取

該檔名後，按 確定 鈕），可將其開啟並等待進行後續之統計分析：（此部份之動作，相當於執行「**檔案(F)/最近使用的資料(Y)**」。請開啟『範例\Ch01\啤酒廠牌.sav』資料檔）

本部份並不僅限於開啟以 SPSS 所建立之資料檔，也可以開啟其他知名軟體，如：SAS、Excel、Lotus、dBASE、……等，所建立之各類資料檔。很多學生家裡沒有 SPSS，可先以 Excel 進行輸入問卷資料，再帶到學校轉入 SPSS。（本部份之操作，詳第四章之說明）

若資料檔並非最近才使用過，則無法於其下之捲動方塊內找到該檔案，可雙按「**開啟另一個檔案...**」 開啟另一個檔案... （或於選取後，按 確定 鈕），轉入『開啟』對話方塊，去找尋所要開啟之資料檔：

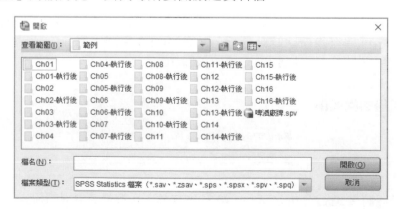

找到後，直接雙按其檔名（或於選取該檔名後，按 <kbd>開啟(O)</kbd> 鈕），可將其開啟。（此部份之動作，相當於執行「**檔案(F)/開啟(O)/資料(D)…**」）

雙按「**開啟其他檔案…**」 開啟其他檔案... ，亦可用來開啟先前執行過之分析結果：（此部份之動作，相當於執行「**檔案(F)/最近使用的檔案(F)**」，請開啟『範例\Ch01\啤酒廠牌.spv』輸出檔）

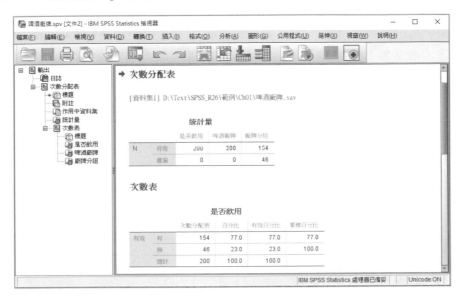

不過，由於 SPSS 的執行速度很快，且其操作步驟也蠻簡單。故而，我們通常僅保留問卷資料之原始檔案而已。等要取得某一分析之內容時，於開啟原始資料檔後，再以指令進行統計分析即可；並不會將所有分析結果均分別存檔（除非其操作過程比較複雜）。

以後不顯示此對話框(D)

☐ 以後不顯示此對話框(<u>D</u>)

選此項，可促使下次重新進入 SPSS 時，不再顯示這個『歡迎使用對話框』訊息方塊。直接進入『**IBM SPSS Statistics 資料編輯器**』畫面，等待輸入資料。以後，任何時段，想再取得這個訊息方塊，可執行「**檔案(F)/歡迎使用對話框(W)…**」。

1-3 『IBM SPSS Statistics 資料編輯器』視窗

▶▶ 『資料視圖』畫面

由於，現階段我們尚無資料檔可供分析。故於上階段之歡迎畫面左上角雙按 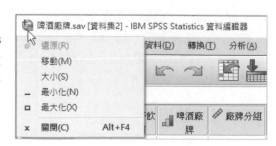新資料集，轉入『IBM SPSS Statistics 資料編輯器』畫面，它有兩個檢視畫面。目前我們所看到的是『資料視圖』（左下角顯示 資料視圖），是用來輸入問卷（觀察值）資料的畫面，其外觀及各部位的名稱為：

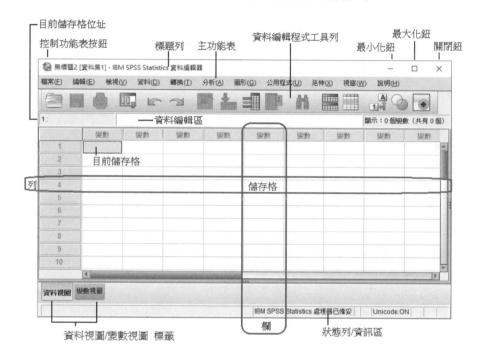

茲將其上各部位，由左而右、由上而下，分別說明如下：（請開啟『範例\Ch01\啤酒廠牌.sav』資料檔）

- **控制功能表按鈕**

位於『IBM SPSS Statistics
資料編輯器』畫面視窗之左
上角，以滑鼠單按此鈕，將
獲致一下拉式之次功能表：

可用來控制視窗的還原、最大化、最小化、移動、大小與關閉。（可用方向鍵調整，但一般很少用）

小秘訣

以滑鼠左鍵雙按本按鈕，亦可關閉『IBM SPSS Statistics 資料編輯器』視窗畫面。

- **標題列**

  視窗畫面最上面一列為視窗標題，指出目前編輯中資料檔的檔名。若係一新檔，則其標題為『無標題1』。一旦將其命名存檔後，本部位將顯示其檔名：

  > 🍺 啤酒廠牌.sav [資料集1] - IBM SPSS Statistics 資料編輯器
  >
  > 檔案(F)　編輯(E)　檢視(V)　資料(D)　轉換(T)　分析(A)

  SPSS 允許開啟多重檔案，目前顯示之[資料集 1]，表其為第 1 個資料檔。往後，可能隨所開啟之資料檔增加，而顯示[資料集 2]、[資料集 3]、…。

- **最小化按鈕** ‒

  於其上單按，會將執行中之『IBM SPSS Statistics 資料編輯器』視窗，轉為工作列上之小圖示：

  > ⊞　🔍　🗖i　🌀　Σₐ　🗀

  續於其上單按滑鼠，可使其還原。

- **最大化按鈕** ☐

  外觀為一個大視窗，會把『IBM SPSS Statistics 資料編輯器』視窗放大到佔滿整個螢幕。

- **關閉按鈕** ✕

  可用以關閉『IBM SPSS Statistics 資料編輯器』視窗，並結束 SPSS。

- 還原按鈕

可將視窗還原成前階段之大小。

- 主功能表

標題列之下緊跟著主功能表選擇列，包括：「**檔案(F)**」、「**編輯(E)**」、「**檢視(V)**」、「**資料(D)**」、「**轉換(T)**」、「**分析(A)**」、「**圖形(G)**」、「**公用程式(U)**」、「**延伸(X)**」、「**視窗(W)**」與「**說明(H)**」，總共有十一個主功能選項。在任一主功能選項上單按滑鼠，會有一下拉式功能選擇表供使用者選擇後續之動作。

小秘訣

功能表選項後，若接有三角符號（▶）者，表示其後仍有次功能選項。如：

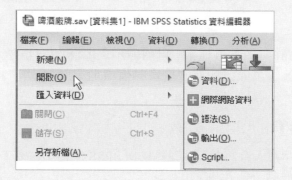

若接有連結符號（...）者，表示將轉入另一對話方塊以進行選擇。有些常用功能，除備有工具按鈕外，尚提供有快速鍵。如：「**關閉(C)**」後之「**Ctrl+F4**」，表同時按下 Ctrl 與 F4 鍵，相當於執行該選項之動作。

- 工具列

在主功能表下方第一列，含多個方形小圖示（Icon），稱之為工具按鈕。每個工具按鈕內，均包含了 SPSS 的指令巨集，透過選按所要之工具按鈕，將可達成某一特定功能。如：按『列印』鈕，可進行印

表工作；按『開啟資料文件』 🗎 鈕，可進行開啟檔案。如此，可於操作上獲得更多的便利。

- **目前儲存格位址**

  若未曾定義過欄變數名稱，本處並無任何資料：

  若曾定義過欄變數名稱，本處將顯示目前所停留之儲存格是在哪一個變數欄之第幾列：

  表示目前所停留之位置在『是否飲用』欄的第 2 列。

- **資料編輯區**

  資料輸入中，僅儲存格會顯示目前所輸入之資料：（請另以「**檔案(F)/新建(E)/資料(D)**」開啟一全新的空白資料檔）

  完成輸入後，儲存格及資料編輯區均會顯示所輸入之資料：

  原來之欄名為『變數』，將自動改為 VAR00001；且目前儲存格位址也已改為

```
1: VAR00001
```

表示目前所停留之位置在 VAR00001 變數欄的第 1 列。儲存格及資料編輯區均顯示目前該格之內容為 1001.00。（.00 係自動加上，所有數值預設會自動安排兩位小數，將來可以自行設定將其移除）

- **邊框**

  資料表視窗中很顯眼的淺藍色框邊，上有『變數』者稱為**水平邊框**，上有數字者稱為**垂直邊框**。

- **欄**

  水平邊框上，每一個『變數』處，即是用來顯示該欄變數名稱之位置。於其上直接雙按，即可轉入『變數視圖』畫面去輸入變數名稱：

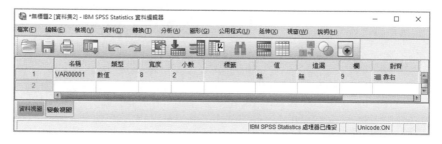

於其上雙按滑鼠，即可進入編輯狀態：

	名稱	類型	寬度
1	VAR00001	數值	8

隨便輸入一個新欄名：

	名稱	類型	寬度
1	編號	數值	8

輸妥後，按左下角之 資料視圖 又可轉回『資料視圖』。可將其變數名稱由 VAR0001 改變為我們所定義之新名稱（編號）：

每個欄名部份之淺藍色按鈕 ✐ 編號 ，亦可用來作為**整欄選取鈕**，單按該鈕可將一整欄全部選取（呈淺黃色顯示，供抄錄、搬移或刪除……等之用，移往按鈕外之資料表上單按滑鼠，即可解除被選取之狀態）。

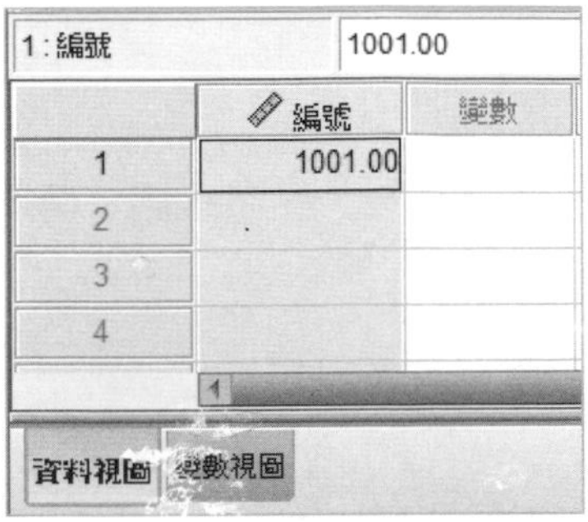

- **列**

  垂直邊框上一個數字所對應之整個橫列（如：第 2 列），是用來存放一筆問卷調查之資料，一列一筆，SPSS 稱之為一個**觀察值**。

  每個數字按鈕 2 ，亦可用來作為**整列選取鈕**，單按該鈕可將一整列全部選取（呈淺黃色顯示，供抄錄、搬移或刪除……等之用，移往按鈕外之資料表上單按滑鼠，即可解除被選取之狀態）。

- **儲存格**

  每個垂直與水平座標所交會之處，即為一個**儲存格**。

- **目前儲存格**

  資料表內底色為淺黃色並以單線方框所圍之儲存格，用以指出目前游標所在處為哪一個儲存格，如：

3：啤酒廠牌		5		
	編號	是否飲用	啤酒廠牌	廠牌分組
1	1	1	6	12
2	2	1	1	1
3	3	1	5	5
4	4	1	1	1

表目前儲存格之位置為『啤酒廠牌』欄的第 3 列。若按 `Delete` 鍵，將會刪除該格之內容：

3：啤酒廠牌				
	編號	是否飲用	啤酒廠牌	廠牌分組
1	1	1	6	12
2	2	1	1	1
3	3	1	.	5
4	4	1	1	1

小秘訣

出現一個點號，在 SPSS 中有其特殊意義，表其內無任何內容，專有名詞叫『**系統遺漏值**』，分析時會被自動排除於分析之外。例如，計算百分比或平均值時，不會被當成總樣本數的一個項目。

若輸入新資料亦將存於該位置：

3：啤酒廠牌		3		
	編號	是否飲用	啤酒廠牌	廠牌分組
1	1	1	6	12
2	2	1	1	1
3	3	1	3	5
4	4	1	1	1

- **垂直捲軸**

  按 ↑ ↓ 或 `Page Up` `Page Down` 鍵，雖可於資料表上作上下移動，但其速度較慢。若按住垂直捲動鈕上下拖曳，則可用來快速垂直捲動資料表。按垂直軸末端之 ▲ ▼ 上下箭頭，其作用相當按 ↑ ↓ 鍵，可上下移動一列。

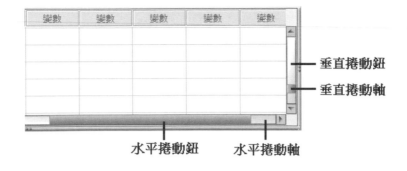

垂直捲動鈕

垂直捲動軸

水平捲動鈕　　　水平捲動軸

- **水平捲軸**

  按 ← → 鍵，雖可於資料表上左右移動，但其速度較慢。若按住水平
  捲動鈕左右拖曳，則可快速左右捲動資料表。按水平軸末端之 ◄ ►
  左右箭頭，其作用相當按 ← → 鍵，可左右移動一欄。

- **資訊區**

  畫面最下方的一列，稱為**資訊區**，可顯示與目前編輯中資料表有關的
  一些狀態（如：SPSS 處理器已就緒）及所要執行之指令的動作提示
  （如，滑鼠指標移往『開啟資料文件』 📂 鈕時，此處將顯示：開啟資
  料文件）。

▶▶ 『變數視圖』畫面

　　『IBM SPSS Statistics 資料編輯器』的另外一個畫面，為『變數視圖』畫
面，是用來輸入變數名稱、定義各欄變數之資料型態及其格式。於『資料視
圖』要切換到『變數視圖』畫面，可用方式為：

- 執行「**檢視(V)/變數**」
- 按左下角之 變數視圖 標籤來切換
- 按 Ctrl + T 鍵
- 雙按任意之欄變數的標題按鈕

若未曾定義過欄變數名稱，其畫面如：

	名稱	類型	寬度	小數	標籤	值	遺漏
1							
2							
3							
4							

資料視圖　變數視圖

其內一列，即用來定義一個欄變數之名稱及其資料類型（如：數值、字串、日期……）及格式（如：寬度與小數位數）、……。

若曾定義過欄變數名稱及其相關設定，則畫面上可看到各欄變數之各項設定值：

	名稱	類型	寬度	小數	標籤	值	遺漏	欄	對齊
1	編號	數值	8	0		無	無	5	▤ 靠右
2	是否飲用	數值	2	0		{1, 有}...	無	9	▤ 靠右
3	啤酒廠牌	數值	3	0		{0, 0. 未飲...	無	9	▤ 靠右
4	啤牌分組	數值	8	0		{0, 0. 未飲...	0	9	▤ 靠右
5									

資料視圖　變數視圖

於『變數視圖』要切換到『資料視圖』畫面，可用方式為：

- 執行「**檢視(V)/資料**」
- 按左下角之 資料視圖 標籤來切換
- 按 Ctrl + T 鍵

1-4 定義變數

由於，我們目前尚無任何資料可供進行後續之統計分析。所以，得輸入一些資料。在進行輸入資料之前，得先定義各欄變數之名稱；否則，SPSS 將依欄位順序給予 VAR00001、VAR00002、VAR00003、……。

假定，對新建之檔案，我們要輸入：編號、性別（1 表男性；2 表女性）與成績等三欄數值資料。可以下示步驟進行定義其變數名稱：

STEP 1　首先，另以「**檔案(F)/新建(E)/資料(D)**」開啟一全新的空白資料檔

STEP **2**　執行「**檢視(V)/變數**」（或按左下角之 資料視圖 標籤）切換到『變數視圖』畫面

其內每一列，即用來定義一個欄變數之名稱及其資料類型。

STEP **3**　雙按『名稱』欄第 1 列的儲存格，輸入：**編號**，作為第 1 欄之變數名稱。按下 Enter 後，將自動補上其餘之相關定義的預設值。如：數值型、寬度 8、小數 2

STEP **4**　由於，編號並不須小數位，且寬度也不用那麼多。故我們將其改為：寬度 4、小數 0。修改時，可直接鍵入新值或按其右側之箭頭進行調整

	名稱	類型	寬度	小數
1	編號	數值	4	0

STEP **5**　接著，依序於第 2、3 列之『名稱』處，輸入：**性別**與**成績**等作為各欄之變數名稱。先將其小數均改為 0；續將寬度分別定為 1 與 3，小數均設定為 0

各部位之定義內容，目前先維持原狀。留待後文適當章節再進行詳細說明。

	名稱	類型	寬度	小數
1	編號	數值	4	0
2	性別	數值	1	0
3	成績	數值	3	0
4				

1-5 輸入資料

定義完各欄變數之名稱、型態及寬度小數位數後。可以下示之步驟來輸入資料：

STEP **1** 執行「**檢視(V)/資料**」（或按左下角之 [資料視圖] 標籤）切換回『資料視圖』畫面

於欄標題處，已可以看到我們先前所定義之欄變數名稱。此處一列將用以存放一筆記錄（一個學生的資料，SPSS 稱其為一個**觀察值**）之資料。

STEP **2** 於各列輸入學生之編號、性別（1 表男性；2 表女性）與成績等三欄數值資料

輸入時，按 → 鍵，可向右移一個資料儲存格，按 ↓ 鍵，可向下移一列，或以滑鼠點按要輸入資料之資料儲存格，即可直接鍵入資料。

雖然，並沒有規定要一列一列逐筆輸入，我們雖可一欄打完，再打另一欄。但這不太是實務上的真實作法，設想：在一大堆回收之問卷中，我們會先每份問卷找出第一題進行輸入，等輸完全部的第一題後，再回頭由第一份問卷開始找出第二題進行輸入？還是，一份問卷逐題輸入完後，再輸入下一份問卷之資料？當然，是採用後者之方法才對！

1-6 儲存資料

輸妥資料（甚至是資料輸入中），第一個想到要做的事，一定是將其存檔，以免稍有閃失、操作不當、當機或斷電而導致前功盡棄。

初入 SPSS 進行練習，第一個檔案必然是未曾命名之新檔（『無標題 1』）。若欲儲存之資料檔為一尚未命名之新檔，可執行下列之任一個動作進行存檔：

- 執行「**檔案(F)/儲存**」

- 按工具列上之『儲存此文件』 $\boxed{}$ 鈕

- 按 Ctrl + S 鍵

均將轉入『另存資料』對話方塊，等待輸入檔名：

選擇磁碟機、資料夾並輸入檔案名稱後，按 儲存(S) 鈕，即可將其依所指定之檔名存檔。

本例，將其命名為『學生成績』進行存檔，儲存後，標題列的檔名已由『無標題 3』改為『學生成績.sav』：

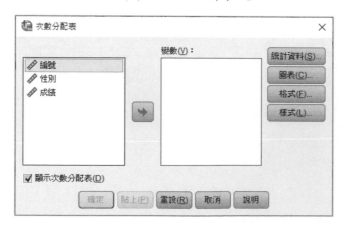

小秘訣

檔名部份，可使用多達 250 個字元，只要不使用：

: | / \ * ? < > "

等字元，其餘之中英文、數字及特殊符號均合乎語法。SPSS 預設儲存之資料檔的檔案類型是「SPSS Statistics(*.sav)」格式，若無特殊理由，絕大多數情況，均直接以此一類型進行存檔。

1-7 執行一簡單分析

接著，我們來進行一般人最能接受、最常見、也最容易看得懂的『次數分配表』分析，求性別及成績之次數分配表：

STEP 1　執行「**分析(A)/敘述統計(E)/次數分配表(F)...**」

STEP **2** 左側方塊內所顯示者,為我們所定義過之欄變數名稱,於其上以滑鼠點按「**性別**」,按住 Ctrl (或 Shift 鍵),續以滑鼠點按「**成績**」,可同時選取這兩個變數

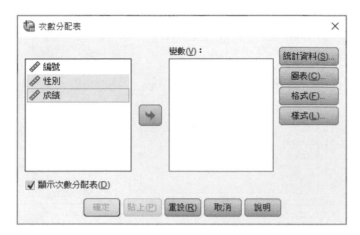

如是不連續之變數,可按住 Ctrl 鍵,續以滑鼠點按,可選取不連續之多個變數。如果是連續之變數,可按住 Shift 鍵,續以滑鼠點按要選取之最後一個變數,可選取連續之多個變數。

STEP **3** 按 ➡ 鈕,將所選之兩個變數送到右側之『變數(V)』方塊,表欲處理這兩個變數(若選錯,可於選取變數後,按 ⬅ 鈕,將其送回左側方塊)

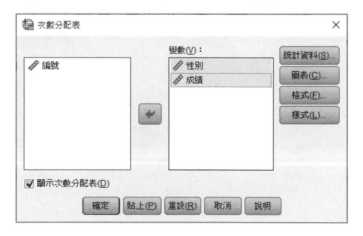

STEP **4** 按 統計資料(S)... 鈕，進行選擇要取得哪些統計資料。本例選擇：平均數、
最小值與最大值（僅對成績部份有意義；對性別言，則無意義。只要
不理會性別在此部份之結果就好了！）

STEP **5** 按 繼續(C) 鈕，結束有關統計資料的選擇。回上一層之對話方塊

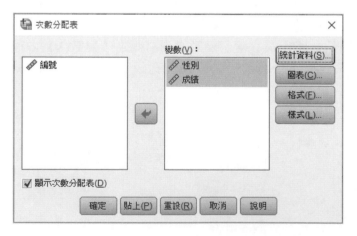

STEP **6** 按 [確定] 鈕，即可進行『次數分配表』的統計分析。獲致

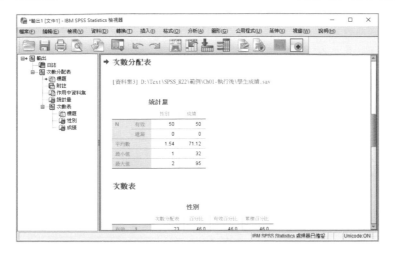

SPSS 將分析結果安排於一稱之為『IBM SPSS Statistics 檢視器』的輸出畫面，其標題為『輸出 1』，其主功能表與工具按鈕下，又細分為兩個方塊（方框）。左框，是內容的大綱，點按某一按鈕，可快速切換到其內容處；右框則是放置統計分析結果的文數字、表格或圖表。

『性別』欄下，可看到其個數為 50，表計有 50 個觀察值（人）。其餘資料為：平均數、最小值與最大值，並無意義；『成績』欄下，可看到個數亦一樣為 50 個觀察值（人），所有成績的平均數為 71.12、最小值為 32、最大值為 95。

以右側之垂直捲軸進行向下捲動，可取得性別之次數分配：

次數表

性別

		次數分配表	百分比	有效百分比	累積百分比
有效	1	23	46.0	46.0	46.0
	2	27	54.0	54.0	100.0
	總計	50	100.0	100.0	

性別資料為 1 表男性；為 2 表女性。故由此表之『次數』欄，可看出男性有 23 人；女性有 27 人。由『百分比』欄，可看出男性佔總人數之 46%（23/50）；女性佔總人數之 54%（27/50）。

續以右側之垂直捲軸向下捲動，可取得成績之次數分配：

		次數分配表	百分比	有效百分比	累積百分比
有效	32	2	4.0	4.0	4.0
	34	1	2.0	2.0	6.0
	39	1	2.0	2.0	8.0
	42	1	2.0	2.0	10.0
	47	2	4.0	4.0	14.0
	55	1	2.0	2.0	16.0
	56	1	2.0	2.0	18.0
	58	3	6.0	6.0	24.0
	60	2	4.0	4.0	28.0
	64	2	4.0	4.0	32.0

成績

於『次數』欄，可看到各成績之人數，如：32、47、60、……分別有 2 人；34、39、42、……均只有 1 人而已。由於，成績分配如此分散，故求其次數分配表已無多大意義！通常，是將其分組，如：『~60』、『61~80』與『81~』，再進行求算分組後之次數分配表。（本部份之作法，參見第五章『連續變數之次數分配』的說明）

1-8 儲存結果

若要省去下次重新執行分析的麻煩，可將其存檔，以保留目前之輸出結果。可於輸出畫面的『IBM SPSS Statistics 檢視器』，執行下列任一個動作進行存檔：

- 執行「**檔案(F)/儲存**」
- 按工具列上之『儲存此文件』■ 鈕
- 按 Ctrl + S 鍵

均將轉入『另存輸出』對話方塊，等待輸入檔名：

　　其預設之儲存類型為『**檢視器檔案(*.spv)**』，本例將其命名為『性別與成績之次數分配表』，按 儲存(S) 鈕進行存檔後，其標題列將由『輸出　1』變為『性別與成績之次數分配表.spv』：

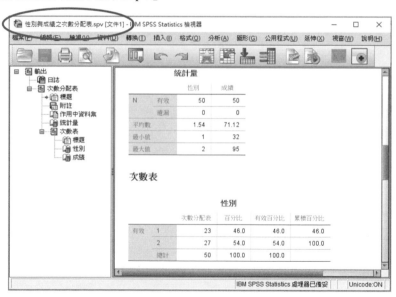

1-9 離開 SPSS

欲離開 SPSS，可以下列方式達成：

- 執行「**檔案(F)/結束(X)**」

- 以滑鼠左鍵單按位於『IBM SPSS Statistics 資料編輯器』或『IBM SPSS Statistics 檢視器』視窗最右上角的 ⊠ 按鈕

- 以滑鼠左鍵雙按位於『IBM SPSS Statistics 資料編輯器』或『IBM SPSS Statistics 檢視器』視窗最左上角的『控制功能表』 按鈕

由於 SPSS 可開啟多個資料檔，當您關閉到最後一個資料視窗時，將出現：

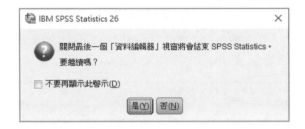

如確定要關閉 SPSS，可按 是(Y) 鈕。

若所處理之檔案均已事先存檔，將可結束執行，離開 SPSS；否則，將顯示提示，要求對輸出及資料檔進行存檔：

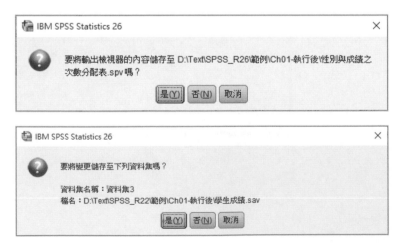

無論決定是否進行存檔，均可結束執行，離開 SPSS。

1-10 開啟舊檔

資料檔或輸出檔儲存過後，下次再度進入 SPSS，則可使用下列任一方式來開啟已存在之資料檔：

- 於進入 SPSS 之『歡迎使用對話框』畫面，於『最近使用過的檔案(R)』方塊，找出該檔案，直接雙按其檔名

- 於『IBM SPSS Statistics 資料編輯器』或『IBM SPSS Statistics 檢視器』視窗，執行「**檔案(F)/最近使用的資料(Y)**」，續選擇要開啟之檔名

- 於『IBM SPSS Statistics 資料編輯器』或『IBM SPSS Statistics 檢視器』視窗,執行「**檔案(F)/開啟(O)/資料(D)...**」(或按『開啟資料文件』 鈕),找出檔案所在之資料夾,續雙按要開啟之檔名

建立/編輯資料檔

2

　　雖然，我們已於前章建立過一個『學生成績』資料檔。但其內仍有許多相關的細部設定與操作未曾述及，將於本章作一完整的介紹。

2-1　定義變數

　　通常，於進行資料輸入之前，我們會先定義各欄變數之名稱；否則，SPSS將依欄位順序給予 VAR00001、VAR00002、VAR00003、……之欄名。這樣，畢竟還是有點不好辨識。

　　要定義各欄變數之名稱，得於『IBM SPSS Statistics 資料編輯器』執行「**檢視(V)/變數**」（或按左下角之 變數視圖 標籤）切換到『變數視圖』畫面：

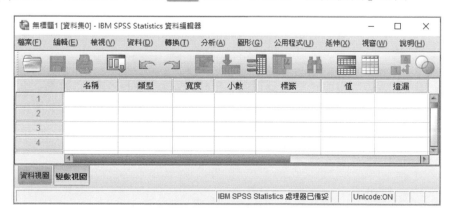

其內一列即用來定義一個欄變數之名稱、類型、寬度、小數、標籤、數值、遺漏、……等項目。茲逐一說明於後。

▶▶ 名稱

要輸入變數名稱，只須於『名稱』欄之空白文字方塊內直接輸入即可。但變數名稱必須符合下列規則：

- 每一個變數名稱都必須是唯一的；不可重複。

- 第一個字元必須是中文或英文字母，接下來的字元可以是任一中文或英文字母、數字、句號（.）和底線（_）、$、#、@等符號字元。

- 變數名稱可使用 64 個半形字元或 32 個全形字元。

- 不可以#字元作為起始字元，它專屬於暫存變數使用。

- 不可以$字元作為起始字元，它專屬於系統變數使用。

- 不可使用空格。

- 不可以點號（.）作為結束字元。

- 不可使用保留字：ALL、AND、BY、EQ、GE、GT、LE、LT、NE、NOT、OR、TO、WITH

- 變數名稱允許使用任意之大小寫

雖然新版 SPSS 已將變數名稱，由原來舊版之 8 個字元延長到 64 個字元，但我們還是較常以簡短之縮寫字來命名。因為，一份問卷通常有很多題目，為方便分析時容易辨認且也為了節省命名時間。所以，分析者經常只以題號為變數欄之名稱。如，第一題命名為 q1、第二題命名為 q2、……。

小秘訣

注意，有些中文字仍無法被接受，雖然設定時打得出來，但於儲存時，整組欄名將被置換成：V1、V2、...！換成其他較常見之中文，即可解決此一問題。

▶▶ 類型

命妥變數之名稱後，SPSS 會自動將此變數之類型，預設為「**數值**」：

	名稱	類型
1	月費	數值

大部份情況也不須重新設定，因為我們通常會將問卷之答題結果，轉為數字，以進行輸入。

可用之資料類型有三大類：**數值、日期（含時間）與字串**。其中，數值隨其外觀之格式又細分為：數值（98.65）、逗號（1,234.5）、點（1.234,5）、科學記號（1.8E2）、美元（$1,234）、……等幾種變型。實務上，還真的很少去改變其顯示的格式，因為那不是統計分析的重點。若真的要變更其類型，可點按『類型』欄下之「**數值**」處，其右側將有一 按鈕：

	名稱	類型	
1	月費	數值	...

按 ... 鈕，將轉入：

去安排資料類型，同時也可以一併設定其寬度與小數位數。

其中，若安排為日期，並不用設定寬度與小數，但得選擇其格式應為日期、時間或兩者，以及其年月日的排列方式：

若安排為字串，則可用來輸入所指定長度之文字內容（長度上限 32767），如：男、女；台北市、新北市、台中市、……。此類型之資料是無法用來計算其均數、標準差、……等數值性之統計資料：

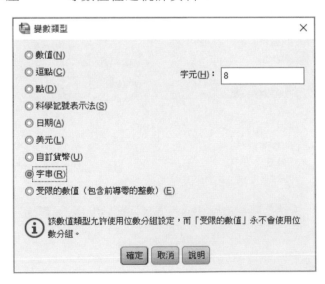

▶▶ 寬度與小數

數值型之資料預設寬度為 8；小數位數預設為 2。要修改時，可直接鍵入新值或按其右側之箭頭進行調整：

	名稱	類型	寬度	小數
1	月費	數值	8	2

問卷上的資料若為選擇題，通常是用不到小數的，故可將小數設定為 0。若要同時定義寬度與小數位，應注意寬度至少要比小數位數多 1。如，總寬度為 2，其小數位最多只能為 1（因為還得保留 1 位之寬度來安置點號）。否則，會出現錯誤：

▶▶ 標籤

標籤即變數於輸出報表上的文字標籤，若未曾設定『標籤』，預設狀況為使用變數名稱當報表上的文字標籤。如，下表之 Sex 的次數分配：（請開啟『範例\Ch02\標籤.sav』，仿前章之操作步驟求得其次數分配）

Sex

		次數分配表	百分比	有效百分比	累積百分比
有效	1	77	40.3	40.3	40.3
	2	114	59.7	59.7	100.0
	總計	191	100.0	100.0	

有時，因偷懶或為方便找尋，標題經常是縮寫成僅使用題號：q1、q2、q3、……。如不對照原問卷，就更不易看懂其標題為何。故可於『標籤』處，加入較詳細之中英文，當作輸出報表上的文字標籤，以提高其閱讀上的便利性。如，將 Sex 之標籤設定為改為『性別』：

	名稱	類型	寬度	小數	標籤
1	Sex	數值	1	0	性別

同樣的次數分配表輸出，再執行一次，其標題將由『Sex』改為『性別』：

		次數分配表	百分比	有效百分比	累積百分比
有效	1	77	40.3	40.3	40.3
	2	114	59.7	59.7	100.0
	總計	191	100.0	100.0	

性別

▶▶ 數值

同樣以上一個輸出為例，最左邊一欄，僅出現 1、2 而已。沒人知道 1、2 分別代表何種性別，除非拿問卷出來對照。特別是問卷上的選項較多時，即便拿問卷來對照，於撰寫報告時，還是會經常出錯！

此時，就可於『值』欄處，分別對此變數之所有數字所代表的意義，加以設定。亦即，要設定答案內容的數值註解。設定時，先以滑鼠點按『值』欄下之「無」處，其右側將有一 ⋯ 按鈕：（請開啟『範例\Ch02\數值.sav』進行練習）

	名稱	類型	寬度	小數	標籤	值
1	Sex	數值	1	0	性別	無 ⋯

按 ⋯ 鈕，可轉入：

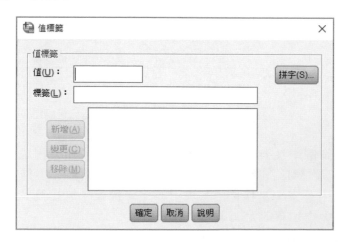

於『值(U)』後之文字方塊，輸入：1；續於『標籤(L)』後之文字方塊，輸入：男。表示答案為 1 即表示為男性：

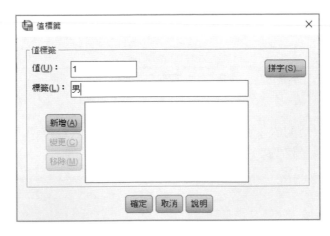

接著，按 新增(A) 鈕，將前述之設定，移到下方之方塊：

然後，再以相同之定義方式。將 2 設定為女：

最後，按 確定 鈕，完成數值註解之設定。於『數值』欄可看到一部份之設定內容：

	名稱	類型	寬度	小數	標籤	值
1	Sex	數值	1	0	性別	{1, 男}...

同樣的次數分配表，原僅出現 1、2 而已，並無法分辨何者為男？再執行一次，將可改為"男"/"女"字串，比較容易閱讀報表內容：

性別

		次數分配表	百分比	有效百分比	累積百分比
有效	男	77	40.3	40.3	40.3
	女	114	59.7	59.7	100.0
	總計	191	100.0	100.0	

由於，問卷題目及其可選之項目通常很多，若不加上適當之變數標籤及答案內容的數值標題，幾乎是無法避免誤讀的！**所以，再怎麼辛苦，也要把這兩個部份，定義得清清楚楚。否則，一時的偷懶，導致分析錯誤，會使整個問卷調查之努力，完全泡湯，那將是嚴重的得不償失！**

▶▶ 遺漏

所謂「**遺漏**」（missing value），是指問卷上未填答之內容，由於無資料，當然也無法進行電腦分析；或是，雖有輸入資料，但其內容是錯誤的，我們亦不想將其納入到分析中。

由於，問卷調查之資料得來不易。得經由設計問卷，多次的試訪與修改，才將問卷定稿。然後，還得辛苦的進行訪查（電話訪查、實地訪查、……），才可得到一份調查結果。所以，對問卷內的每一題，均應詳細勾填其訪問結果，勿使其有未填答之空白情況。且將其資料輸入到電腦中時，也應輸入正確之答案，不可錯打（如，答 2 卻打成 3）或誤打（將第 4 題之答案輸到第 3 題之欄位）。

若於輸入資料或分析時，發現有空白未填或打錯之資料，均應儘可能找出原始問卷，將其資料補上或更正。但若真的無法補上或更正（如：找不到原始問卷），也只好忍痛將其放棄了！

但這些空白或錯誤的資料，會影響我們的分析結果。如：（請開啟『範例\Ch02\遺漏值.sav』進行練習）

	編號	性別
1	1	1
2	2	5
3	3	0
4	4	1
5	5	0

『性別』欄中第 3 與 5 筆並無資料。輸入時，將其輸入為 0。而第 2 筆則錯打為 5。其次數分配表的結果為：

統計量

性別

N	有效	15
	遺漏	0

『統計量』處顯示，15 筆觀察值均為有效；並無遺漏值。但於『次數分配表』上：

性別

		次數分配表	百分比	有效百分比	累積百分比
有效	0	2	13.3	13.3	13.3
	男	6	40.0	40.0	53.3
	女	6	40.0	40.0	93.3
	5	1	6.7	6.7	100.0
	總計	15	100.0	100.0	

卻可看到答案有 0 與 5 兩個不合理之數字。其後之次數結果與百分比，當然也就不對了！

所以，應將答案 0 與 5，定義為遺漏值，將其排除掉。設定時，先以滑鼠點按『遺漏』欄下之「**無**」處，其右側將有一 ⋯ 按鈕：

	名稱	類型	寬度	小數	標籤	值	遺漏
1	編號	數值	4	0		無	無
2	性別	數值	1	0		{1, 男}...	無

按 [...] 鈕，可轉入：

由於，我們不想要的資料為 0 與 5，並非連續性之數字。故選「**離散遺漏值(D)**」，續於其下輸入 0 與 5：

最後，按 [確定] 鈕，完成遺漏值之設定。於『遺漏』欄可看到設定內容：

	名稱	類型	寬度	小數	標籤	值	遺漏
1	編號	數值	4	0		無	無
2	性別	數值	1	0		{1, 男}…	0, 5 [...]

再執行一次『次數分配』，可將答案為 0 與 5 者，排除於分析之外，『統計量』處顯示，有效觀察值為 12 筆；另有 3 筆為遺漏值：

底下之『次數分配表』的上半部，為這 12 筆有效觀察值的分析結果：6 男 6 女。答案為 0 與 5 者，則納入到『遺漏值』：

性別

		次數分配表	百分比	有效百分比	累積百分比
有效	男	6	40.0	50.0	50.0
	女	6	40.0	50.0	100.0
	總計	12	80.0	100.0	
遺漏	0	2	13.3		
	5	1	6.7		
	總計	3	20.0		
總計		15	100.0		

『百分比』欄下之數字，仍以包括『遺漏值』的總筆數 15 為分母所計算之結果，這當然不是我們所要的正確結果！再右邊一欄之『有效百分比』欄下之數字，才是以將『遺漏值』排除後之總筆數 12 為分母，所計算之正確結果：男性佔 50.0%（6/12）；女性佔 50.0%（6/12）。

除了使用者所定義之『遺漏值』外；還有一種是系統預設之『遺漏值』。如：數字欄內之空白，其外觀將為一個點號。茲將原第 1 筆之內容，以 Delete 鍵將其刪除，它就是系統預設之『遺漏值』：（請開啟『範例\Ch02\系統遺漏值.sav』進行練習）

	編號	性別
1	1	.
2	2	5
3	3	0
4	4	1
5	5	0

再執行一次『次數分配』，可將答案為 0、5 及『系統遺漏值』之空白，均排除於分析之外：

統計量

性別

N	有效	15
	遺漏	4

性別

		次數分配表	百分比	有效百分比	累積百分比
有效	男	8	42.1	53.3	53.3
	女	7	36.8	46.7	100.0
	總計	15	78.9	100.0	
遺漏	0	2	10.5		
	5	1	5.3		
	系統	1	5.3		
	總計	4	21.1		
總計		19	100.0		

　　『統計量』處顯示，有效觀察值為 15 筆；另有 4 筆為遺漏值（答案為 0、5 與『系統』遺漏值之空白，均納入到『遺漏值』）。『遺漏』處之『系統』指的就是第 1 筆的空白。

▶▶ 欄

　　前述之『寬度』，係用以定義資料可存放之最大位數；而此處之『欄』則是在定義此欄於資料表顯示時的欄寬。如，將其定義為 20：（請開啟『範例\Ch02\欄寬.sav』進行練習）

	名稱	類型	寬度	小數	標籤	值	遺漏	欄
1	月費	數值	5	0		無	無	20

將以下示之寬度等待輸入資料：

	✎ 月費	變數
1		

　　但是，其允許輸入之資料最大位數，仍然是『寬度』所定義之 5 位數字而已。

　　不過，不管目前之欄寬多少？我們還是可以滑鼠拖曳欄名標題之右側框邊（滑鼠指標將轉為 ⟺ 雙向箭頭），來調整其欄寬。而『變數視圖』處，『欄』的寬度亦將隨之自動調整。

▶▶ 對齊

　　此處是在定義資料的對齊方式：靠左、置中或靠右：

欄	對齊
8	≡ 靠右 ▾
	≡ 靠左
	≡ 靠右
	≡ 置中

▶▶ 測量

對齊	測量
靠右	✏ 尺度 ▾
	✏ 尺度
	▂▃ 序數
	♣ 名義

此處是在定義資料的測量屬性：

1. **尺度**：連續變數，如：成績、年齡、所得、長度、距離、體重、身高、智力、溫度、……等。其間有大小及倍數之關係，如：95>90，150 為 50 之 3 倍。

2. **序數**：偏好順序或等級，如：於甲、乙、丙三種品牌中，以 1~3 來填答其偏好順序（1 表最偏好）；其間只有順序關係，但無大小或倍數之關係。假定，其答案為甲 1、乙 3、丙 2。只可以說，此位受訪者偏好之品牌依序為：甲、丙、乙。並無法說偏好甲的程度為乙的幾倍？或超過多少？

3. **名義**：間斷變數、類別變數或質變數，如：性別、手機品牌、班級、政黨別、宗教信仰、社團、喜好之運動、最常飲用之飲料類別、……等。例如，男或女，只是描述性別的現象。將男性標示為 1；或將女性標示 2。僅是為了方便電腦處理，並無任何大小或倍數之關係。

不過，現階段，這些定義並不會影響 SPSS 的執行或分析結果。定了也不起任何作用！所以，我們通常就不理他，讓其維持於原預設之「**尺度**」。

2-2 增／刪變數

若要於資料檔的最後，增加新的變數，則於『變數視圖』最下方之空白列，輸入有關新變數之定義內容即可。若是要於某變數之前插入一新變數，可以下示步驟進行：（請開啟『範例\Ch02\增刪變數.sav』進行練習）

STEP **1** 　轉入『變數視圖』，點選要插入新變數之位置的列號按鈕，將該列選取

	名稱	類型	寬度	小數	標籤	值	遺漏	欄
1	編號	數值	4	0		無	無	4
2	性別	數值	1	0	學生性別	{1, 男}...	無	5
3	成績	數值	4	0	學生成績	無	無	6

STEP **2** 執行「**編輯(E)/插入變數(A)**」，可插入一新列，預設之變數名稱為 VAR00001

	名稱	類型	寬度	小數	標籤	值	遺漏	欄
1	編號	數值	4	0		無	無	4
2	VAR00001	數值	8	2		無	無	8
3	性別	數值	1	0	學生性別	{1, 男}...	無	5
4	成績	數值	4	0	學生成績	無	無	6

STEP **3** 更改新列之名稱及其餘相關設定（本例將其名稱改為『班級』，寬度改為 1）

	名稱	類型	寬度	小數	標籤	值	遺漏
1	編號	數值	4	0		無	無
2	班級	數值	1	0		無	無
3	性別	數值	1	0	學生性別	{1, 男}...	無
4	成績	數值	4	0	學生成績	無	無

若是要刪除某變數，可以下示步驟進行：

STEP **1** 轉入『變數視圖』，點選要刪除之變數的列號按鈕，將該列選取

	名稱	類型	寬度	小數	標籤	值	遺漏
1	編號	數值	4	0		無	無
2	班級	數值	1	0		無	無
3	性別	數值	1	0	學生性別	{1, 男}...	無

STEP **2** 執行「**編輯(E)/清除(E)**」，即可刪除該變數之定義

	名稱	類型	寬度	小數	標籤	值	遺漏
1	編號	數值	4	0		無	無
2	性別	數值	1	0	學生性別	{1, 男}...	無
3	成績	數值	4	0	學生成績	無	無

於『資料視圖』，也可以下示步驟進行插入變數：

STEP **1** 轉入『資料視圖』，點選要插入新變數之位置的欄名按鈕，將該欄選取

	編號	性別	成績
1	1	1	72
2	2	1	68
3	3	2	81
4	4	1	75

STEP **2** 執行「**編輯(E)/插入變數(A)**」，可插入一新欄，預設之變數名稱為 VAR0000x（x:1, 2, 3, …）

	🎱 編號	✏ VAR0000 2	🎱 性別	✏ 成績
1	1		1	72
2	2	.	1	68
3	3		2	81
4	4		1	75

若要變更名稱及其相關定義，得轉到『變數視圖』去處理。（本例將其改為『系別』）

	🎱 編號	✏ 系別	🎱 性別	✏ 成績
1	1		1	72
2	2	.	1	68
3	3		2	81

於『資料視圖』，也可以下示步驟進行刪除變數：

STEP **1** 轉入『資料視圖』，點選要刪除之變數的名稱按鈕，將該欄選取

	🎱 編號	✏ 系別	🎱 性別	✏ 成績
1	1		1	72
2	2	.	1	68
3	3		2	81

STEP **2** 執行「**編輯(E)/清除(E)**」，即可刪除該欄變數

	🎱 編號	🎱 性別	✏ 成績
1	1	1	72
2	2	1	68
3	3	2	81

增/刪欄名的動作，也可以於變數的名稱按鈕上，單按滑鼠右鍵，續於其功能表選擇「**插入變數(A)**」或「**清除(E)**」：

	🎱 編號	🎱 性別	✏ 成績	繼數
1	1		剪下(T)	
2	2		複製(C)	
3	3		同時複製變數名稱(N)	
4	4		同時複製變數標籤(L)	
5	5		貼上(P)	
6	6		清除(E)	
7	7		插入變數(A)	
8	8			

2-3 搬移變數

　　若是要移動某變數所在之位置,可以下示步驟進行:(請開啟『範例\Ch02\移動變數.sav』進行練習)

STEP 1　轉入『變數視圖』,點選要搬移之變數的列號按鈕,將該列選取

	名稱	類型	寬度	小數	標籤	值
1	編號	數值	4	0		無
2	性別	數值	1	0	學生性別	{1, 男}...
3	成績	數值	4	0	學生成績	無

STEP 2　按住其列號按鈕進行拖曳,拖曳中可看到一紅線,表示其位置。移妥後,鬆開滑鼠,即可將其移往新位置(本例將『成績』移到『性別』之前)

	名稱	類型	寬度	小數	標籤	值
1	編號	數值	4	0		無
2	成績	數值	4	0	學生成績	無
3	性別	數值	1	0	學生性別	{1, 男}...

STEP 3　轉回『資料視圖』,可發現『成績』欄已移到『性別』之前

	編號	成績	性別
1	1	72	1
2	2	68	1
3	3	81	2

　　於『資料視圖』,也可以下示步驟進行搬移變數欄:

STEP 1　轉入『資料視圖』,點選要移動位置之變數的名稱按鈕,將該欄選取

	編號	成績	性別
1	1	72	1
2	2	68	1
3	3	81	2

按住其名稱按鈕進行拖曳,滑鼠外觀
將轉為 ↳,拖曳中可看到一紅線,表
示其位置。移妥後,鬆開滑鼠,即可
將其移往新位置(本例將『成績』移
到『性別』之後)

	🎱 編號	🎱 性別	✏️ 成績
1	1	1	72
2	2	1	68
3	3	2	81

2-4 輸入資料

定義妥各欄變數後,即可執行「**檢視(V)/資料**」(或按左下角之 資料視圖 標籤)
切換回『資料視圖』畫面,以進行輸入資料。(常用的控制鍵詳表 2-1)

表 2-1 『資料視圖』常用的控制鍵

鍵盤	作用
← →	左右移動一欄
↑ ↓	上下移動一列
Home	移往目前列之左端
End	移往目前列之右端
Ctrl + ←	向左移到資料區域的邊緣
Ctrl + →	向右移動到資料區域的邊緣
Ctrl + ↑	向上移動到資料區域的邊緣
Ctrl + ↓	向下移動到資料區域的邊緣
Ctrl + Home	移往第一列第一個儲存格
Ctrl + End	移至資料區域的最右下角位置
Page Up / Page Down	上/下移動一個螢幕

2-5 查變數資訊

要查看某一變數的相關定義,固可切換到『變數視圖』去查閱。但其內容有時還無法全部顯示:(請開啟『範例\Ch02\啤酒廠牌.sav』進行練習)

	名稱	類型	寬度	小數	標籤	值
1	編號	數值	8	0		無
2	是否飲用	數值	2	0		{1, 有}...
3	啤酒廠牌	數值	3	0		{1, 台灣啤酒...

也可以執行「**公用程式(U)/變數(V)...**」(或按『變數』 钮),轉入『變數』方塊進行查閱。於其左邊欄捲動,選取要查閱之變數名稱,即可於右邊之方塊內查得其相關定義:

類型處之 F3,表示其為 3 位數之浮點數字(Floating Point Number);若出現 F8.2,表示其為 8 位寬、內含 2 位小數之浮點數字。

2-6 查檔案資訊

前法,一個畫面僅能查得一個變數之定義內容。但執行「**檔案(F)/顯示資料檔資訊/工作檔(W)**」,則可將所有變數之定義內容,輸出到『IBM SPSS Statistics

檢視器』視窗，以便查閱、存檔或列印：（請開啟『範例\Ch02\啤酒廠牌.sav』進行練習，**若變數真的太多，也是無法全數顯示其所有定義內容**）

→ 檔案資訊

[資料集8] D:\Text\SPSS_R22\範例\Ch02\啤酒廠牌.sav

變數資訊

變數	位置	標籤	測量層次	角色	欄寬	對齊方式	列印格式	寫入格式
編號	1	<無>	比例	輸入	5	靠右	F8	F8
是否飲用	2	<無>	次序	輸入	6	靠右	F2	F2
啤酒廠牌	3	<無>	次序	輸入	7	靠右	F3	F3

工作檔案中的變數

變數值

值		標籤
是否飲用	1	有
	2	無
啤酒廠牌	1	台灣啤酒
	2	百威
	3	美樂
	4	海尼根
	5	麒麟

IBM SPSS Statistics 處理器已備妥　　Unicode:ON

2-7 顯示值標籤

由於，我們經常是將原為字串之資料（如：是/否，或台灣啤酒/百威/美樂……等啤酒廠牌），轉換成數字（是:1、否:2，1:台灣啤酒、2:百威、3:美樂……），才輸入到資料表中。此時，於『資料視圖』畫面查看資料時，當然是僅顯示 1, 2, 3……等數字資料而已。若要讓其轉為顯示所定義之值標籤（1:是、2:否，1:台灣啤酒、2:百威、3:美樂……），可執行「**檢視(V)/值標籤(V)**」（或按『值標籤』 鈕）：（請開啟『範例\Ch02\啤酒廠牌.sav』進行練習）

	編號	是否飲用	啤酒廠牌
1	1	有	可樂娜
2	2	有	台灣啤酒
3	3	有	麒麟
4	4	有	台灣啤酒

除將數字改為所定義之值標籤外；還提供下拉式選單，方便使用者編輯此欄資料，轉到該儲存格，續按其右側之向下箭頭，即可以選擇之方式來更新或輸入本欄之資料：

	編號	是否飲用	啤酒廠牌
1	1	有	可樂娜
2	2	有	海尼根
3	3	有	麒麟
4	4	有	可樂娜
5	5	無	生力
6	6	有	青島
7	7	有	麥格
8	8	有	老虎
			朝日

再執行一次「**檢視(V)/值標籤(V)**」或按『**值標籤**』鈕，可將其還原成數字。

2-8 排序

有時，為了檢查資料是否正確？或擬將同類之資料擺在一起，方便整理、修改、核對或複製、……。得將資料依某一鍵值內容進行排序。

假定，擬將『範例\Ch02\學生成績-排序.sav』，依其性別進行遞增排序。執行前，其性別欄是亂序排列（目前係按編號遞增排序）：

	編號	性別	成績
1	1	1	72
2	2	1	68
3	3	2	81
4	4	1	75
5	5	2	86

其處理方法為：

STEP 1　執行「**資料(D)/對觀察值排序(O)…**」

STEP 2　於左側選取排序依據（性別），按 ➡ 鈕，將其送往『排序方式(S):』處

STEP 3　於『排序順序』處，選擇要遞增或遞減排序（本例選「**遞增(A)**」）

STEP **4**　按 確定 鈕，可依其性別進行遞增排序

	編號	性別	成績
1	1	1	72
2	2	1	68
3	4	1	75
4	10	1	67
5	12	1	70
6	15	1	85
7	3	2	81
8	5	2	86

排序動作也可以直接於變數的名稱按鈕上，單按滑鼠右鍵，續於其功能表選擇要遞增或遞減排序？

	編號	性別	成績
1		剪下(T)	
2		複製(C)	
3		同時複製變數名稱(N)	
4		同時複製變數標籤(L)	
5		貼上(P)	
6		清除(E)	
7		插入變數(A)	
8		遞增排序(A)	
9		遞減排序(D)	
10			

2-9 多重鍵排序

也可以進行多重鍵排序，僅須於選擇排序方式時，依鍵值順序多選幾個，進行排序即可。

假定，擬將『範例\Ch02\多重排序.sav』，依其：『有手機』遞增、『原因 1』遞減、『原因 2』遞減、『原因 3』遞減排序。執行前，係按編號遞增排序：

	問卷編號	有手機	原因1	原因2	原因3	平均月費
1	229	2	0	0	0	0
2	230	2	0	0	0	0
3	231	1	1	2	8	200
4	232	2	0	0	0	0
5	301	1	2	3	7	400

其處理方法為：

STEP 1 執行「**資料(D)/對觀察值排序(O)…**」

STEP 2 於左側依序選取：『有手機』、『原因 1』、『原因 2』、『原因 3』
等欄，每一個依據均可於『排序順序』處，選擇要遞增或遞減排序（本
例僅『有手機』選「**遞增(A)**」；其餘均選「**遞減(D)**」）。逐一按 ➡ 鈕，
將其等送往『排序方式(S):』處

STEP **3**　按 [確定] 鈕，可依其『有手機』遞增、『原因1』遞減、『原因2』遞減、『原因3』遞減排序

	問卷編號	有手機	原因1	原因2	原因3	平均月費
1	315	1	10	0	0	700
2	306	1	2	7	8	800
3	303	1	2	5	0	800
4	404	1	2	4	5	300
5	301	1	2	3	7	400

2-10　增/刪觀察值

　　於 SPSS 中，我們通常不會在乎，一定要將某一筆問卷資料（觀察值），插入於某一特定位置。通常，輸入時，並不用管其是否依問卷編號之順序進行輸入。僅須往下一列一筆，逐筆進行輸入即可，每打完一筆，於問卷上作一記號，以免重複輸入。等輸入完畢後，再以問卷編號為依據，進行遞增排序即可。

　　若一定要將某一筆觀察值，插入於某列之前。可以下示步驟進行：（請開啟『範例\Ch02\學生成績-插入觀察值.sav』進行練習）

STEP **1**　停於要插入新觀察值的列上（本例停於第 3 列）

	編號	性別	成績
1	1	1	72
2	2	1	68
3	3	2	81
4	4	1	75

STEP **2**　執行「**編輯(E)/插入觀察值(I)**」，即可插入一空白列，等待輸入資料

	編號	性別	成績
1	1	1	72
2	2	1	68
3		.	.
4	3	2	81

STEP **3**　　於空白列，輸入新資料

	🔗 編號	🔗 性別	📏 成績
1	1	1	72
2	2	1	68
3	17	1	95
4	3	2	81

　　刪除某一列（觀察值）之情況，就可能比較常見。例如，某一觀察值的內容為重複輸入；或其資料錯誤，無法拿來進行分析，均會考慮要將其刪除。其處理步驟為：（請開啟『範例\Ch02\學生成績-刪除觀察值.sav』進行練習）

STEP **1**　　點選要刪除觀察值的列號按鈕，選取該列（本例選第 2 列，其『編號』為 2 ）

	🔗 編號	🔗 性別	📏 成績
1	1	1	72
2	2	2	88
3	3	2	81

STEP **1**　　執行「**編輯(E)/清除(E)**」，刪除該列之觀察值

	🔗 編號	🔗 性別	📏 成績
1	1	1	72
2	3	2	81
3	4	1	75

　　插入/刪除觀察值的動作，也可以直接於列號的數字按鈕上，單按滑鼠右鍵，續於其功能表選擇「**插入觀察值(I)**」或「**清除(E)**」：

	🔗 編號	🔗 性別	📏 成績
1	1	1	72
2		2	81
3	剪下(T)	1	75
4	複製(C)	2	86
5	貼上(P)	2	88
6	清除(E)	2	91
7	插入觀察值(I)	2	74
8	9	2	75

2-11 複製變數

複製某欄（或某幾欄）變數內容的情況，其目的地可以是本身之資料檔；或是別的資料檔（抑或是別的軟體，如：Excel）。

假定，要將『範例\Ch02\複製學生成績.sav』內的『成績』欄內容，複製到最右側之空白欄。其處理步驟為：

STEP **1**　轉入『資料視圖』，點選來源之變數欄的名稱按鈕，選取該欄（若為多欄，可往右拖曳滑鼠進行多欄選取）

	編號	性別	成績
1	1	1	72
2	2	1	68
3	3	2	81
4	4	1	75

STEP **2**　執行「**編輯(E)/複製(C)**」（或按 Ctrl + C 鍵），記下所選取之內容

STEP **3**　點選最右邊空白欄的名稱按鈕，選取該欄

	編號	性別	成績	變數
1	1	1	72	
2	2	1	68	
3	3	2	81	
4	4	1	75	

STEP **4**　執行「**編輯(E)/貼上(P)**」（或按 Ctrl + V 鍵），將所記下之內容抄過來。但由於同一資料檔，並無法擁有兩個完全一樣之變數名稱，故自動將其命名為 VAR00001（而非複製成『成績』）

	編號	性別	成績	VAR00001
1	1	1	72	72
2	2	1	68	68
3	3	2	81	81
4	4	1	75	75

以此方式所複製之內容，包括其原於『變數視圖』所作之設定（欄名除外）。

假定，要將『範例\Ch02\啤酒廠牌.sav』內，『是否飲用』與『啤酒廠牌』欄的所有內容，複製到另一個空白資料檔。其處理步驟為：

STEP **1** 轉入『資料視圖』，選按標題，續以拖曳方式選取『是否飲用』與『啤酒廠牌』

	✐ 編號	📊 是否飲用	📊 啤酒廠牌
1	1	1	6
2	2	1	1
3	3	1	5
4	4	1	1

STEP **2** 執行「**編輯(E)/複製(C)**」（或按 Ctrl + C 鍵），記下所選取之內容

STEP **3** 執行「**檔案(F)/新建(N)/資料(D)**」，開啟一個空白資料檔（『無標題 2』）。以拖曳方式選取前面兩欄（欄數須與來源一致）

	變數	變數
1		
2		
3		
4		

STEP **4** 執行「**編輯(E)/貼上(P)**」（或按 Ctrl + V 鍵），將所記下之內容抄過來。由於並非同一資料檔，變數名稱並無衝突，故除資料外；尚可複製到原來之變數名稱（『是否飲用』與『啤酒廠牌』）

以此方式所複製之內容，包括其原於『變數視圖』所作之所有設定。

2-12 複製觀察值

複製某列（或某幾列）觀察值內容的情況，其目的地大多是本身之資料檔（因為，不同檔案之變數並非一一對應，且順序亦不同）。

假定，要將『範例\Ch02\啤酒廠牌-複製.sav』的第 1 列內容，複製到最底下之空白列。其處理步驟為：

STEP **1** 轉入『資料視圖』，點選來源之列號按鈕，選取該列（若為多列，可往下拖曳滑鼠，選取多列）

	編號	是否飲用	啤酒廠牌
1	1	1	6
2	2	1	1
3	3	1	5
4			

STEP **2** 執行「**編輯(E)/複製(C)**」（或按 Ctrl + C 鍵），記下所選取之內容

STEP **3** 點選最底下空白列之列號按鈕，選取該列

	編號	是否飲用	啤酒廠牌
1	1	1	6
2	2	1	1
3	3	1	5
4			

STEP **4** 執行「**編輯(E)/貼上(P)**」（或按 Ctrl + V 鍵），將所記下之內容抄過來

	編號	是否飲用	啤酒廠牌
1	1	1	6
2	2	1	1
3	3	1	5
4	1	1	6

（已將『編號』為 1 之第 1 列內容，複製到第 4 列）

2-13 搬移觀察值

搬移某列（或某幾列）觀察值內容的情況，其目的地亦大多是本身之資料檔。不過，因為資料表內之每一列觀察值內容的排列順序，隨時會隨排序之鍵值而改變。故我們真的不會很在乎，一定要將那一列內容，搬移到某一特定列上！

假定，要將『範例\Ch02\啤酒廠牌-搬移記錄.sav』內的第 2 列內容，搬移到第 4 列位置。其處理步驟為：

STEP 1 轉入『資料視圖』，點選第 2 列號按鈕，選取該列（來源亦允許多列）

	編號	是否飲用	啤酒廠牌
1	1	1	6
2	2	1	1
3	3	1	5
4	4	1	1

（目前編號順序為 1-2-3-4）

STEP 2 按住列號按鈕拖曳，拖曳中，會以紅線標示其移動位置

STEP 3 將其移往新位置後，鬆開滑鼠。即可將第 2 列內容，搬移到第 4 列位置（編號順序為 1-3-4-2）

	編號	是否飲用	啤酒廠牌
1	1	1	6
2	3	1	5
3	4	1	1
4	2	1	1

> **小秘訣**
>
> 若搬移之距離較遠，也可利用「**編輯(E)/剪下(T)**」與「**編輯(E)/貼上(P)**」來處理。不過，得先插入一列空白，才進行貼上，以免蓋掉舊內容。

2-14 尋找

若不慎，將某筆觀察值之『性別』資料打錯。若問卷份數較多，要用眼睛於該欄中，逐列找尋，以找出錯誤資料來修改，實也不容易。最好，還是利用電腦來找！

假定，進行『次數分配』分析後，發現有一筆『性別』錯打為 3。但我們並不知是那一筆？可以下示步驟將其找出：（請開啟『範例\Ch02\找尋錯誤性別資料.sav』進行練習）

STEP **1**   停於『性別』欄之第 1 列

STEP **2**   執行「**編輯(E)/尋找(F)...**」（或按 `Ctrl` + `F` 鍵；或按『尋找』 🔍 鈕）

	👥 編號	👥 性別	✏️ 成績
1	1	1	72
2	2	1	68

STEP **3**   於『尋找(N)』處，輸入要找尋之內容（3）

STEP **4**　按 尋找下一個(F) 鈕，向下找出第一筆『性別』欄為 3 之觀察值

可看到其編號為 6，故得去找出編號 6 之問卷，看其性別資料為何？並更正目前之錯誤。（不用關閉先前之找尋對話方塊，即可進行修改）這就是為何每一個資料檔上都會有一欄編號之作用。否則，如何於一大堆問卷中，找出被錯打資料之問卷？當然，所有原始問卷也應有其唯一之編號。要不然，還是找不到該問卷！

STEP **5**　不用關閉先前之找尋對話方塊，繼續按 尋找下一個(F) 鈕找尋，直至出現右示訊息才停止

2-15 直接跳某列號之觀察值

編輯中，要直接跳到某一特定之列號。可執行「**編輯(E)/移至觀察值(S)…**」（或按『移至觀察值』 鈕）：

輸入要前往之列號：

按 [執行] 鈕，即可直接跳到該列號之觀察值上。

2-16 修改

　　SPSS 的資料通常是數字居多，且位數不會很多。若發現資料錯誤，大半也是找到該儲存格，重新鍵入正確值即可。

　　若欲放棄對目前儲存格的輸入，可按 [Esc] 鍵，將資料還原成其原始內容。亦可執行「**編輯(E)/復原**」（亦可按 [Ctrl] + [Z] 鍵或『復原使用者動作』 [↶] 鈕），使資料還原成前一階段之內容。

　　若欲取消所作之復原，可執行「**編輯(E)/重做**」（亦可按 [Ctrl] + [Y] 鍵或『重做使用者動作』 [↷] 鈕）。

　　復原或重做，均允許多次進行。

2-17 儲存

輸入中，隨時記得執行下列之任一個動作進行存檔：

- 執行「**檔案(F)/儲存**」
- 按工具列上之『儲存此文件』 [💾] 鈕
- 按 [Ctrl] + [S] 鍵，以免稍有閃失、操作不當、當機或斷電導致前功盡棄。

設計問卷與取得資料 **3**

3-1 變數的分類

▶▶ 間斷變數

間斷變數（discrete variable）或稱不連續變數、名目變數、名義變數、類別變數或質變數，如：性別、使用之手機品牌、就讀之班級、政黨別、宗教信仰、參加之社團、喜好之運動、最常飲用之飲料類別、最喜歡之歌手、最喜歡之影星、……等，均屬間斷變數。

性別為男或女，只是描述性別的現象。將男性標示為 1；或將女性標示 2。僅是為了方便電腦處理，並無任何大小或倍數之關係。直覺上，我們可能認為 2>1，2 為 1 的兩倍。但若轉為口語化，將變為：女大於男，女為男之兩倍。任誰都不可能同意！且若其均數為 1.89，也不具任何意義，頂多只能知道，此次調查之女性樣本較男性來得多些而已！

又如，政黨傾向之政黨別，仍只是描述政黨之類別。將民進黨、國民黨、親民黨、民眾黨、新黨，分別標示為 1、2、3、4、5，也僅是為了方便電腦處理而已，並無任何大小或倍數之關係。如，3 表其政黨傾向為親民黨，1 表其政黨傾向為民進黨，並未表示傾向親民黨者為傾向民進黨的三倍，也無任何支持群眾誰比誰多之大小關係。

▶▶ 連續變數

連續變數（continuous variable）或稱尺度變數、量變數。如：成績、年齡、所得、長度、距離、體重、身高、智力、溫度、⋯⋯等，均屬連續變數。

這類變數，在理論上，任兩個值之間都可能存在第三個值。因為這些變數的任一特定值，均可看成是夾在某兩個數值之間。不過，卻又不能非常正確地指出它到底為多少？如：某人的體重為 56.5 公斤，其真正體重，可能為 56.45～56.54 公斤之間的某一值，由於度量工具的限制，只得將其視為四捨五入後之結果。但如果您的度量工具可再更精密的測量出某人的體重為 56.55 中公斤，他仍可能為 56.545～56.554 公斤之間的某一值，依然是一種四捨五入後之結果。

連續變數，其間有大小及倍數之關係。如：300>100，300 為 100 之 3 倍。

3-2 設計問卷的步驟

設計問卷的步驟為：

1. 列舉所要收集之資訊

一方面，收集各種有關的次級資料，並與相關人員溝通討論出可能之問題；另一方面，訪問外部對此問題有豐富經驗或學識的人士，取得其對此問題之看法與可能解決方案。如此，才有可能將所要收集之資訊完全納入。若是學生，則找幾份相關研究之論文參考，並與同組同學及老師討論，擬出要收集之資訊。

2. 決定訪問之型態

訪問之型態有：結構-直接、結構-非直接、非結構-直接與非結構-非直接等四類。看是否要使用結構問卷？是否使用直接訪問？如：人員訪問為直接訪問，但仍可能使用結構式問卷或非結構式問卷。

3. 決定訪問之方式

訪問型態確定後，續決定要使用何種訪問方式：人員訪問、電話訪問或郵寄問卷（普通郵件或電子郵件）？

不同的訪問方式，其訪問之對象、經費與回收時間均不太相同。如：以人員訪問時，訪員與受訪者之間可相互交談，其題目可深入一點，但其成本較高；以郵寄問卷訪問時，成本雖低，但題目不可太難，也不可能太多，且要有詳細之填答說明，否則受訪者可能不會填答。

4. 決定問題之內容

於開始進行設計問卷前，最好能參考相關的論文或研究報告，以其問卷為藍本，將可省下很多設計的時間。

然後，針對研究目的，將所有要收集之資訊一一列舉出來，除了有關要調查之產品本身的問題外，如：品牌知名度、品牌佔有率、購買原因、購買頻率、購買考慮因素、……；也要調查受訪者的詳細基本資料，如：性別、年齡、教育程度、職業、所得、……。

在決定問題內容時，得考慮下列幾點：

- **此一問題是否必要？** 盡量避免與研究目的無關之題目，以免增加訪員/受訪者的負擔，且同時也增加了資料處理時間與費用。

- **受訪者能否答覆？** 如：受訪者本身就沒有答案、忘了、或沒有使用經驗，要如何答？

- **受訪者願不願意答？** 不應問那些令人難堪、困窘或牽涉個人隱私之問題。不過，有時仍可以設計上的一些技巧，來加以彌補。如：直接要受訪者填其每月所得，可能會有困難。但若改為勾填某一區間範圍，就比較能被接受。

- **受訪者是否要費時費力才能回答？** 避免讓受訪者要去翻箱倒櫃找出資料，或是得經過複雜運算，才能回答問卷上的問題。

5. 決定訪問之型式

選擇題或開放題。選擇題還可分單選題或複選題，複選題最好於題目上標明最多可選擇幾項，以方便編碼。開放題則是要受訪者自己填入答案。

選擇題可能會有提示效果，如：以開放題直接問受訪者知道哪些汽車廠牌？他可能一個也填不出來；但若以選擇題來問，可能看了那些廠牌答案後，每一個都好像聽過，一選就選了一大堆。

開放題因不提供答案，雖不會有提示效果，但答案常常是五花八門，反而不易整理，得投入較大量的人工。特別是利用電腦來分析時，還得先以人工加以列出、整理歸類並編碼。

6. 決定訪問之用語

問卷上每一問題的用語，不僅要讓訪員與受訪者看得懂；且看到後所認定的意思也要一致。可參考下列幾個原則：

- **使用簡單的字**，使用的字彙要符合受訪者的程度，不要使用只有專家才看得懂的專有名詞。

- **使用意義明確的字**，無論誰來看，其意義均只能有一個，不會有兩種不同的解釋。

- **避免引導性的問題**，如：「目前政府在經濟上的良好成就，是否已造成您收入增加？」，可能會讓人誤以為是政府調查，訪員很可能是政府派來的人，往後的問題，會因訪員在場，而儘可能挑好的回答。若改為：「目前政府在經濟上的表現，會造成您收入增加或減少？」，就比較中性。

- **避免使用者計算或估計**，如：「您一年的零用金有多少？」還不如：「您一個月的零用金有多少？」。

7. 決定問題之順序

問題先後，需有一合理安排。還不知道是否曾擁有手機，就問其手機之電信公司或每月平均月費，是不正確的順序。又如，回答未曾擁有手機後，就不必再續問其對手機產品之評價。所以，應有跳答或續答某題之情況。最好，將其問卷的流程，繪製成流程圖，以免順序安排錯誤。

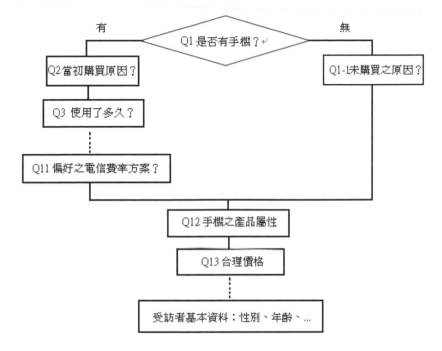

8. 試訪及修訂

初次設計好的問卷，得經過至少一次的試訪及修訂。於試訪中，經由與受訪者的接觸，可發覺出許多問卷中未考慮到的問題、未列入的選項、或設計上錯誤、……。

試訪的份數不用太多，但也不可太少，20 份左右即可。試訪前，先將問卷打字並印出，然後影印所需之份數。接受試訪之對象，也不必經過認真抽樣，找幾位較願意與訪員進行討論的合格受訪者即可。至於訪員，當然也得挑選經驗豐富者。如此，可經由雙方討論，進行更理想的修正。

試訪後，將每份試訪問卷，所發現之問題一一彙集，並加以修正。最後，才將問卷定稿。

試訪的次數，一次即夠了，但若修改的部份很多且變動很大，當然可再次試訪。

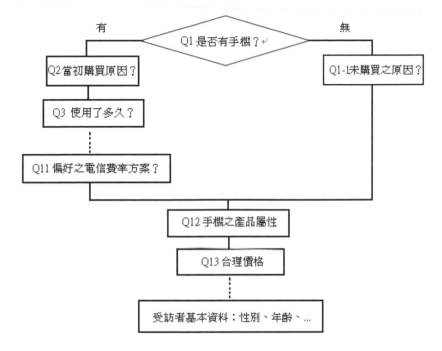
有 → Q1 是否有手機？ ← 無

Q2當初購買原因？

Q3 使用了多久？

Q11 偏好之電信費率方案？

Q1-1未購買之原因？

Q12 手機之產品屬性

Q13 合理價格

受訪者基本資料：性別、年齡、…

9. 決定問卷之外觀

問卷定稿後，續決定問卷紙質、顏色、是否加封面、是否雙面印刷、問卷前是否加入開場白之信函、⋯⋯。一個印刷精美的問卷，會讓人覺得其有價值感、覺得訪問單位很慎重其事，而更願意回答其問題。

3-3 編碼與鍵入

編碼就是將問卷回答結果，轉為適當之數字（或文字，但絕大多數是轉為數字）。**鍵入**則是將該數字，輸入到電腦中，以利進行後續之統計分析。

大部分的人，係事先將編碼填入於問卷之題目前，然後才開始輸入；也有人跳過此書寫編碼的過程，一邊看問卷就一邊由鍵盤輸入資料（這當然較易出錯）。我也看過很多學生採分工合作之方式，一位同學看問卷，將答案唸給另一位同學輸入，同時還幫輸入之同學檢查是否打錯，這也是不錯的方式！

問卷回收後，記得加上問卷編號，以方便於編碼/鍵入發生錯誤時，仍可找到該問卷來進行檢查，以修改編碼。

注意，並不用依問卷編號之順序來輸入，允許隨機拿一份就輸入一份，將來若要排序，只需執行「**資料(D)/對觀察值排序(O)...**」，依問卷編號來遞增排序即可。

3-4 幾種典型的問卷題目

於問卷中，常見之題目類型有下列幾種：

- 單選：只有一個答案之題目
- 複選：允許有多個答案
- 填充/開放：讓受訪者自行填答之開放題
- 量表：衡量態度的尺度量表
- 權數：取得衡量態度之量表的重要程度
- 等級/順序：以偏好程度、品質或服務水準排列其等級或名次

- 子題：附屬於某一題目之下，必須答了某一特定答案後，才可以問的問題

茲將其等之問卷題目設計上、應注意事項、常見之問題、編輯時之技巧與如何進行編碼，分別詳述於後。

3-5 單選題

這是最常見的問卷題目類型，使用選擇題，且其答案只有一個。如：

1. 請問您的手機是那一家電信公司？

□1.台灣大哥大　　　□2.中華電信　　　□3.遠傳　　　　4.亞太

□5.台灣之星　　　　□6.其他_____

2. 請問您最常去的便利商店是那一家？

□1.7-11　　　　　　□2.全家　　　　　□3.萊爾富　　　□4.OK

3. 請問您現在是否使用臉書(Facebook)？

□1.有　　　　　　　□2.沒有

▶▶ 確定取得單一答案

有時，為了避免受訪者勾填了不只一個答案。還得於題目上以非常肯定的語氣，讓受訪者只能填答一個答案。如：

請問您目前使用何種廠牌的洗髮精？

其答案可能不只一個。若改為：

請問您**最常使用**何種廠牌的洗髮精？

其答案就只有一個。

▶▶ 儘可能使用單選題

您可能會有疑問，既然其真實答案不只一個，為何不乾脆設計成允許多選之複選題呢？

因為，複選題雖可多獲得幾個答案，但往後分析時，卻多了許多限制。因為 SPSS 對複選題也只能進行次數分配與交叉分析而已，且還無法進行卡方檢定。若無法檢定，將會使我們寫報告時，寫得非常沒有信心。所以，應儘量避免將問題設計成複選題！

▶▶ 單選題如何編碼 / 鍵入

對於單選題，由於其答案只有一個，只需將答案編號，直接鍵入於同一列之對應欄位內即可。（請開啟『範例\Ch03\問卷編號與單選題編碼.sav』進行練習）

	編號	是否飲用	啤酒廠牌
1	1	1	6
2	2	1	1
3	3	1	5

3-6 複選題

雖然，前面建議讀者，應儘量避免將問題設計成複選題。但事實上，很多情況的答案就是不只一個，要勉強設計成單選也不容易。於仔細斟酌後，若問題牽涉之後續分析不多，當然還是可以使用複選題。

設計複選題時，為了方便編碼/鍵入。應該於題目上限制，最多可選擇幾項：

請問您當初購買智慧型手機的原因為何？（可複選，最多三項）

☐1. 方便與人聯絡　　☐2. 追求流行　　☐3. 工作需要

☐4. 玩 GAME　　☐5. 同儕間比較　　☐6. 可隨時上網

☐7. 手機價格下降　　☐8. 業者的促銷方案　　☐9. 需要衛星導航

☐10. 喜歡它的 APP　　☐11. 其他＿＿＿＿＿＿

若未限制最多可選擇幾項，此題之答案最多可能有 10 個，於編碼時就得留下 10 個儲存格來輸入。然而，絕大多數人是不可能填答到 10 個答案，將使得很多儲存格之內容為空白或 0。設定最多可選擇之項目數，並無一定限制，較常見的是：最多三項或最多五項。

▶▶ 複選題如何編碼 / 鍵入

對於複選題，由於其答案為多個，編碼/鍵入時，須依該題限制之答案數上限，保留欄數。如：最多三項，應保留三欄。

欄名可使用中文，如：原因 1、原因 2、原因 3。或依題號再加上底線及順序編號，如：q2_1、q2_2、q2_3 分別表示第二題之第 1、第 2、第 3 個答案；q1s1_1、q1s1_2、q1s1_3 分別表示第一大題第一小題之第 1、第 2、第 3 個答案。

由於，受訪者未必會均填滿三個答案。若只答一個，僅需輸入於第一欄，而其餘兩欄則輸入 0（如編號 302 之記錄）；若只答兩個，僅需輸入於第一、二欄，而將第三欄輸入成 0（如編號 301 之記錄）。有的受訪者因答題流程之關係，該題免答，故一個答案也不用填，則於三欄均輸入 0（如編號 229、230之記錄）：（請開啟『範例\Ch03\複選題編碼.sav』進行練習）

	問卷編號	q1	q2_1	q2_2	q2_3
1	229	2	0	0	0
2	230	2	0	0	0
3	231	1	1	2	8
4	232	2	0	0	0
5	301	1	2	7	0
6	302	1	1	0	0

3-7 填充/開放題

填充題就是開放題，不提示任何答案，要求使用者直接填答。如：

請問您目前使用的手機廠牌為何？＿＿＿＿＿＿＿＿＿＿＿＿＿＿＿

請問您的手機目前使用那一家電信公司？＿＿＿＿＿＿＿＿＿＿＿＿＿

請問您政府應該如何做，才可提高就業率？＿＿＿＿＿＿＿＿＿＿＿

＿＿＿＿＿＿＿＿＿＿＿＿＿＿＿＿＿＿＿＿＿＿＿＿＿＿＿＿＿＿＿

有時，對數值性之資料，為了取得其真正之數字（650）；而非僅取得間斷之區間（600～800）。會採用填充題之方式取得資料：

請問您每個月手機的平均電話費約＿＿＿＿＿＿元

這種方式雖較麻煩，但其獲得的是真正之數字，為連續性資料。毋須經由任何轉換，即可進行求算各種統計量：均數、標準差、變異數、極大、極小、……等；且也可以直接進行均數檢定；甚或作為迴歸分析之因變數或自變數。

若為了取得資料之方便，而只設計成選擇題：

請問您每個月手機的平均電話費約多少錢？

☐1. 200 元及以下　　　☐2. 201~400 元　　　☐3. 401~600 元

☐4. 601~800 元　　　☐5. 801~1000 元　　　☐6. 1000 元以上

將取得非連續之區間代碼，其性質是非常接近類別變數。往後，若只是進行次數分配或交叉分析，確實是非常方便。但若要求算各種統計量：均數、標準差、變異數、極大、極小、……等；或進行均數檢定。就得再將其由區間轉為組中點。如：將 201～400 轉為 300、將 401～600 轉為 500、……，才可進行計算或檢定。但此一轉換，所取得者，已不是真正的電話費，只是種不得已情況下的替代值，其結果當然不是很正確！

▶▶ 填充/開放題如何編碼/鍵入

若僅是要求填入數字之填充/開放題，如：

請問您每個月手機的平均電話費約＿＿＿＿＿＿元

鍵入時，直接將該數值輸入於適當欄位即可；若受訪者未填任何數字，則輸入 0：（請開啟『範例\Ch03\開放題-月費.sav』進行練習）

	問卷編號	Q1	Q2_1	Q2_2	Q2_3	平均月費
1	229	2	0	0	0	0
2	230	2	0	0	0	0
3	231	1	1	2	8	200
4	232	2	0	0	0	0
5	301	1	2	3	7	400

若是像問答題之開放題：

請問您政府應該如何做，才可提高就業率？＿＿＿＿＿＿＿＿＿＿＿＿

＿＿＿＿＿＿＿＿＿＿＿＿＿＿＿＿＿＿＿＿＿＿＿＿＿＿＿＿＿＿

其答案常常是五花八門，得先將答案一一詳列，等所有問卷均回收後，再將這些答案以人工歸類成少數幾類，並賦予數字編號。再回到原問卷上，寫上受訪者所答之答案的代碼。然後，才可開始輸入。

此時，它的輸入方式就變成是單選或複選題了。若每人均只發表一個解決方案時，那就是單選題。反之，如果有人發表數個解決方案時，那就是複選題。

3-8 量表

問卷上，也常出現衡量態度的量表，或稱評價尺度（rating scale）。如：

請先就下列有關智慧型手機之產品屬性勾選其重要程度。

	非常重要	重要	普通	不重要	非常不重要
1)作業平台	☐	☐	☐	☐	☐
2)重量輕巧	☐	☐	☐	☐	☐
3)顏色炫麗	☐	☐	☐	☐	☐
4)螢幕大小	☐	☐	☐	☐	☐
5)操作方式	☐	☐	☐	☐	☐
6)附屬功能多	☐	☐	☐	☐	☐

量表其實是一種順序尺度，只有大小先後之關係；但無倍數之關係。如：『非常重要』若以 5 表示，『非常不重要』若以 1 表示，只能說 5 比 1 重要而已；無法說『非常重要』是『非常不重要』的 5 倍。但為了方便，研究上，經常將其視為連續之數值資料，而直接求其均數、標準差、……等統計量。雖不是很合理，但也是不得已的應變措施！

▶▶ 量表如何編碼 / 鍵入

量表之數值可安排成兩種方式：

評價	編碼 1	編碼 2
非常重要	5	2
重要	4	1
普通	3	0
不重要	2	-1
非常不重要	1	-2

直接將數字輸入於欄位內即可，本書對所有量表均採用第一種方式編碼，對未填答者則將其安排為 0。（請開啟『範例\Ch03\量表.sav』進行練習）

	平均月費	作業平台	重量輕巧	顏色炫麗	螢幕大小
1	0	2	2	3	2
2	0	3	3	5	2
3	200	1	3	2	1

以這兩種方式編碼，將來平均數較高者，就代表該項目之重要性較高。如：『作業平台』與『重量輕巧』之均數，若分別為 4.16 與 3.03，就表示消費者較注重『作業平台』屬性。

3-9 權數

量表（評價尺度）的另一項缺點為：每一個變數均視為同等重要。如：受訪者對『作業平台』與『重量輕巧』兩個屬性，均勾填『非常重要』。於分析資料時，均以 5 來表示並進行計算，這就已經認定這兩個屬性是同等重要。

但是，這樣仍有點不合理！雖然兩個屬性均勾填『非常重要』；但若僅以這兩個屬性來互相衡量時，受訪者可能會認為『大小適中』的重要性還是超過『重量輕巧』。因此，將每一個變數均視為同等重要，有其不合理的地方。

　　為彌補前述之缺點，有人認為應該對每一個變數進行加權，依其重要程度給予不同的權數：

請依據您購買智慧型手機時，各產品屬性的相對重要程度，將 100%分配給下列屬性。（請核對一下，注意合計應為 100%）

1)作業平台　　　＿＿＿＿％

2)重量輕巧　　　＿＿＿＿％

3)顏色炫麗　　　＿＿＿＿％

4)螢幕大小　　　＿＿＿＿％

5)操作方式　　　＿＿＿＿％

6)附屬功能多　　＿＿＿＿％

合計　　　　　　＿＿100＿％

　　於問卷上，要取得前述之重要程度與權數。有如前文般，分兩次問的。也有將其設計成對偶題，於一個表中取得兩項資料：

請於左側先就下列有關智慧型手機之產品屬性勾選其重要程度。續於右側『權數』下方填入其相對重要性，請注意合計應為 100%。

	非常重要	重要	普通	不重要	非常不重要	權數
1)作業平台	☐	☐	☐	☐	☐	＿＿＿＿％
2)重量輕巧	☐	☐	☐	☐	☐	＿＿＿＿％
3)顏色炫麗	☐	☐	☐	☐	☐	＿＿＿＿％
4)螢幕大小	☐	☐	☐	☐	☐	＿＿＿＿％
5)操作方式	☐	☐	☐	☐	☐	＿＿＿＿％
6)附屬功能多	☐	☐	☐	☐	☐	＿＿＿＿％
合計						＿＿100＿％

　　這種題目，看起來是簡潔多了！但若受訪者的程度不高，肯定會問不出所以然！

　　無論是何種方法，加權的觀念雖然正確，因為權數加總後，得恰為 100%。雖是一個很簡單的算術，可是，受訪者往往不願意去費心計算，故經常是問不出一個理想的結果！

　　若僅只是權數加總不是 100% 這個問題，還可加以調整。如，某份問卷之填答結果為：

1)作業平台	20 %
2)重量輕巧	10 %
3)顏色炫麗	20 %
4)螢幕大小	50 %
5)操作方式	30 %
6)附屬功能多	10 %
合計	100 %

仍可將所有權數加總後當為分母（140%），再將個別屬性之權數分別除以權數總和，仍可調整出權數加總為 100% 之結果：

1)作業平台	14 %
2)重量輕巧	7 %
3)顏色炫麗	14 %
4)螢幕大小	35 %
5)操作方式	21 %
6)附屬功能多	7 %
合計	100 %

　　若權數之加總未滿 100%，其調整方法也是相同：可將所有權數加總後當為分母，再將個別屬性之權數分別除以權數總和，仍可調整出權數加總為 100% 之結果。

▶▶ 應注意之問題

　　加權之題目個數不宜太多，五、六個受訪者還可接受；多了，肯定分不清何種重要？即使填答了，其準確性也實在值得懷疑！

　　此外，受訪者往往不是將所有衡量變項均加以考慮後，才去填答權數；而是由上而下逐一填入數字，等填到底下才發現總計可能會超過 100%！然後就開始減低後面選項的權數，以免總計會超過 100%。如此的作法，往往使得排在前面之幾個變項的權數，普遍高於排在後面之幾個變項。這也是一種偏差，若發現這種偏差非常明顯時，恐怕就得放棄這些權數了！

　　當然，過去也有人曾針對加權與不加權之結果進行比較。大部分的結論均是：加權與不加權之結果無顯著差異。故而，大可不用大費周章去取得權數資料！

▶▶ 權數如何編碼 / 鍵入

　　權數也是一種數值，其輸入方式同於填充/開放題。鍵入時，直接將該權數輸入於適當欄位即可。如：20%就直接輸 0.2；若受訪者未填任何數字，則輸入 0。（請開啟『範例\Ch03\權數.sav』進行練習）

	螢幕大小	操作方式	附屬功能	平台w	重量w	顏色w	螢幕w
1	2	1	1	.20	.15	.30	.10
2	2	2	3	.10	.20	.20	.15
3	1	1	3	.20	.30	.10	.10

3-10 等級 / 順序

排等級（ranking）也是一種衡量的方式。如，將幾個品牌、廠牌、商店或屬性，依其品質、服務水準、偏好程度、……排等級：

下列幾個手機的電信公司中，請問您認為那一家的收費最便宜？請依排名順序，填入 1、2、3、4、5：

中華電信　　　　_____

遠傳　　　　　　_____

台灣大哥大　　　_____

亞太　　　　　　_____

台灣之星　　　　_____

這類資料是一種順序尺度，只有先後之順序關係；但無倍數關係。譬如：甲公司排名為 1，乙公司排名為 5；只能說受訪者認為甲公司之收費比乙公司便宜而已；無法說甲公司之收費比乙公司便宜 5 倍。故而，通常也不會直接求其均數、標準差、……等統計量。

此種類型之問卷，作為被排等級/順序之對象也不宜太多。否則，受訪者也是無法排列得很好。排個五、六項大概就是上限了！

▶▶ 等級 / 順序如何編碼 / 鍵入

假定，要處理前面之資料，由於有五個電信公司，故需安排 5 個欄位分別來輸入各公司所得到之排名，第一欄輸入『中華電信』之排名、第二欄輸入『遠傳』之排名、……、第五欄輸入『台灣之星』之排名。

此種排等級/順序，最常見之問題是：受訪者無法依序填完所有的排名。可能只填個一、兩項而已！此時，不可將未填答之項目視為 0，因為這樣反而會使得無答案之項目，變成排名於第一名（1）之前面。替代方法為：將未填答之項目視為相同等級。假定有五項，只填答 3 項，則其餘兩項均以 4 替代；若只填答 1 項，則其餘四項均以 2 替代；……。

假定，某位受訪者之問卷填答結果為：

下列幾個手機的電信公司中，請問您認為那一家的收費最便宜？請依排名順序，填入 1、2、3、4、5：

中華電信　　　　　　__3__

遠傳　　　　　　　　__1__

台灣大哥大　　　　　_____

亞太　　　　　　　　__2__

台灣之星　　　　　　_____

其五欄之資料，應依序輸入成：3、1、4、2、4。（請開啟『範例\Ch03\排等級.sav』進行練習）

	編號	中華	遠傳	台哥大	亞太	台灣之星
1	229	1	4	3	4	2
2	230	2	3	1	5	4
3	231	5	4	3	1	2
4	232	1	2	2	2	2

▶▶ 可將等級 / 順序改為單選題

實務上，雖常見到此種排等級之問卷方式。但建議讀者，儘可能不要使用這類問法，因為將來分析時，無論是交叉分析或次數分配表，均不太容易處理。最多，只能求個中位數，比較各項目的排名順序而已！

替代的作法是將題目修改成：

下列幾個手機的電信公司中，請問您認為那一家的收費最便宜？

□1.中華電信　　□2.遠傳　　□3.台灣大哥大　　□4.亞太　　□5.台灣之星

直接將其改為單選題，將來以出現次數之多寡來排名即可。譬如：認為甲公司最便宜者有 125 位，而認為乙公司最便宜者有 70 位。我們就可以說：消費者認為甲公司之收費比乙公司便宜。

直接將前述之等級改為單選題，最大的好處是可順利地進行交叉分析或檢定。如：認為甲公司最便宜者之受訪者，其基本資料為何？是否就真的使用該電信公司？或檢定其平均月費是否真的低於其他電信公司？

▶▶ 可將等級 / 順序改為權數

　　由於,要取得權數之資料有其困難度與缺點。如:必須加總成 100%,且受訪者往往不是將所有衡量變項均加以考慮後,才去填答權數,往往使得排在前面之幾個變項的權數,普遍高於排在後面之幾個變項。故也可以將等級/順序改為權數。如:

請依據您購買智慧型手機時,各產品屬性的相對重要程度,對下列屬性進行排名。
(請依序填入 1、2、3、4、5、6)

　　　1)作業平台　　　＿＿＿＿＿

　　　2)重量輕巧　　　＿＿＿＿＿

　　　3)顏色炫麗　　　＿＿＿＿＿

　　　4)螢幕大小　　　＿＿＿＿＿

　　　5)操作方式　　　＿＿＿＿＿

　　　6)附屬功能多　　＿＿＿＿＿

於收到資料後,再將其轉為權數。權數可由研究者主觀判定,或將排名 1 轉為 6、排名 2 轉為 5、……。如:

排名	權數 1	權數 2
1	30%	6
2	25%	5
3	20%	4
4	15%	3
5	7%	2
6	3%	1

3-11 子題

問卷上，常有填答某題後，續問甲題；否則，跳問乙題之情況。如：

Q1. 請問您現在是否擁有手機？

　　□1.有(跳答 Q3)　　　□2.沒有。

Q2. 請問您未購買手機的原因：（可複選，最多 3 項，答後請跳答 Q12）

　　□1.價格太高　　　□2.欲保留自我空間　　　□3.不喜追隨流行
　　□4.沒有需要　　　□5.電磁波有害人體　　　□6.已有 call 機
　　□7.避免被騷擾　　□8.其他_____

Q3. 請問您當初購買手機的原因為何？（可複選，最多三項）

　　□1.方便與家人聯絡　　□2.方便與朋友同學聯絡　　□3.追求流行
　　□4.工作(打工)需要　　□5.同儕間比較的心理　　　□6.親人提供
　　□7.手機價格下降　　　□8.業者推出的促銷方案
　　□9.網內互打較便宜　　□10.其他_____

這類題目，跳過來跳過去，無論怎麼跳，感覺還是會打結，受訪者很容易出錯。較理想的編排方式，是儘可能使跳答的情況變為最少。如，將其修改後，可少掉原第一題處之『跳答 Q3』：

Q1. 請問您現在是否擁有手機？

　　□1.有

　　□2.沒有，請問您未購買手機的原因：（可複選，最多 3 項，答後請跳答
　　　Q12）

　　　　□1.價格太高　　　□2.欲保留自我空間　　　□3.不喜追隨流行
　　　　□4.沒有需要　　　□5.電磁波有害人體　　　□6.已有 call 機
　　　　□7.避免被騷擾　　□8.其他_____

Q2. 請問您當初購買手機的原因為何？（可複選，最多三項）

　　□1.方便與家人聯絡　　□2.方便與朋友同學聯絡　　□3.追求流行
　　□4.工作(打工)需要　　□5.同儕間比較的心理　　　□6.親人提供
　　□7.手機價格下降　　　□8.業者推出的促銷方案
　　□9.網內互打較便宜　　□10.其他_____

至於子題的編碼，其處理方式同於單選題與複選題，故不再贅述。

3-12 核對資料

　　學過電腦的人，應該都聽過一句話『GIGO, Garbage In Garbage Out』（垃圾進垃圾出）。若輸入之資料錯誤，其分析結果當然也是錯的。所以，鍵入資料時，應隨時核對其資料是否正確？

　　於所有資料均打完後，可對每一欄變數均進行一次『次數分配』分析。並不是要進行撰寫報告之用，目的在檢查答案是否合理。如，性別欄應只有 1、2 兩個答案；若出現有其他答案，就表示輸入錯誤。可以「**編輯(E)/尋找(F)...**」將其找出來進行修改。（詳前章『尋找』處之說明）

　　找到錯誤後，就應該透過編號，找出原問卷，檢查看問題出在哪裡？並加以更正。這就是為何要記得為每份問卷加上編號之原因。

　　對問卷編號欄言，應該是每一個編號均只出現一次。若有某個編號出現不只一次，若不是輸入錯誤，那就是有問卷被重覆輸入了。

　　不過，『次數分配』分析也只能檢查出其資料是否合理而已。比如，第 1 題的答案為單選題 1~5，若檢查到 1~5 以外之資料，是不合理的錯誤，這很容易就可被抓出來。但若資料全部在 1~5 之內，仍不代表它就百分之百正確。仍有可能將打錯！（如：3 錯打為 2）但這種錯誤，以『次數分配』分析進行檢查，是無法找出來的。所以，於輸入時，打慢一點，求正確重於求速度。最好，輸入中有人在旁邊幫忙檢查是否打錯。要不，每打完一筆，自己再檢查一次總是不能免的。

　　有時，善用『觀察值排序』之功能，將同類資料集中在一起，也可以找出一些關聯題的錯誤。例如，如果受訪者未曾購買手機，那他應該就不會回答到每月平均月費之問題。所以，下表『有手機』處若為 2，表其無手機；那『平均月費』就應該是 0。否則，就表示資料錯誤，不是『有手機』欄錯，就是『平均月費』欄錯！應找出原問卷來檢查看問題何在？

『範例\Ch03\關聯題.sav』，第 2 列就是無手機而有月費之錯誤例子：（其它部份也可能有相同之錯誤）

	編號	有手機	平均月費
1	229	2	0
2	230	2	100
3	231	1	200
4	232	2	0

可利用下示步驟來找出此類錯誤：

STEP 1　執行「**資料(D)/對觀察值排序(O)…**」

STEP **2** 　於左側選取排序依據（是否有手機[有手機]），按 ↩ 鈕，將其送往『排序方式(S):』處

STEP **3** 　於『排序順序』處，選擇要遞增或遞減排序（本例選「**遞減(D)**」）

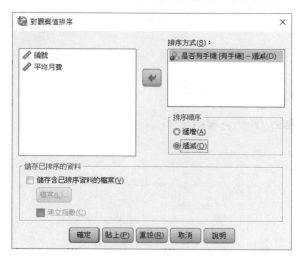

STEP **4** 　按 確定 鈕，可依『是否有手機[有手機]』進行遞減排序

	✐ 編號	👥 有手機	✐ 平均月費
1	229	2	0
2	230	2	100
3	232	2	0
4	316	2	0
5	317	2	250

此時，僅須檢查『有手機』為 2 之部份，若其『平均月費』不為 0，就表示其資料有錯。如，問卷編號 230 與 317 兩筆。

反之，若為有手機之受訪者，若其平均月費為 0。也是一種錯誤，我們也應該找得出來：（問卷編號 301）

	✐ 編號	👥 有手機	✐ 平均月費
9	231	1	200
10	301	1	0
11	302	1	400

資料轉換

4

4-1 自別的檔案取得資料

有很多情況，我們得自不是 SPSS 所產生之資料檔取得資料，轉入 SPSS 以進行統計分析。

例如，過去研究所蒐集之資料，在 DOS 時代，可能是以 PE2 或 PE3 文字編輯程式，以本文型式，存於.txt 或.dat 檔。也可能是以 dBASE 資料庫程式所儲存之.dbf 資料檔。在 Windows 下，大部份是存於 Excel 的.xls 或.xlsx 活頁簿；或是以『記事本』文字編輯程式所編輯之.txt 或.dat 本文檔。

若想再度取得這些資料來進行分析，當然不可能要於 SPSS 重打一次。這樣，不僅費時費事且還可能會有打錯資料之情況！（每多一次人工參與，就會有多一次錯誤的顧慮）

即便是目前很多學校均已經提供有 SPSS，很多學生還是不會考慮在學校以 SPSS 來輸入資料。因為，學校教室有時會有人在上課，要使用 SPSS 也不是那麼方便。且到學校的時間還有別的課要上，可用時間都是一些零星的片斷時刻，要輸入大量問卷資料，也不是很適合。更主要的原因是：回家後，家裡並無 SPSS，也無法進行資料輸入。所以，絕大部份之學生，以 Excel 進行資料輸入，再帶到學校，轉成 SPSS 的資料檔，進行統計分析。

以 Excel 輸入資料，除了其軟體取得容易外；另外一個明顯的好處是：Excel 也有很多統計分析工具。除非是碰上 Excel 無法解決的複雜分析，才帶

到學校以 SPSS 分析。否則,大部份的分析,還可在家中,以 Excel 直接進行分析。

此外,使用 Excel,於輸入中,還可以『**資料/資料工具/資料驗證**』 $\boxed{\text{資料驗證} \vee}$,控制所輸入之資料必須介於哪個範圍內。於輸入後,也可以『**資料/排序與篩選/篩選**』 $\boxed{\text{篩選}}$,進行事後篩選,以過濾出不合理之錯誤資料。

▶▶ 直接匯入 Excel 檔案

由於,Excel 是目前相當普及的軟體,也是現階段最有可能會被用來輸入問卷調查資料的工具。故底下就舉一個將 Excel 檔案轉為 SPSS 資料檔的實例。

有一點要特別提一下,於 Excel 進行資料鍵入工作時,**第一列之內容即是將來欄變數之名稱。故其命名規則,應符合 SPSS 之要求**(參見第二章『定義變數』處之說明)。

假定,已以 Excel 完成『範例\Ch04\未購原因.xlsx』問卷資料之輸入:

可以下示步驟，將其轉入 SPSS：

STEP 1　先將『未購原因.xlsx』關閉

STEP 2　於 SPSS，執行「**檔案(F)/匯入資料(D)**」

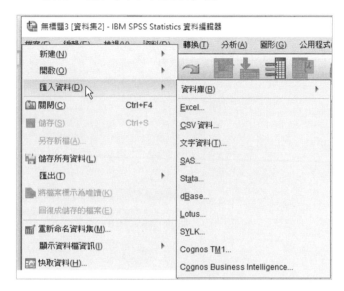

選單上顯示出所有可以匯入 SPSS 之檔案類型。

STEP 3　選「Excel...」，轉入適當磁碟資料夾（『範例\Ch04』）

STEP **4** 雙按要開啟之檔名（『未購原因.xlsx』），或選取該檔名後按 開啟(O) 鈕

若所要取用之資料，並非該檔案之第一個工作表，可於『工作表(K)』處，按其右側下拉鈕，進行選擇。

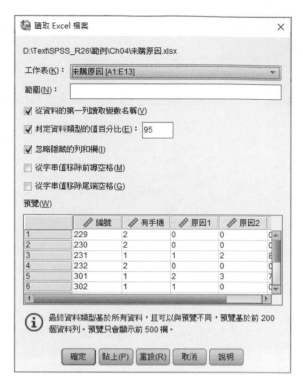

STEP **5** 確定已選擇「**從資料的第一列讀取變數名稱**」，可將工作表第一列之內容，當成 SPSS 資料檔的變數名稱

STEP **6** 按 確定 鈕，即可將 Excel 之內容轉入 SPSS

STEP **7** 將其以『未購買手機之原因.sav』存檔

小秘訣

注意，以『複製/貼上』之技巧，雖也可以將於 Excel 所選之範圍內容，轉貼到 SPSS 之資料表。但是並無法複製其欄名部份！若要取得者為全部內容，還得定義所有欄名，並不會較省事。但若只是要複製其中之幾筆記錄資料，倒是蠻理想的！

馬上練習

將『範例\Ch04\手機考慮因素.xlsx』工作表內容：

	A	B	C	D	E	F	G
1	編號	作業平台	重量輕巧	顏色炫麗	螢幕大小	操作方式	附屬功能多
2	229	2	2	3	2	1	1
3	230	3	3	5	2	2	3
4	231	1	3	2	1	1	3

轉入 SPSS，存入『手機考慮因素.sav』：

	編號	作業平台	重量輕巧	顏色炫麗	螢幕大小	操作方式	附屬功能多
1	229	2	2	3	2	1	1
2	230	3	3	5	2	2	3
3	231	1	3	2	1	1	3

馬上練習

將『範例\Ch04\手機月費.xlsx』的第二個工作表『月費』內容，轉入 SPSS 存入『手機月費.sav』。

	A	B	C
1	問卷編號	有手機	平均月費
2	229	2	0
3	230	2	0
4	231	1	200
5	232	2	0

工作表1　月費

由於是第二個工作表，要於『工作表(K)』處，按其右側下拉鈕，進行選擇：

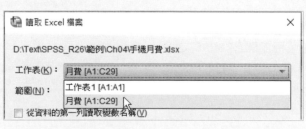

讀取 Excel 檔案　　　　　　　　　　　　　　✕

D:\Text\SPSS_R26\範例\Ch04\手機月費.xlsx

工作表(K):　月費 [A1:C29]　　　　　　　　　　▼
　　　　　　　工作表 1 [A1:A1]
範圍(N):　　　月費 [A1:C29]
☐ 從資料的第一列讀取變數名稱(V)

才可順利取得資料：

	✏ 問卷編號	🔓 有手機	🔓 平均月費
1	229	2	0
2	230	2	0
3	231	1	200
4	232	2	0

▶▶ 以拖曳方式取得外部檔案

前文之作法，係以指令進行操作的標準作法。但是，最便捷之方式，是將外部之 Excel 檔案，以拖曳方式將其圖示，直接拉入 SPSS 視窗範圍的任意位置。

當將 Excel 檔案之拖曳到 SPSS 之視窗範圍內時，畫面將轉為：

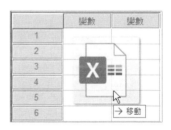

別怕，雖然顯示『移動』，但原檔案並不會因此被移走。鬆開滑鼠後，將顯示：

往後之操作步驟，同前文。

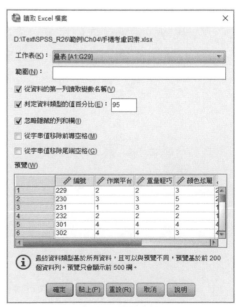

> **小秘訣**
>
> 以滑鼠拖曳檔案圖示進行開啟，亦可用於開啟 SPSS 之資料檔或輸出檔；以及下文之『直接拖曳開啟本文檔案』。

▶▶ 直接拖曳開啟本文檔案

若欲取得者，係『範例\Ch04\便宜之排名.txt』本文型式之.txt 文字檔：

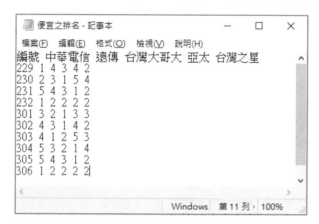

其內各欄內容係以**空格**當間隔符號。可以下示步驟，將其轉入 SPSS：

STEP **1**　　轉入『範例\Ch04』資料夾

STEP **2**　　拖曳『便宜之排名.txt』文字檔，將其拉入『IBM SPSS Statistics 資料
　　　　編輯器』之空白處

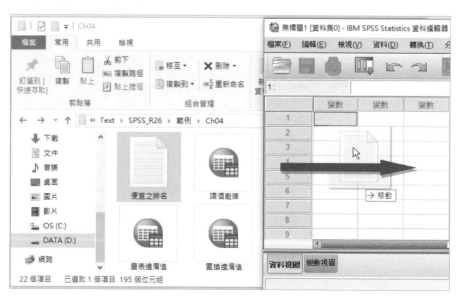

STEP **3**　鬆開滑鼠，獲致

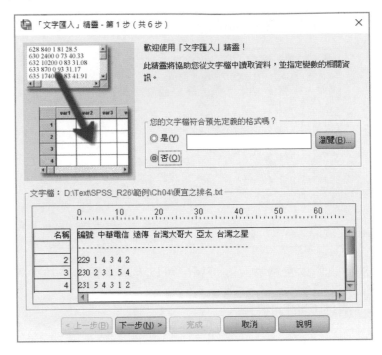

STEP **4**　於『您的文字檔符合預先定義的格式嗎？』處，選「**否(O)**」，按 下一步(N) > 鈕

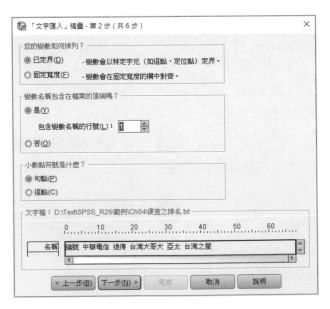

STEP <u>5</u> 於『您的變數如何排列？』處，選「**已定界(D)**」（本例係以空格當定界字元）；於『變數名稱包含在檔案的頂端嗎？』處，選「**是(Y)**」，續按 下一步(N) > 鈕

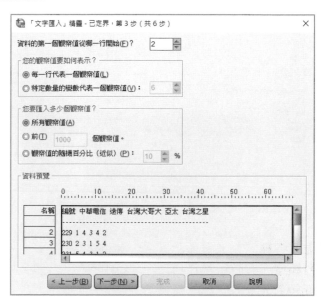

STEP <u>6</u> 維持目前預設之設定：第一個觀察值由第 2 行開始、每一行代表一個觀察值、要匯入所有觀察值。續按 下一步(N) > 鈕

STEP **7** 選取所使用之定界字元（本例為「**空格(S)**」），按 下一步(N) > 鈕

STEP **8** 點選下方之各欄，左上會顯示其名稱及資料類型，有時得稍作修改。如，日期得設定年/月/日之安排方式：

本例並無此一問題。

STEP **9** 查一下轉換結果，看是否正確。若無誤，按 下一步(N) > 鈕

STEP **10** 其上之設定均維持於「**否(O)**」即可，按 ◻完成◻ 鈕，將文字檔內容轉到 SPSS 之資料檔

	🖋 編號	🎲 中華電信	🎲 遠傳	🎲 台灣大哥大	🎲 亞太	🎲 台灣之星
1	229	1	4	3	4	2
2	230	2	3	1	5	4
3	231	5	4	3	1	2
4	232	1	2	2	2	2

馬上練習

將『範例\Ch04\購買考慮因素.txt』文字檔內容，轉入 SPSS。

購買考慮因素 - 記事本

檔案(F) 編輯(E) 格式(O) 檢視(V) 說明(H)

問卷編號,作業平台,重量輕巧,顏色炫麗,螢幕大小,操作方式,附屬功能多
229,2,2,3,2,1,1
230,3,3,5,2,2,3
231,1,3,2,1,1,3
232,2,2,2,1,1,2
301,4,4,4,4,4,4
302,4,4,3,4,4,4
303,5,5,3,4,4,5

Windows (CRI 第 1 列，第 1 行 100%

此文字檔係以**逗號**為定界字元，轉換結果為：

	🖋 問卷編號	🎲 作業平台	🎲 重量輕巧	🎲 顏色炫麗	🎲 螢幕大小	🎲 操作方式	🎲 附屬功能多
1	229	2	2	3	2	1	1
2	230	3	3	5	2	2	3
3	231	1	3	2	1	1	3

▶▶ 取用表格之內容

假定，要分析之資料是公佈在網路（或 Word 文件）上的表格，您會考慮以何種方式將其轉入到 SPSS？

直接開啟，不可能，它不是檔案。即便是，還夾雜別的內容，也無法進行。更何況 SPSS 也未必認得其檔案類型！

以『複製/貼上』之技巧進行，是可以將表格轉貼到 SPSS 之資料表。但是並無法複製其欄名部份！還得定義所有欄名，並不會較省事。

較理想的作法是，以『複製/貼上』之技巧進行，將表格轉貼到 Excel；將其存檔。然後，再以 SPSS 直接開啟 Excel 檔。

馬上練習

將『範例\Ch04\表格資料.docx』之 Word 表格內容，轉入 SPSS。

問卷編號	Q1	Q2_1	Q2_2	Q2_3	平均月費
229	2	0	0	0	0
230	2	0	0	0	0
231	1	1	2	8	200
232	2	0	0	0	0
301	1	2	3	7	400
302	1	1	0	0	400
303	1	2	5	0	800

第 1 頁，共 1 頁　54 個字　　中文 (台灣)　　　　焦點

選取整個表格後，以『複製/貼上』先轉貼到 Excel：

	A	B	C	D	E	F
1	問卷編號	Q1	Q2_1	Q2_2	Q2_3	平均月費
2	229	2	0	0	0	0
3	230	2	0	0	0	0
4	231	1	1	2	8	200
5	232	2	0	0	0	0
6	301	1	2	3	7	400
7	302	1	1	0	0	400
8	303	1	2	5	0	800
9						

工作表1　　　⊕

就緒　　　　　　　　　　　　　　　　平均值: 87

存檔後，再以前述技巧，轉入 SPSS：

	問卷編號	Q1	Q2_1	Q2_2	Q2_3	平均月費
1	229	2	0	0	0	0
2	230	2	0	0	0	0
3	231	1	1	2	8	200
4	232	2	0	0	0	0

4-2 轉存為其他軟體可用之資料

相反的情況，原為 SPSS 之資料檔，也可以轉存為其他軟體可用之資料。如：Excel、SAS、Lotus、dBASE、……；或文字型態的本文檔。由於，還是以轉存為 Excel 之活頁簿檔的情況最多。為節省篇幅，本書僅介紹轉為 Excel 活頁簿檔的操作步驟：

STEP **1**　開啟 SPSS 的『範例\Ch04\啤酒廠牌.sav』資料檔

	✏ 編號	📊 是否飲用	📊 啤酒廠牌
1	1	1	6
2	2	1	1
3	3	1	5
4	4	1	1

STEP **2**　執行「**檔案(F)/匯出(T)/Excel…**」

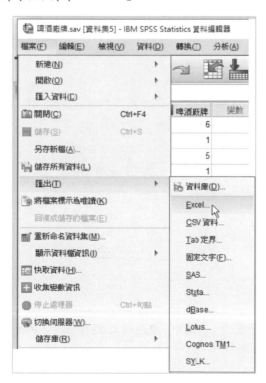

選單上所顯示者，即為 SPSS 可以匯出之各種檔案類型。

STEP **3** 選「Excel…」後，將顯示所有 Excel 檔案，並於『檔名(N)』處，顯示『啤酒廠牌.xlsx』為其檔名

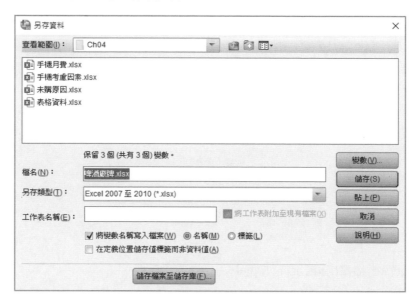

STEP **4** 選妥欲儲存之檔案位置，續按 儲存(S) 鈕，即可將其轉存成 Excel 之活頁簿檔

STEP **5** 轉入所儲存之檔案位置，開啟經轉換過之 Excel 活頁簿檔，可看到欄名及資料內容均已順利轉換

小秘訣

注意，以『複製/貼上』之技巧，雖也可以將 SPSS 之資料表轉貼到 Excel，但是並無法複製其欄名部份！

馬上練習

將『範例\Ch04\等級.sav』資料檔：

	問卷編號	中華電信	遠傳	大哥大	亞太	台灣之星
1	229	1	4	3	4	2
2	230	2	3	1	5	4
3	231	5	4	3	1	2

轉成 Excel 之活頁簿檔『等級.xlsx』：

	A	B	C	D	E	F
1	問卷編號	中華電信	遠傳	大哥大	亞太	台灣之星
2	229	1	4	3	4	2
3	230	2	3	1	5	4
4	231	5	4	3	1	2
5	232	1	2	2	2	2

等級

4-3 合併 - 觀察值

利用指令

為縮短輸入資料時間，常將問卷分由幾個不同人進行輸入，於輸入結束後，再將其內容合併於一個檔案。假定，有如下兩資料檔，其變數名稱之定義、順序及個數完全相同：（可由一人建妥後，再分抄給其他幫忙輸入資料者，以確保每個人能拿到相同之定義）

	問卷編號	有手機	購買1	購買2	購買3	平均月費
1	229	2	0	0	0	0
2	230	2	0	0	0	0
3	231	1	1	2	8	200
4	232	2	0	0	0	0

（存於『範例\Ch04\資料-甲.sav』，其內有編號 229~232 等四筆問卷資料）

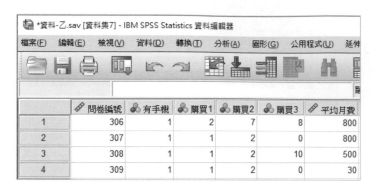

（存於『範例\Ch04\資料-乙.sav』，其內有編號 306~309 等四筆問卷資料）

擬將兩檔資料合併成一個檔，假定要彙集於『資料-甲.sav』內，其操作步驟為：

STEP **1** 開啟『資料-甲.sav』與『資料-乙.sav』

STEP **2** 於『資料-甲.sav』之畫面，執行「**資料(D)/合併檔案(G)/新增觀察值(C)…**」，轉入

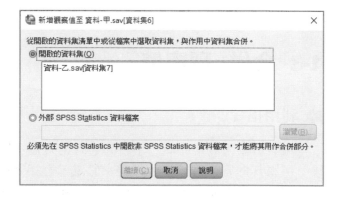

STEP **3** 於『開啟的資料集(O)』下，點選『資料-乙.sav[資料集7]』

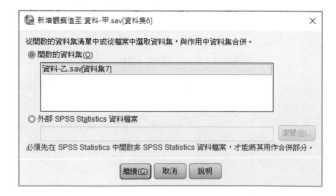

STEP **4**　　按 繼續(C) 鈕

右側所顯示者為『資料-乙.sav』之欄名內容，由於與『資料-甲.sav』完全相同。故左側並無任何未配對的變數。

STEP **5**　　按 確定 鈕，即可將『資料-乙.sav』之所有觀察值，增添到『資料-甲.sav』之尾部

馬上練習

> 將『範例\Ch04』資料夾『A 資料.sav』與『B 資料.sav』資料檔的所有觀察值，合併到『A 資料.sav』之尾部。

▶▶ 利用複製 / 貼上之技巧

其實，亦可以分別開啟兩檔，利用複製/貼上之技巧，將乙檔案之全部觀察值貼到甲檔案之尾部。

STEP **1**　開啟『範例\Ch04\資料-甲.sav』與『資料-乙.sav』

STEP **2**　按住『資料-乙.sav』之列號，以拖曳方式，將其觀察值全部選取

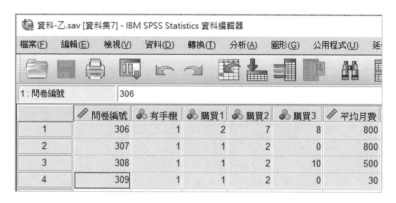

STEP **3**　執行「**編輯(E)/複製(C)**」（或按 Ctrl + C 鍵），記下所選取之內容

STEP **4**　轉到『資料-甲.sav』，點選其最底下空白列的列號按鈕，選取該列（來源係以列為單位，本處即應選取一整列或多列）

STEP 5　執行「**編輯(E)/貼上(P)**」（或按 `Ctrl`＋`V` 鍵），將所記下之內容抄過來

	問卷編號	有手機	購買1	購買2	購買3	平均月費
4	232	2	0	0	0	0
5	306	1	2	7	8	800
6	307	1	1	2	0	800
7	308	1	1	2	10	500
8	309	1	1	2	0	30

*資料-甲.sav [資料集6] - IBM SPSS Statistics 資料編輯器

檔案(F)　編輯(E)　檢視(V)　資料(D)　轉換(T)　分析(A)　圖形(G)　公用程式(U)　延(

5：問卷編號　306

馬上練習

以『複製/貼上』之技巧，將『範例\Ch04\A 資料.sav』與『B 資料.sav』的所有觀察值，合併到『A 資料.sav』之尾部。

4-4　合併-變數

▶ 利用指令

前例，所合併者為觀察值（向下增添記錄）；若情況剛好相反，要合併之對象為變數欄（向右增加欄位內容，並非定義而已），可以「**資料(D)/合併檔案(G)/新增變數(V)...**」來處理。

如『範例\Ch04\上網 1.sav』，其內有『編號』、『性別』、『年級』與『居住狀況』等欄：

上網1.sav [資料集8] - IBM SPSS Statistics 資料編輯器

檔案(F)　編輯(E)　檢視(V)　資料(D)　轉換(T)　分析(

	編號	性別	年級	居住狀況
1	1	2	2	2
2	2	2	2	1
3	3	2	2	2

而『上網 2.sav』，其內有『編號』、『零用金』與『上網時數』等欄：

兩檔之觀察值必須筆數一致，並依『編號』排妥順序，且兩邊之編號一一對應完全吻合。

	編號	零用金	上網時數
1	1	1	2
2	2	1	3
3	3	2	3

擬將兩檔之欄位內容，合併成一個檔。假定，要彙集於『上網 1.sav』內，其操作步驟為：

STEP **1**　開啟『範例\Ch04\上網 1.sav』與『上網 2.sav』

STEP **2**　於『上網 1.sav』之畫面，執行「**資料(D)/合併檔案(G)/新增變數(V)...**」

STEP **3**　於『開啟的資料集(O)』下，選取「**上網 2.sav[資料集 9]**」

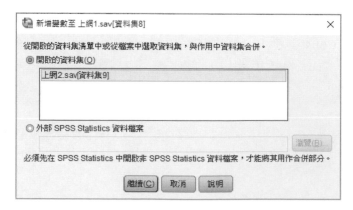

STEP **4** 按 繼續(C) 鈕

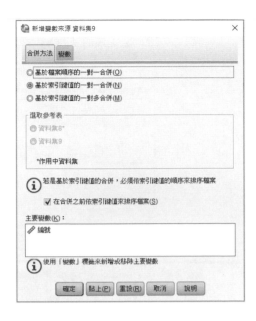

STEP **5** 選「**基於檔案順序的一對一合併 (O)**」

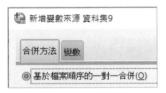

STEP **6** 轉入『變數』標籤

右側為『上網 1.sav』增加了『上網 2.sav』之新變數後的結果；由於兩檔均有『編號』，故將『上網 2.sav』之『編號』排除，並顯示於左側之『排除的變數 (E)』方塊內。

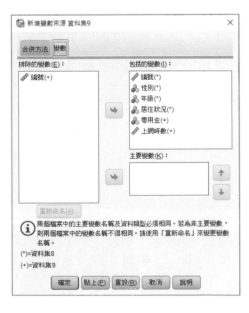

STEP **7** 按 確定 鈕，即可將『上網 2.sav』內『零用金』與『上網時數』等欄變數，合併到『上網 1.sav』

馬上練習

將『範例\Ch04』資料夾『手機 1.sav』與『手機 2.sav』資料檔的所有欄位，合併到『手機 1.sav』。

▶▶ 利用剪貼技巧

其實，亦可分別開啟兩檔，利用『複製/貼上』之技巧，將乙檔案之某些欄位內容複製到甲檔案之尾部：

STEP **1** 開啟『範例\Ch04\手機 1.sav』，其內僅三欄內容

STEP **2** 再開啟『手機 2.sav』，使兩檔同時開啟，兩檔之觀察值必須筆數一致，並依『編號』排妥順序，且兩邊之編號一一對應完全吻合。

STEP **3**　按住『手機 2.sav』之欄名標題，以拖曳方式，將『大小適中』、『重量輕巧』與『顏色炫麗』等三欄選取

STEP **4**　執行「**編輯(E)/複製(C)**」（或按 Ctrl + C 鍵），記下所選取之內容

STEP **5**　轉到『手機 1.sav』，點選其最右側空白欄的欄名按鈕，選取該欄（來源係以欄為單位，此處即應選取一欄或多欄）

STEP **6**　執行「**編輯(E)/貼上(P)**」（或按 Ctrl + V 鍵），將所記下之內容抄過來。亦可將『手機 2.sav』內『大小適中』、『重量輕巧』與『顏色炫麗』等欄變數，合併到『手機 1.sav』

馬上練習

利用剪貼技巧，將『範例\Ch04』資料夾『上網 1.sav』與『上網 2.sav』資料檔的所有欄位，合併到『上網 2.sav』。

4-5　重新編碼

『重新編碼』係將某欄變數，依其內容進行合併，以縮減答案數。如，受訪者之月所得數字，分佈得相當凌亂，可將其縮減為『~20,000』、『20,001~40,000』、『40,001~60,000』與『60,001~』等幾組。又如，使用 A 品牌者佔 50%、B 品牌者佔 35%、C 品牌者佔 5%、D 品牌者佔 3%、E 品牌者佔 2%、……、K 品牌者佔 1%。若要將 A～K 品牌之次數分配全部列出，恐也太多！故可將其縮減為『A 品牌』（50%）、『B 品牌』（35%）與『其他品牌』（15%）三組而已。

SPSS 計提供有兩種『重新編碼』：

1. 將結果安排於同一變數

2. 將結果安排於不同變數（本部份之實例，請參見第五章『次數分配』之說明）

前者，較為危險，萬一操作錯誤，會將原資料改成錯誤之結果！故通常是選擇後者，將轉換結果安排成另一個新變數；若做錯了，了不起將其刪除就是，原始資料則仍維持不變。

另一個不願將重新編碼的結果安排於同一變數之理由是，像原始所得資料係連續數值，可用來計算平均數、標準差、……等統計量。若將原數字直接轉換成分組結果，就變成是類別（組別）變數，僅能求次數，並無法計算平均數、標準差、……等統計量；且也無法拿來進行更進一步之均數檢定，那將是一大損失！

欲將結果安排於同一變數，可以「**編輯(E)/取代(R)...**」或「**轉換(T)/重新編碼成相同的變數(S)...**」來處理。前者適用於較單純之轉換，每次僅能處理一個動作，如：要將 2 與 3 均轉為 5，就得分兩次執行。第一次無條件將 2 全換為

5，續將 3 全換為 5。後者，則適合較複雜之處理，如前面之要求，僅執行一次就可將 2 與 3 均轉為 5，甚至還可以加上條件。茲分別詳述於後。

▶▶ 編輯 / 取代

茲就先舉一個簡單的「**編輯(E)/取代(R)…**」實例，假定要將『範例\Ch04\成績.sav』內『性別』欄之所有 3 均改為 2。其處理步驟為：

STEP 1　開啟『範例\Ch04\成績.sav』，停於『性別』欄之任意位置，目前該欄有 3 之內容

	🐾 編號	🐾 性別	🖉 成績
1	1	1	72
2	2	3	68
3	3	2	81

STEP 2　執行「**編輯(E)/取代(R)…**」

STEP 3　於『尋找(N)』處輸入 3；於『取代為(P)』處輸入 2，表欲找出 3，將其換為 2

STEP **4**　按  全部取代(A) 鈕，將顯示已完成幾筆取代工作

STEP **5**　最後，按 確定 鈕離開，回上層畫面

可再進行其他替換的工作。

STEP **6**　若要結束，可按 關閉 鈕，回資料檢視，可發現已將所有 3 替換為 2

　　經由上例，可發現「**編輯(E)/取代(R)…**」僅適用簡單之替換動作。試想，若要將『所得』欄內，未滿三萬者，均替換為 1；三萬到五萬，替換為 2；……。這類動作，以「**編輯(E)/取代(R)…**」是根本無法達成的。

　　雖然，按 顯示選項(H) >> 鈕，可提供一些增強功能：

但大抵也是供文字串資料使用而已（包含、開頭、結尾…），對數值性資料並無多大作用。

▶▶ 重新編碼成相同的變數

相對於「**編輯(E)/取代(R)**...」,「**轉換(T)/重新編碼成相同的變數(S)**...」就較有彈性,且還可於執行中加入條件。

假定,『範例\Ch04\手機廠牌.sav』之資料,當『有手機』欄為 2 時,表該受訪者並無手機,其『手機廠牌』欄內之答案就應該為 0,但目前該欄內存有部份資料是錯誤的。如,第 2、3 列,其『手機廠牌』欄就有非 0 之資料:

	◇ 編號	♣ 有手機	♣ 手機廠牌
1	201	2	0
2	202	2	1
3	203	2	3
4	204	1	4

可以下示步驟,找出當『有手機』欄為 2 時,即將其『手機廠牌』欄內之答案全數替換成 0:

STEP 1　執行「**轉換(T)/重新編碼成相同的變數(S)**...」

　　　　（若其上已有其他不相關之設定,可按 重設(R) 鈕,將其全數清除）

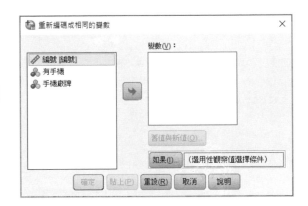

STEP 2　選『手機廠牌』,按 ← 鈕,將其送到右側之『數值變數』方塊

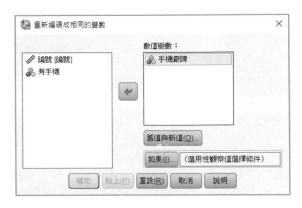

STEP **3** 　按 如果(I)... 鈕，選「**包括滿足條件的觀察值(I):**」

STEP **4** 　選『有手機』，按 ⬇ 鈕，將其送到右側

STEP **5** 按 [=] 鈕及 [2] 鈕（條件式亦可以鍵盤進行輸入），將其條件安排為『有手機=2』，表無手機時才要進行後續之重新編碼

STEP **6** 按 [繼續(C)] 鈕，回上層對話方塊，可發現已顯示有過濾條件：如果『有手機=2』

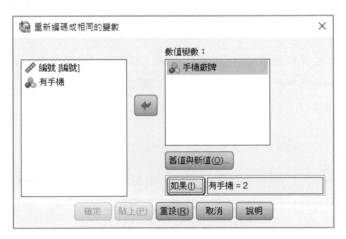

STEP **7** 按 <kbd>舊值與新值(O)...</kbd> 鈕，左下選「**所有其他值(O)**」，並於右上『新值』之「**值(L):**」處輸入 0，表示當符合『有手機=2』條件時，將其全部資料改為 0

『舊值』方塊內，各項目之作用分別為：

值(V)	僅處理所指定之某一特定數值
系統遺漏(S)	僅處理系統遺漏值
系統或使用者遺漏(U)	僅處理系統遺漏值，或使用者於『變數視圖』之『遺漏』處所指定之遺漏值
範圍(N)	僅處理所指定之甲數到乙數之範圍內的資料
範圍，從最低到值(G)	僅處理由最小值到某數之範圍內的資料
範圍，從值到最高(E)	僅處理由某數到最大值之範圍內的資料
所有其他值(O)	前面各項指定以外之其他情況

『新值』方塊內，有兩個選項，其作用分別為：

值(L)	將『舊值』方塊所指定之內容，轉為某一數值
系統遺漏(Y)	將『舊值』方塊所指定之內容，轉為系統遺漏值

按 新增(A) 鈕，將此一設定搬到『舊值-->新值(D)』方塊，顯示「ELSE-->0」（此動作經常被忘記，結果什麼更新也沒做！）

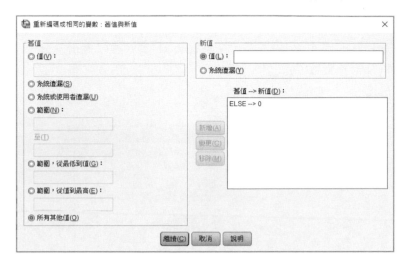

STEP 9 按 繼續(C) 鈕，回上層對話方塊

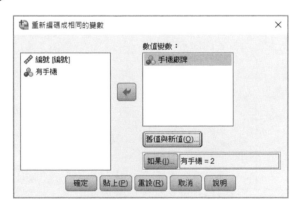

STEP 10 按 確定 鈕結束，可找出所有符合『有手機=2』條件的觀察值，並將其『手機廠牌』資料均改為 0

	編號	有手機	手機廠牌
1	201	2	0
2	202	2	0
3	203	2	0
4	204	1	4

原第 2, 3 列，其『手機廠牌』欄已改為 0。

4-6 計算

『編輯/取代』與『重新編碼』只是將某值轉換成簡單之新值，並無法進行計算。若碰上得經過使用某些欄位內容進行計算，才可獲得之新內容，就得利用「**轉換(T)/計算變數(C)…**」。

以『範例\Ch04\總平均.sav』為例：

	學號	國文	英文	數學	變數
1	101	95	87	91	
2	102	80	83	77	
3	103	83	48	79	

擬依『國文』4 學分、『英文』3 學分、『數學』3 學分之權數，計算其加權平均，置入另一新『平均』欄。其處理步驟為：

STEP **1**　執行「**轉換(T)/計算變數(C)…**」

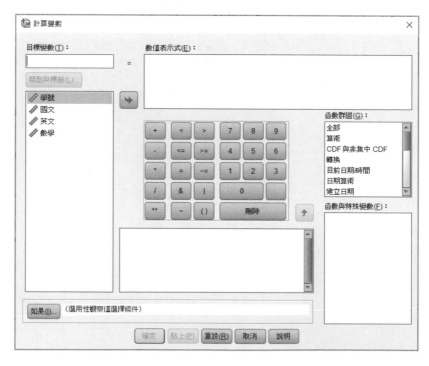

STEP **2**　於『目標變數(T)』處，輸入欲存放運算結果之新變數名稱『平均』

STEP **3** 點按『數值表示式(E)』下之文字方塊，將顯示出游標。即可輸入運算式。變數名稱、運算符號或數字均可以鍵盤進行輸入，當然也可按其上所提供之按鈕來輸入。要輸入變數名稱，也可於左側選妥名稱，續按 ➡ 鈕，將其送到右側。本例輸入：

(國文*4+英文*3+數學*3)/10

以計算加權平均：

STEP **4** 最後，按 確定 鈕，計算出平均成績，置入新變數『平均』欄

	學號	國文	英文	數學	平均
1	101	95	87	91	91.40
2	102	80	83	77	80.00
3	103	83	48	79	71.30

馬上練習

『範例\Ch04\減肥前後.sav』資料檔，記錄受訪者接受某項減肥法前後之體重，試計算減肥前後體重增減幾公斤，將其置入『增減』之新欄位內：

	編號	減肥前	減肥後
1	1	102	85
2	2	96	78
3	3	80	81

小秘訣

若碰上較複雜之運算，亦可將資料轉到 Excel 進行運算。算妥後，將其存檔，再以 SPSS 將其開啟，即可將運算結果轉回 SPSS。

4-7 置換遺漏值

欄位若存有遺漏值，將被排除於所使用分析之外，對某些分析言，將使得分析結果失真。所以，有時會將其等全數替換成較中間之替代值。如，『範例\Ch04\量表遺漏值.sav』原為 1~5 之評價量表，若為未填任何資料之系統遺漏值：

	編號	大小適中	重量輕巧
1	229		2
2	230	3	
3	231	1	

可將其全改為 1~5 之中間值 3。此一替換，以前述之「**轉換(T)/重新編碼成相同的變數(S)…**」來處理即可：

但若是要將其替換成該欄變數之平均值、中位數或插補法的值，就得事先計算出這些資料才可進行替換。所以，SPSS 另提供一『置換遺漏值』之功能項，讓我們來進行此類之替換動作。

假定，『範例\Ch04\置換遺漏值.sav』內，有幾筆『平均月費』為未輸入任何資料之系統遺漏值（僅顯示點號，如：第 2、3 列之內容）：

	問卷編號	有手機	平均月費
1	204	1	1500
2	211	1	.
3	212	1	.
4	213	1	600

若將其視為系統遺漏值，對求算平均月費之統計量（均數、標準差、……）可能沒多大影響。但往後進行其它分析（如：交叉表分析、T 檢定、……），將直接減少其可用筆數，還真有點捨不得！（因為，受牽連之分析會很多，這邊捨棄幾筆、那邊捨棄幾筆、……，最後可用的筆數就越來越少了！）

可以下示步驟，將其替換成某一特殊值：

STEP 1 執行「**轉換(T)/取代遺漏值(V)…**」

STEP **2** 按『方法(M)』處下拉鈕，選擇要替換成何種新值？（本例選「**系列平均值**」，系列是指全部資料，此為所有資料之平均。若選鄰近點的其他類型資料，還得於『鄰近點的跨距』處，選擇左右要包含幾個項目。預設值為 2，有時無法算出中位數或平均值，仍無法置換所有的遺漏值）

小秘訣

先選『方法(M)』是正確的作法，特別適用於左側要選多重變數時，可免去逐一設定之麻煩。

STEP **3** 左側選『平均月費』，按 鈕，將其送到右側『新變數(N)』下

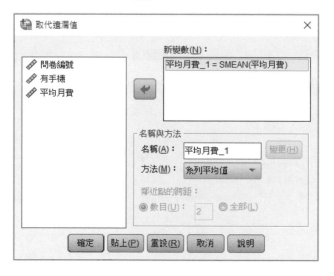

『名稱(A)』處，自動補上之『平均月費_1』即 SPSS 自動安排之新變數名稱。但仍允許我們自行修改，本例故意將其改為『月費_1』：

STEP **4** 按 變更(H) 鈕，換掉舊名稱

STEP **5** 按 確定 鈕，產生新變數『月費_1』，其內已將原系統遺漏值，均改為平均值 475（第 2, 3 列）

	問卷編號	有手機	平均月費	月費_1
1	204	1	1500	1500
2	211	1	.	475
3	212	1	.	475
4	213	1	600	600

馬上練習

『範例\Ch04\量表遺漏值.sav』資料檔，其內之兩個量表變數均有幾個系統遺漏值：

	編號	大小適中	重量輕巧
1	229	.	2
2	230	3	.
3	231	1	.
4	232	.	2

請將其更改為各該變數欄之均數，並將結果安排到『大小』與『重量』兩個新欄位。

替換時，允許一次進行處理多個變數：

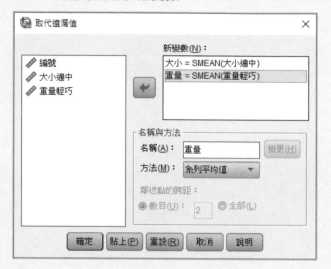

其替換結果為：

	編號	大小適中	重量輕巧	大小	重量
1	229	.	2	4.3	2.0
2	230	3	.	3.0	4.1
3	231	1	.	1.0	4.1
4	232	.	2	4.3	2.0

（『大小』欄之遺漏值改為 4.3；『重量』欄之遺漏值改為 4.1）

次數分配  5

次數分配表是所有問卷調查中，最廣泛使用之分析技巧。因為它的建表方式最簡單，判讀也最容易；且也是一般大眾最能接受的分析結果。

普通報章雜誌上，對調查結果，通常也只是止於建立次數分配表而已。因為，若使用其他分析方法，閱讀者也不見得看得懂，如何引起共鳴？

5-1 類別變數 - 單選題次數分配

對類別性的資料，如：性別、政黨別、宗教別、是否使用 Facebook、是否有手機、手機品牌、……等資料。於進行『次數分配表』分析時，通常並不會求算其平均數、標準差、……等統計量；僅須求得其次數分配即可。

『範例\Ch05\拍賣網站.sav』資料：

	編號	用過否
1	1	2
2	2	1
3	3	2

為針對大學生所進行之調查。其『用過否』欄為 1，表示受訪者曾使用過拍賣網站；為 2，則否。且也已經為其數值安排妥數值標籤：

可以下示步驟進行『次數分配表』分析：

STEP **1** 執行「**分析(A)/ 敘述統計(E)/次 數分配表(F)…**」

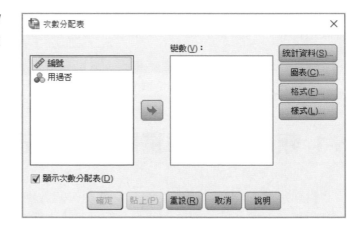

STEP **2** 選『用過否』， 按 鈕，將其 送到右側之『變 數(V)』方塊

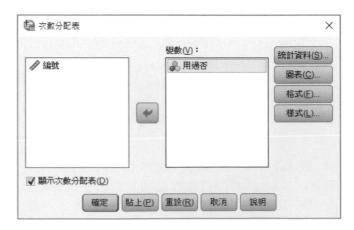

確定左下角已選取「**顯示次數分配表(D)**」

STEP 4 按 [確定] 鈕,獲致

用過否		次數分配表	百分比	有效百分比	累積百分比
有效	1. 有	70	44.6	44.6	44.6
	2. 沒有	87	55.4	55.4	100.0
	總計	157	100.0	100.0	

可看出大學生曾使用過拍賣網站者佔 44.6%;未曾使用過拍賣網站者佔 55.4%。可見,即使是目前最常使用網路的大學生,未曾使用過拍賣網站者還是略高於使用過者。

5-2 將分析結果轉入 Word

以 SPSS 雖可求得次數分配表,但其畢竟不適合用來撰寫報告。通常,還是以 Word 來處理。故而,得學會如何自 SPSS 取得分析結果,並將其轉換成 Word 文件之內容。

假定,要將先前拍賣網站『用過否』之次數分配表,轉到 Word 文件。其處理步驟為:

STEP 1 以滑鼠右鍵單按輸出結果次數分配表,將出現一選單,選取「**複製**」,記下次數分配表內容

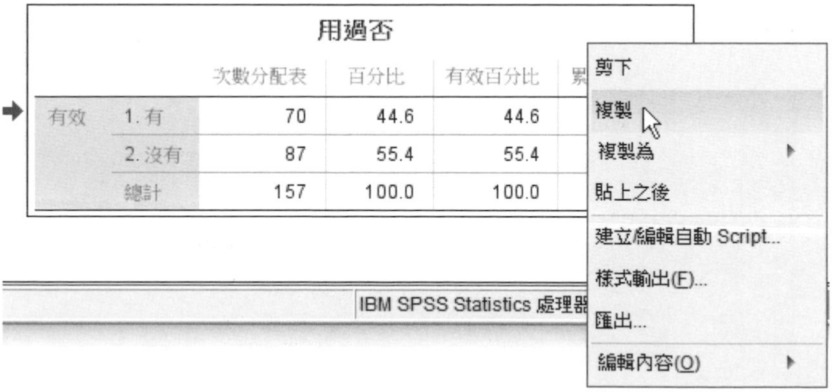

用過否		次數分配表	百分比	有效百分比	累		剪下
有效	1. 有	70	44.6	44.6			複製
	2. 沒有	87	55.4	55.4			複製為 ▶
	總計	157	100.0	100.0			貼上之後

建立/編輯自動 Script...

樣式輸出(F)...

IBM SPSS Statistics 處理器

匯出...

編輯內容(O) ▶

STEP **2** 轉到 Word 文件，停於要插入次數分配表之位置。按『**常用/剪貼簿/貼上**』 鈕，將選取內容複製過來

STEP **3** 若您無法看到表格內之細格線，點選表格之任意位置，續按『**版面配置/表格/檢視格線**』 鈕

STEP **4** 將指標移往表格左側外緣，最上方一列顯示『用過否』之左邊位置，點按滑鼠，可選取該列

STEP **5** 按『**版面配置/欄與列/刪除**』 鈕，續選『**刪除列(R)**』，將該列刪除

STEP 6 　將指標移往表格之上，靠近『有效百分比』欄位上緣邊線之位置，指標將轉為向下箭頭 ⬇，按住滑鼠往右拖曳，可選取『有效百分比』與『累積百分比』兩欄

STEP 7 　按『版面配置/欄與列/刪除』🖼 鈕，續選「刪除欄(C)」，將所選取之兩欄刪除

STEP 8 　將指標移往表格之上，其左上角將出現一個 ✛ 四向箭頭，點按該處，選取整個表格。按『常用/段落/置中』 ≡ 鈕，可將表格安排成置中格式

STEP **9**　按『**表格設計/框線/框線**』  之下拉鈕，續選『**框線及網底(O)**』，轉入其『**框線(B)**』標籤，選「**格線(D)**」、雙線樣式

STEP **10**　轉入『網底(S)』標籤，將『填滿』設定為「**無色彩**」

STEP **11**　按 ┌ 確定 ┐ 鈕，將其外框安排為雙線，內框為單線之表格並取消其網底色彩

表 1-1　是否使用過拍賣網站

		次數分配表	百分比
有效	1. 有	70	44.6
	2. 沒有	87	55.4
	總計	157	100.0

STEP **12**　點選含『有效』字串之儲存格

表 1-1　是否使用過拍賣網站

		次數分配表	百分比
有效	1. 有	70	44.6
	2. 沒有	87	55.4
	總計	157	100.0

STEP 13 按『版面配置/合併/分割儲存格』

⊞ 分割儲存格 鈕

STEP 14 安排成分割為 1 欄 3 列

次數分配

STEP 15 按 確定 鈕,將該儲存格分割
為 1 欄 3 列

表 1-1	是否使用過拍賣網站		
		次數分配表	百分比
有效	1. 有	70	44.6
	2. 沒有	87	55.4
	總計	157	100.0

STEP 16 刪除『有效』字串,選取第二列,
第 1 及 2 欄

表 1-1	是否使用過拍賣網站		
		次數分配表	百分比
	1. 有	70	44.6
	2. 沒有	87	55.4
	總計	157	100.0

STEP 17 按『版面配置/合併/合併儲存格』
⊞ 合併儲存格 鈕,將所選取之兩儲
存格,合併成單一儲存格

表 1-1	是否使用過拍賣網站		
		次數分配表	百分比
1. 有		70	44.6
	2. 沒有	87	55.4
	總計	157	100.0

STEP **18** 仿前步驟，將第三、四兩列之1、2 兩儲存格，加以合併

表 1-1　是否使用過拍賣網站		
	次數分配表	百分比
1. 有	70	44.6
2. 沒有	87	55.4
總計	157	100.0

STEP **19** 將『次數分配表』欄之標題改為『次數』，於『百分比』欄，為各資料加入百分號（%）

表 1-1　是否使用過拍賣網站		
	次數	百分比
1. 有	70	44.6%
2. 沒有	87	55.4%
總計	157	100.0%

STEP **20** 選取整個表格，雙按表格之任意垂直欄線，將各欄調整為最適欄寬

表 1-1　是否使用過拍賣網站		
	次數	百分比
1. 有	70	44.6%
2. 沒有	87	55.4%
總計	157	100.0%

往後，即可於表格下，輸入分析結果的文字內容。如：（詳『範例\Ch05-執行後\取得 SPSS 之次數分配表.docx』）

馬上練習

針對『範例\Ch05\體重.sav』資料，其『減肥經驗』欄若為 1，表受訪
者有減肥之經驗；2 則否。試求得其次數分配表：

減肥經驗

		次數分配表	百分比	有效百分比	累積百分比
有效	有	161	53.7	53.7	53.7
	無	139	46.3	46.3	100.0
	總計	300	100.0	100.0	

並將其結果轉入 Word 文件。

5-3 連續變數之次數分配

於第一章，我們曾針對『範例\Ch05\學生成績.sav』，以「**分析(A)/敘述統
計(E)/次數分配表(F)…**」，求算學生成績之次數分配：

成績

		次數分配表	百分比	有效百分比	累積百分比
有效	32	2	4.0	4.0	4.0
	34	1	2.0	2.0	6.0
	39	1	2.0	2.0	8.0
	42	1	2.0	2.0	10.0
	47	2	4.0	4.0	14.0
	55	1	2.0	2.0	16.0
	56	1	2.0	2.0	18.0

於『次數分配表』欄，可看到成績資料相同的並不多。由於，成績分配如此分
散，故求其次數分配表已無多大意義！

所以，擬將其分組為：『~59』、『60~79』與『80~』等三組，再進行求
算分組後之次數分配表。此部份之分組動作，就是『重新編碼』，其處理步驟
為：

STEP **1**　　開啟『範例\Ch05\學生成績.sav』

	編號	性別	成績
1	1	1	34
2	2	2	71
3	3	1	83

執行前，原『成績』為數值資料，並未進行分組。

STEP **2**　　執行「**轉換(T)/重新編碼成不同變數(R)...**」，於左側選『成績』，按 ⬅ 鈕，將其送到『數值變數->輸出變數』方塊（出現『成績 --> ?』，表還沒進行真的變更動作）

STEP **3**　　於『輸出變數』的『名稱(N)』處，輸入要將輸出結果安排到那一個新變數（本例將其命名為『成績分組』）

STEP **4**　　若覺得名稱過短，可於『標籤(L)』處，輸入此新變數的標記文字（本例輸入『依成績等組距分組』）

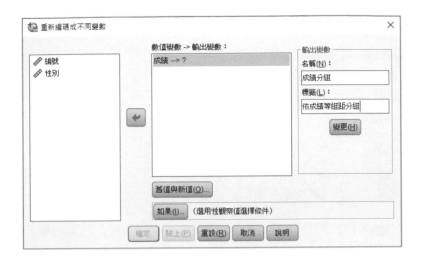

STEP **5**　按 `舊值與新值(O)...` 鈕，選「**範圍，從最低到值(G)**」，於其下輸入 59，續於『新值』之「**值(L)**」處輸入 1，表示由最低分到 59 分將被歸到新值 1，存入新變數『成績分組』內

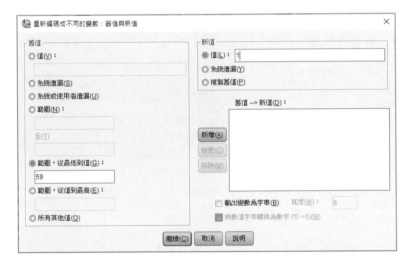

STEP **6**　按 `新增(A)` 鈕，將此一設定搬到『舊值-->新值(D)』方塊，顯示「Lowest thru 59 --> 1」，表示最低分到 59 分將被歸到新值 1

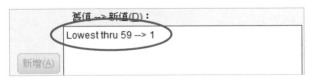

STEP **7** 選「**範圍(N)**」，定義 60~79 將被歸到新值 2

STEP **8** 按 新增(A) 鈕，將此一設定搬到『舊值-->新值(D)』方塊，顯示「60 thru 79 --> 2」，表示 60~79 分將被歸到新值 2

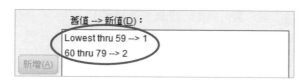

STEP **9** 選「**範圍，從值到最高(E)**」，定義 80 分以上，將被歸到新值 3

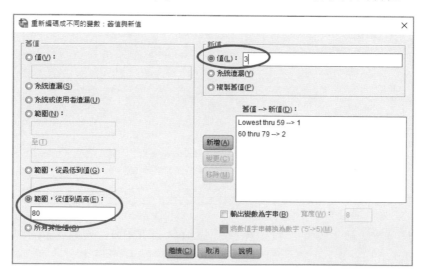

STEP **10** 按 新增(A) 鈕，將此一設定搬到『舊值-->新值(D)』方塊，顯示「80 thru Highest --> 3」，表示 80 分以上，將被歸到新值 3

舊值 --> 新值(D)：

Lowest thru 59 --> 1
60 thru 79 --> 2
80 thru Highest --> 3

新增(A)

STEP **11** 按 繼續 鈕，回上一層對話方塊（仍出現『成績 --> ?』，表還沒進行真的變更動作）

數值變數 -> 輸出變數：

成績 --> ?

輸出變數

名稱(N)：

成績分組

標籤(L)：

依成績等組距分組

變更(H)

STEP **12** 按 變更(H) 鈕

數值變數 -> 輸出變數：

成績 --> 成績分組

輸出變數

名稱(N)：

成績分組

標籤(L)：

依成績等組距分組

變更(H)

出現『成績-->成績分組』，才表示已進行了真的變更動作，將新值置入『成績分組』欄。

STEP **13** 按 確定 鈕結束，可發現已根據定義，產生一『成績分組』之新欄，將『~59』者變為 1、『60~79』者變為 2、『80~』者變為 3

	編號	性別	成績	成績分組
1	1	1	34	1.00
2	2	2	71	2.00
3	3	1	83	3.00
4	4	2	65	2.00

STEP **14** 轉入『變數視圖』，取消其小數，並設定其數值標籤為：1=『~59』、
2=『60~79』與 3=『80~』

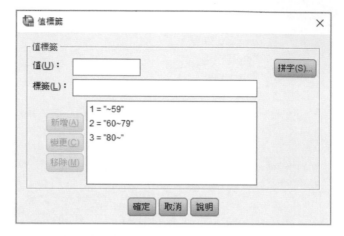

	名稱	類型	寬度	小數	標籤	值
1	編號	數值	4	0		無
2	性別	數值	1	0		無
3	成績	數值	3	0		無
4	成績分組	數值	3	0	依成績等組距分...	{1, ~59}...

STEP **15** 再執行一次「**分析(A)/敘述統計(E)/次數分配表(F)…**」，以新產生之分組
結果（『成績分組』），求算其『次數分配』

可將成績分為：『~59』、『60~79』與『80~』等三組而已，報表變得
簡潔多了：

依成績等組距分組

		次數分配表	百分比	有效百分比	累積百分比
有效	~59	12	24.0	24.0	24.0
	60~79	17	34.0	34.0	58.0
	80~	21	42.0	42.0	100.0
	總計	50	100.0	100.0	

小秘訣

注意，若此例係以「**轉換(T)/重新編碼成相同的變數(S)...**」，其分組結果將蓋掉原為連續性數值資料之成績，將其轉為組別而已，將無法用來求算其均數、標準差、……等統計資料！

馬上練習

『範例\Ch05\所得資料.sav』之原始內容為：

	編號	性別	所得
1	1001	1	36000
2	1002	2	52000
3	1003	1	64000

將其『所得』欄分為：『~29,999』、『30,000~49,999』、『50,000~69,999』與『70,000~』等四組，存入『所得分組』新欄位：

	編號	性別	所得	所得分組
1	1001	1	36000	2
2	1002	2	52000	3
3	1003	1	64000	3
4	1004	2	18000	1

續求其次數分配，並加入適當之數值標籤：

所得分組

		次數分配表	百分比	有效百分比	累積百分比
有效	~29,999	4	28.6	28.6	28.6
	30,000~49,999	3	21.4	21.4	50.0
	50,000~69,999	5	35.7	35.7	85.7
	70,000~	2	14.3	14.3	100.0
	總計	14	100.0	100.0	

5

次數分配

5-4 以視覺化聚集器進行分組

「**轉換(T)/視覺化歸類(B)⋯**」為一個視覺化聚集器,可將資料進行分組,其方式分別為:

1. 依指定之分割點、寬度(組距)及組數進行分組,同於前例之處理觀念,只是處理步驟不同而已,這是使用頻率最高的分組方式;

2. 依指定之組數進行分組,每組之觀察值**約有相同筆數**;

3. 以均數加減幾個標準差為分割點進行分組,這是較進階之資料分析時,常用的分組方式。

且於操作中,可加入各組之標記文字,茲將其操作方法分別說明於後。

▶▶ 等組距分組

先前,我們以「**轉換(T)/重新編碼成相同的變數(S)⋯**」,將成績、所得或月費等數值資料進行分組時,其組界是由我們自行輸入的,如『~59』、『60~79』、⋯⋯。這種操作方式是較傳統的作法,若使用「**轉換(T)/視覺化歸類(B)⋯**」進行分組,將較為便捷。

假定,欲將『範例\Ch05\運動時間.sav』之資料:

	編號	性別	運動時間
1	1	1	120
2	2	1	10
3	3	2	0
4	4	2	120

分為~29、30~59、60~89、90~119 與 120~等五組,置入『時間分組』新變數。其處理步驟為:

STEP 1 執行「**轉換(T)/視覺化歸類(B)…**」

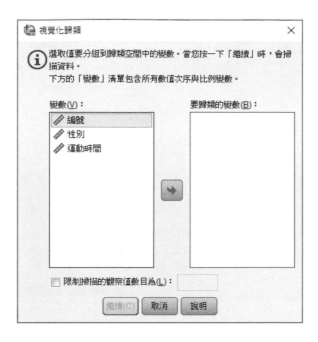

STEP 2 左側選『運動時間』，按 ➡ 鈕，將其送到右側『要歸類的變數(B)』下

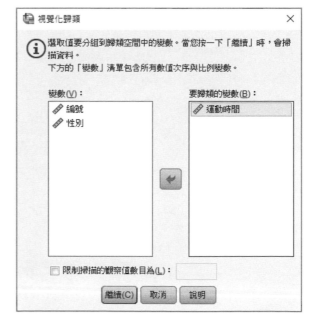

STEP **3**　　按 繼續(C) 鈕

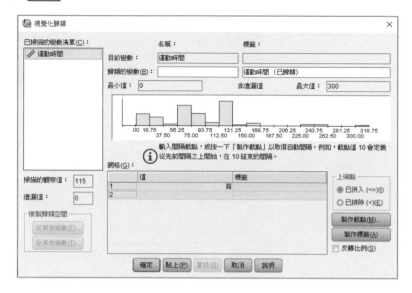

STEP **4**　　於中央『歸類的變數(B)』右側，輸入分組後之新名稱：時間分組

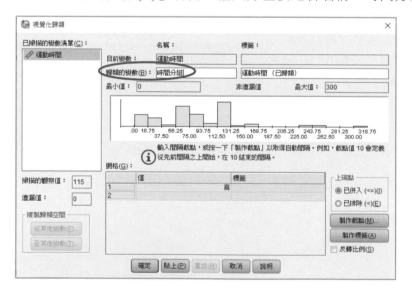

按 [製作截點(M)...] 鈕

於此處，可利用自行輸入之數字，作為分割點進行分組（詳本例後文步驟）；或以所指定之分割點數目 n，將其分割為 n+1 組（詳下例步驟）；或以均數加減幾個標準差，為分割點進行分組，固定分為四組。如：

其分割點分別為：均數-標準差、均數、均數+標準差。

STEP **6** 選「**相等寬度區間(E)**」，並將其相關數
字安排成（自行輸入即可）

表以 29 為第一個分割點，每組寬度
30，插入 4 個分割點，其分割點分別
為 29、59、89、119，可將資料分為
~29、30-59、60~89、90~119、120~等
五組。

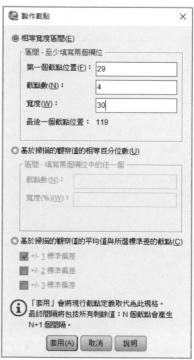

STEP **7** 按 套用(A) 鈕，回上一層

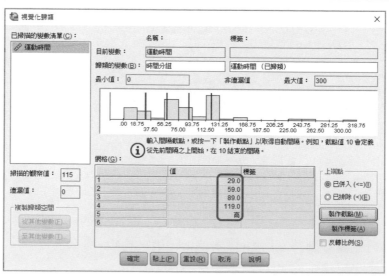

於中央之分配圖上，已插入四條分割線（紅色及藍色），『網格(G)』
之『數值』處：29、59、89、119，即各分割點之數字。

STEP **8** 若想加入各組之註解文字，可直接於其後之『標籤』欄進行輸入；或
按 製作標籤(A) 鈕，由 SPSS 自動補上標籤文字。本例選後者，獲致

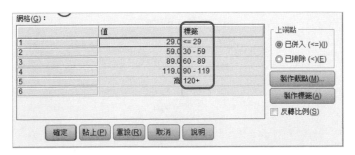

STEP **9** 按 確定 鈕，獲致將產生一個新變數之訊息（即先前輸入之：時間分組）

STEP **10** 按 確定 鈕，可依所設定之分割點，將運動時間分成五組，並將分組結
果置入『時間分組』新變數欄

	編號	性別	運動時間	時間分組
1	1	1	120	5
2	2	1	10	1
3	3	2	0	1
4	4	2	120	5

以『時間分組』重新執行一次『次數分配表』：

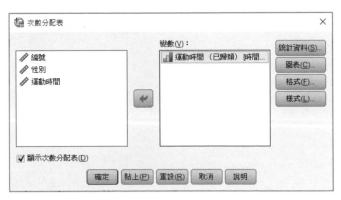

可將資料縮減為五組，且各組均有其註解標記（如：<=29、30 – 59、60 – 89、……）：

運動時間（已歸類）

		次數分配表	百分比	有效百分比	累積百分比
有效	<= 29	15	13.0	13.0	13.0
	30 - 59	13	11.3	11.3	24.3
	60 - 89	26	22.6	22.6	47.0
	90 - 119	20	17.4	17.4	64.3
	120+	41	35.7	35.7	100.0
	總計	115	100.0	100.0	

▶▶ 等分為幾組

以等組距所安排之分割點進行分組，各組的筆數，不太可能會相同。若想將某數值欄內容，概略等分成所指定之組數，亦可利用「**轉換(T)/視覺化歸類(B)…**」。

假定，欲將『範例\Ch05\成績等分成四組.sav』：

	✎ 編號	✎ 性別	✎ 成績
1	1	1	34
2	2	2	71
3	3	1	83
4	4	2	65

依其成績高低，概略等分成四組。其處理步驟為：

STEP 1　執行「**轉換(T)/視覺化歸類(B)…**」，左側選『成績』，按 ↩ 鈕，將其送到右側『要歸類的變數(B)』下

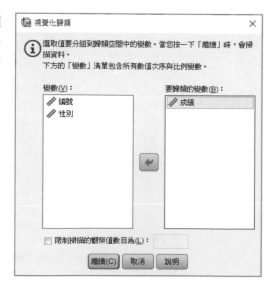

按 繼續(C) 鈕，於中央『歸類的變數』右側，輸入分組後之新名稱：成績
分組

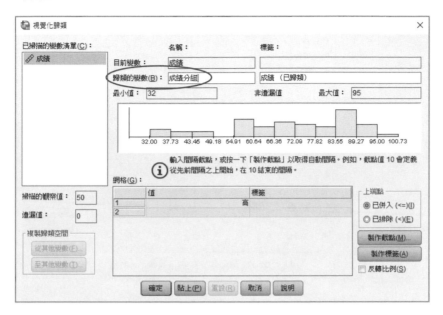

STEP **3** 按 製作截點(M)... 鈕，本例擬等分為四組，
點選「**基於掃描的觀察值的相等百分位數
(U)**」，續於『**截點數(N)**』處，輸入 3，
表插入 3 個分割點，可將資料分為 4
組。其下之『**寬度%(W)**』處，將自動
出現 25.00，表每組分別占 25%

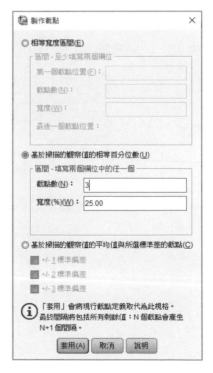

STEP **4** 按 [套用(A)] 鈕，回上一層

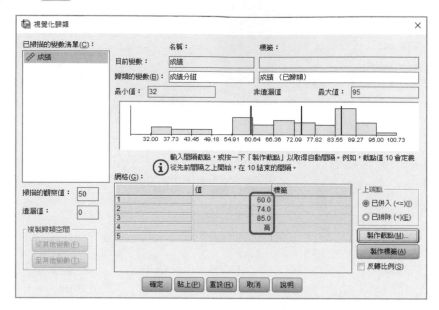

於中央之分配圖上，已插入三條分割線（紅色及藍色），『網格(G)』處之：60、74、85，即各分割點之數字。

STEP **5** 按 [製作標籤(A)] 鈕，由 SPSS 自動補上標籤註解

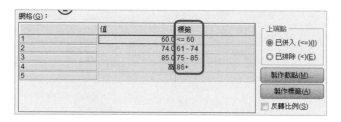

STEP **6** 按 [確定] 鈕，獲致將產生一個新變數（成績分組）之訊息

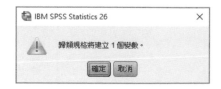

按 確定 鈕，可依其成績高低，等分成四組。並將分組結果置入『成績分組』新變數欄

	編號	性別	成績	成績分組
1	1	1	34	1
2	2	2	71	2
3	3	1	83	3
4	4	2	65	2

以『成績分組』重新執行一次『次數分配表』，可發現由於總筆數為50，概略四等分後，各組所出現之次數相當接近（約 11~14 筆），且可看到先前所指定之註解標籤（如：<=60、61 – 74、……）：

成績 （已歸類）

		次數分配表	百分比	有效百分比	累積百分比
有效	<= 60	14	28.0	28.0	28.0
	61 - 74	11	22.0	22.0	50.0
	75 - 85	13	26.0	26.0	76.0
	86+	12	24.0	24.0	100.0
	總計	50	100.0	100.0	

5-5 縮減類別再求次數分配

「**轉換(T)/視覺化歸類(B)…**」僅適用於連續性之數字資料的分組，如：成績、所得、業績、產量、……。但並不適用於類別變數（名目變數，如：廠牌、政黨別、宗教別、購買原因、……），因為這類資料之分組，常無數字上的規則可循。如：將代碼 1 國民黨與代碼 3 新黨併成『泛藍』、將代碼 2 民進黨與代碼 4 民眾黨併成『泛綠』。其數字間並無大小、分割點或標準差存在。當然無法以「**轉換(T)/視覺化歸類(B)…**」進行分組。

『範例\Ch05\啤酒廠牌.sav』之資料為：

	編號	是否飲用	啤酒廠牌
1	1	1	6
2	2	1	1
3	3	1	5
4	4	1	1

於『啤酒廠牌』欄未分組前，對其進行次數分配分析後，其結果為：

啤酒廠牌

		次數分配表	百分比	有效百分比	累積百分比
有效	0. 未飲用	46	23.0	23.0	23.0
	1. 台灣啤酒	75	37.5	37.5	60.5
	2. 百威	5	2.5	2.5	63.0
	3. 美樂	5	2.5	2.5	65.5
	4. 海尼根	28	14.0	14.0	79.5
	5. 麒麟	22	11.0	11.0	90.5
	6. 可樂娜	5	2.5	2.5	93.0
	8. 青島	11	5.5	5.5	98.5
	10. 老虎	1	.5	.5	99.0
	12. 其它	2	1.0	1.0	100.0
	總計	200	100.0	100.0	

目前之百分比資料，將『0. 未飲用』啤酒者均納入分析，故資料並不正確；且有一些廠牌的出現次數並不高。

擬將答案為 0 者排除掉，續將答案為 2, 3, 6, 10~合併為『12. 其它』，存入另一新變數『廠牌分組』，以縮減其組數。其處理方式為：

STEP 1　執行「**轉換(T)/重新編碼成不同變數(R)...**」，設定要將『啤酒廠牌』重新編碼成『廠牌分組』（輸出之新變數）

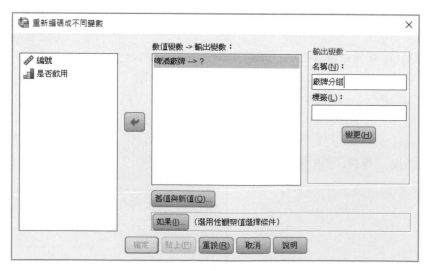

STEP **2** 按 舊值與新值(O)... 鈕，將『舊值』「**範圍(N)**」2~3，改為『新值』「**值(L)**」
12

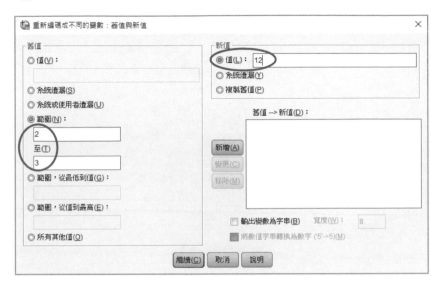

STEP **3** 按 新增(A) 鈕，將此一設定搬到『舊值-->新值(D)』方塊，顯示「 2 thru 3
--> 12 」

STEP **4** 續將『舊值』「**值(V)**」6，改為『新值』「**值(L)**」12

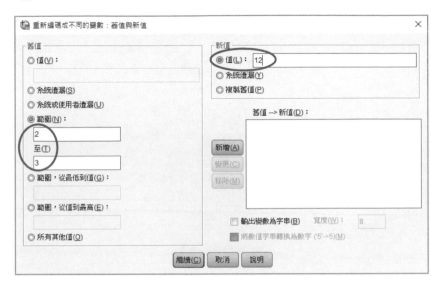

STEP **5** 按 新增(A) 鈕，將此一設定搬到『舊值-->新值(D)』方塊，顯示「 6 --> 12 」

STEP **6** 續將『舊值』「**範圍，從值到最高(E)**」10 到最大值，改為『新值』「**值 (L)**」12

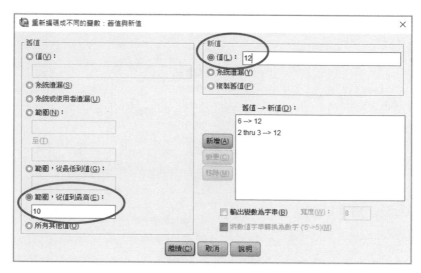

STEP **7** 按 新增(A) 鈕，將此一設定搬到『舊值-->新值(D)』方塊，顯示「10 thru Highest --> 12」

STEP **8** 續將『舊值』「**所有其他值(O)**」改為「**複製舊值(P)**」，即 2, 3, 6, 10~以外之答案，原值照抄

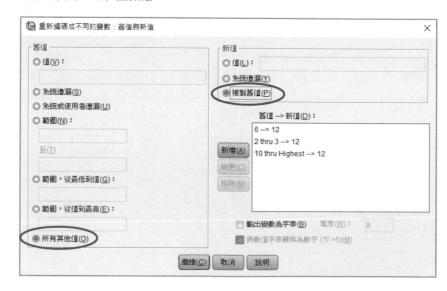

STEP **9** 按 新增(A) 鈕，將此一設定搬到『舊值-->新值(D)』方塊，顯示「ELSE --> Copy」

STEP **10** 按 繼續(C) 鈕，回上層對話方塊

STEP **11** 按 變更(H) 鈕，進行重新編碼，產生新變數『廠牌分組』

STEP **12** 按 確定 鈕結束，將答案為 2, 3, 6, 10~合併為『12.其它』，存入另一新變數『廠牌分組』

	🖋 編號	📊 是否飲用	📊 啤酒廠牌	🎨 廠牌分組
1	1	1	6	12.00
2	2	1	1	1.00
3	3	1	5	5.00
4	4	1	1	1.00

STEP **13** 轉入『變數視圖』，取消其小數，將『廠
牌分組』之『遺漏值』設定為 0

STEP **14** 按 確定 鈕，結束『遺漏值』之設定

STEP **15** 以『複製/貼上』將原『啤酒廠牌』之『數值』標籤定義抄給『廠牌分
組』，使新變數亦能有數值標籤

	名稱	類型	寬度	小數	標籤	值	遺漏
1	編號	數值	8	0		無	無
2	是否飲用	數值	2	0		{1, 有}...	無
3	啤酒廠牌	數值	3	0		{0, 0. 未飲...	無
4	廠牌分組	數值	2	0		{0, 0. 未飲...	0

再執行一次「**分析(A)/敘述統計(E)/次數分配表(F)…**」，以新產生之『廠
牌分組』求算次數分配，可將其由 12 組改分為六組而已（答案為 2, 3,
6, 10~合併為『12.其它』），且也將 0 值排除於分析之外：

廠牌分組

		次數分配表	百分比	有效百分比	累積百分比
有效	1. 台灣啤酒	75	37.5	48.7	48.7
	4. 海尼根	28	14.0	18.2	66.9
	5. 麒麟	22	11.0	14.3	81.2
	8. 青島	11	5.5	7.1	88.3
	12. 其它	18	9.0	11.7	100.0
	總計	154	77.0	100.0	
遺漏	0. 未飲用	46	23.0		
總計		200	100.0		

可看出受訪者所飲用之啤酒廠牌，主要以國產之『台灣啤酒』居多，
佔 48.7%；然後才是進口啤酒，其廠牌及佔有率依序為：『海尼根』
18.2%、『麒麟』14.3%、『青島』7.1%。

5-6 僅取得有效百分比轉到 Word

先前，我們曾介紹過如何將 SPSS 所分析之次數分配表，直接轉入到 Word 文件中。其內之操作技巧，多偏在 Word 之表格部份，且步驟仍嫌太多。底下，將其轉到 Excel，進行簡單處理後，再轉貼到 Word，應該是較簡單一點。

若要將這個縮減組數後之『廠牌分組』次數分配表，轉到 Word。可以下示步驟進行：

STEP **1** 於其上單按右鍵，選「**複製**」，記下其內容，

STEP **2** 轉到 Excel，按『**常用/剪貼簿/貼上**』 之下拉鈕，選按『**貼上選項/符合目的格式設定(M)**』 鈕，將內容轉為不含任何格式之普通文字，貼到 Excel

▲	A	B	C	D	E	F	G
1	廠牌分組						
2			次數分配	百分比	有效百分	累積百分比	
3	有效	1. 台灣啤酒	75	37.5	48.7	48.7	
4		4. 海尼根	28	14	18.2	66.9	
5		5. 麒麟	22	11	14.3	81.2	
6		8. 青島	11	5.5	7.1	88.3	
7		12. 其它	18	9	11.7	100	
8		總計	154	77	100		
9	遺漏	0. 未飲用	46	23			
10	總計		200	100			

工作表1 ⊕

就緒　　　　　　　　　　　　　　　　　平均值: 52.44814815

STEP **3** 先選取 B2:C8，續按住 Ctrl 再選 E2:E8，選取不連續之範圍

▲	A	B	C	D	E	F
1	廠牌分組					
2			次數分配	百分比	有效百分	累積百分比
3	有效	1. 台灣啤酒	75	37.5	48.7	48.7
4		4. 海尼根	28	14	18.2	66.9
5		5. 麒麟	22	11	14.3	81.2
6		8. 青島	11	5.5	7.1	88.3
7		12. 其它	18	9	11.7	100
8		總計	154	77	100	
9	遺漏	0. 未飲用	46	23		
10	總計		200	100		

STEP **4** 按『**常用/剪貼簿/複製**』 鈕，記下此不連續範圍之內容

	次數分配	有效百分比
1. 台灣啤酒	75	48.7
4. 海尼根	28	18.2
5. 麒麟	22	14.3
8. 青島	11	7.1
12. 其它	18	11.7
總計	154	100

STEP **5** 找一空白位置，按『**常用/剪貼簿/貼上**』 鈕，將不連續範圍轉為連續

STEP **6** 逐欄雙按各欄標題之右側框邊，將各欄調整為最適欄寬，續選取 H2:J8

	次數分配表	有效百分比
1. 台灣啤酒	75	48.7
4. 海尼根	28	18.2
5. 麒麟	22	14.3
8. 青島	11	7.1
12. 其它	18	11.7
總計	154	100

STEP **7** 再次按『**複製**』 鈕，記下此連續之範圍。

STEP **8** 續轉到 Word 文件，停於要插入次數分配表之位置。按『**常用/剪貼簿/貼上**』 鈕，將選取內容複製過來。即可取得不含遺漏值之有效百分比的次數分配表

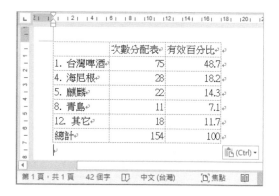

	次數分配表	有效百分比
1. 台灣啤酒	75	48.7
4. 海尼根	28	18.2
5. 麒麟	22	14.3
8. 青島	11	7.1
12. 其它	18	11.7
總計	154	100

第 1 頁，共 1 頁　42 個字　中文 (台灣)　焦點

往後之操作步驟，同於前文『將分析結果轉入 Word』，於此不另贅述。可將其整理成：

	次數	百分比
1. 台灣啤酒	75	48.7%
4. 海尼根	28	18.2%
5. 麒麟	22	14.3%
8. 青島	11	7.1%
12. 其它	18	11.7%
總計	154	100%

第 1 頁，共 1 頁　37 個字　中文 (台灣)

『範例\Ch05\Facebook.sav』資料檔：

	✐ 問卷編號	✐ 是否使用Facebook	✐ 每週使用時間分
199	199	1	120
200	200	2	0
201	201	2	50
202	205	2	60
203	207	2	0

當『是否使用 Facebook』欄為 2 時，表該受訪者並未使用 Facebook，其『每次使用時間分』欄內之答案就應該為 0，但目前該欄內存有部份資料是錯誤的。如，第 201, 202 列，其『每次使用時間分』欄就有非 0 之資料。請將類似之錯誤改為 0。

續將『每次使用時間分』分為『~30』、『31~60』與『61~』等三組，存入『時間分組』之新欄位

	✐ 問卷編號	♣ 是否使用Facebook	♣ 每週使用時間分	♣ 時間分組
1	1	1	60	2
2	2	1	180	3
3	3	1	180	3
4	4	1	60	2

加上適當之數值標籤。並將 0 排除於其『次數分配』分析之外：

時間分組					
		次數分配表	百分比	有效百分比	累積百分比
有效	~30	69	34.0	34.0	34.0
	31~60	60	29.6	29.6	63.5
	61~	74	36.5	36.5	100.0
	總計	203	100.0	100.0	

並將其有效百分比轉到 Word 文件：

時間分組	次數	百分比
~30	69	34.0%
31~60	60	29.6%
61~	74	36.5%
總計	203	100.0%

5-7 統計資料

對於原為連續性之數值，如：成績、月費、所得、時間、⋯⋯等。可於執行『次數分配』分析之中，一併要求計算出相關之統計資料。不過，此時之次數分配，將因組數過於分散，就顯得不具意義了！

假定，欲求前節『馬上練習』之『Facebook.sav』的『每週使用時間分』的均數、標準差、極大與極小，可以下示步驟進行：

STEP **1**　續使用前節『馬上練習』之『Facebook.sav』

	問卷編號	是否使用Facebook	每週使用時間分	時間分組
1	1	1	60	2
2	2	1	180	3
3	3	1	180	3
4	4	1	60	2

STEP **2**　轉入『變數視圖』，將『每週使用時間分』為 0 者，設定為遺漏值（因這些人並未使用 Facebook）

	名稱	類型	寬度	小數	標籤	值	遺漏
1	問卷編號	數值	11	0		無	無
2	是否使用Facebook	數值	11	0		無	無
3	每週使用時間分	數值	11	0	每週使用時間(分)	無	0
4	時間分組	數值	8	0		{1, ~30}...	0

STEP **3**　執行「**分析(A)/敘述統計(E)/次數分配表(F)⋯**」，以『每週使用時間(分)』來求算其『次數分配』

STEP **4** 按 統計資料(S)... 鈕，選擇要取得哪些統計資料（本例選擇要求得：平均值、標準差、最小值與最大值）

STEP **5** 按 繼續(C) 鈕，結束選擇，回上一層對話方塊

STEP **6** 按 確定 鈕，即可進行『次數分配表』統計分析，獲致

統計量		
每週使用時間(分)		
N	有效	173
	遺漏	30
平均數		96.61
標準差		78.798
最小值		6
最大值		480

可看出受訪者每週平均使用 Facebook 的時間為 96.61 分、標準差 78.798、最小值 6、最大值 480。至於，其次數分配表，因組數過於分散，所以不具多大意義：

每週使用時間(分)		次數分配表	百分比	有效百分比	累積百分比
有效	6	5	2.5	2.9	2.9
	12	5	2.5	2.9	5.8
	15	1	.5	.6	6.4
	18	1	.5	.6	6.9
	30	27	13.3	15.6	22.5
	60	60	29.6	34.7	57.2

馬上練習

針對『範例\Ch05\學生成績.sav』資料，求成績之均數、標準差、中位數、極大與極小：

統計量

成績

N	有效	50
	遺漏	0
平均數		71.12
標準差		17.157
最小值		32
最大值		95

5-8 統計圖表

於執行『次數分配表』畫面：（以『範例\Ch05\啤酒廠牌.sav』重新編碼後之『廠牌分組』為例）

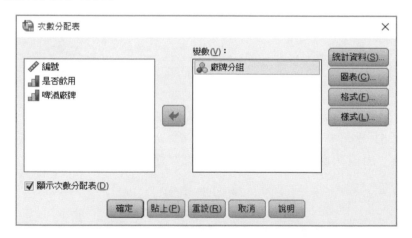

若選按  圖表(C)... 鈕，可轉入

選擇要將『次數分配表』或其百分比之結果，繪製
成何種類型之統計圖表。以本例言，各圖表外觀分
別為：

1. 「**長條圖(B)**」（次數分配表）

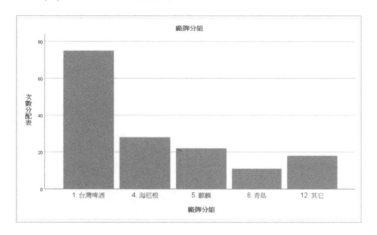

2. 「**圓餅圖(P)**」（百分比）

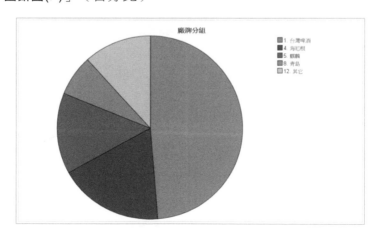

3. 「直方圖(H)」

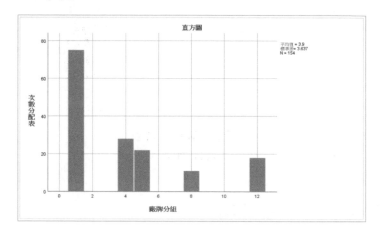

馬上練習

針對『範例\Ch05\學生成績.sav』之『成績分組』結果(『~59』、『60~79』與『80~』),繪製其次數分配之長條圖:

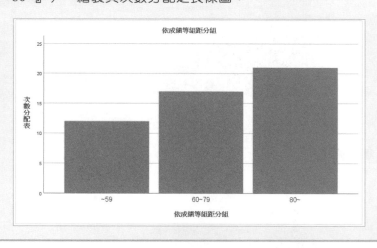

敘述統計 6

對於數值性之資料，使用前章之『次數分配表』，可求得其全體之均數、眾數、中位數、四分位數、百分位數、標準差、全距、……等敘述統計。

事實上，SPSS 還提供很多分析方法，不僅可求得前述之整體敘述統計；亦可以將其依某變數（如：性別）內容進行分組，再求算各組之敘述統計。

6-1 均數

均數或稱算術均數，是指將總和除以個數。**如果描述之資料是母體，我們通常以希臘字母來表示**，如：μ 表母體均數。**如果描述之資料是樣本，我們通常以英文字母來表示**，如：以 $\bar{x}$ 或 $\bar{X}$ 表樣本均數。

以平均數代表一群數字之集中趨勢的優點為：

- 代表性容易被接受。

- 平均數永遠存在且只有一個；不像眾數，可能會有好幾個眾數或根本沒有眾數。

- 所有數值均被使用到，對代表性均有貢獻。不像眾數或中位數，忽略兩端之數字。

但它的缺點就是會受兩端之極端值影響，而減弱了代表性。如：

```
6, 8, 10, 7, 6, 7, 5, 2000
```

未將最高之極端值排除，其均數為 256.125，實在有點高；若將最高之極端值 2000 排除，其均數為 7，似乎更能代表實際之情況。

6-2 中位數

中位數（Median）是指將所有數字依大小順序排列後，排列在最中間之數字，其上與其下的數字個數各佔總數的二分之一。也就是說，將所有次數當 100%，累積之次數達 50%的位置，其觀測值就是中位數（用 M_e 或 M_d 來表示）。

若這些數字為偶數個數，將計算中間兩個數字的平均值。其算法很簡單，當 n 為奇數，按大小排列後，第(n+1)/2 個觀測值，就是中位數。當 n 為偶數，則取第 n/2 與(n+2)/2 個觀測值之平均數為中位數。如：

```
10, 3, 4, 5, 8, 7, 12
```

等 7 個數字資料，n 為 7 是個奇數，依大小排列後為：

```
3, 4, 5, 7, 8, 10, 12
```

第(7+1)/2=4 個觀測值 7，就是中位數。而

```
3, 4, 5, 8, 12, 7
```

等 6 個數字資料，n 為 6 是個偶數，依大小排列後為：

```
3, 4, 5, 7, 8, 12
```

則取第 6/2=3 與(6+2)/2=4 個觀測值之平均數(5+7)/2=6 為中位數。

中位數與平均數，均是用來衡量母體的集中趨勢。但中位數不會受極端值影響。如：

```
3, 4, 5, 7, 8, 10, 90
```

之平均數為 18.43 比六個數字中之五個數字都大，以它來代表這組數字；反不如使用中位數 7，來得恰當一點！

中位數不會受極端值影響，且無論極端值如何變化，中位數均不變。如：

```
3, 4, 5, 7, 8, 10, 500
```

或

```
-200, 4, 5, 7, 8, 10, 90
```

之中位數均還是 7。

通常，對於排順位（次序）之等級資料（如：1 表最喜歡、2 次之、...，那只表示 1 將排於 2 之前的一種順序而已，並無 2 是 1 的兩倍之數字關係），我們係以中位數來當其代表值。

以中位數代表一群數字之集中趨勢的優點為：

- 不受極端值的影響
- 恆為所有資料的中間分界，它是存在且易瞭解

對於分配不對稱之資料，中位數比平均數更適合當集中趨勢的代表值。這就是為何政府機關所公佈之國民所得或房價，常以中位數為代表值的理由。但對於分配並不是非常不對稱之資料，平均數還是比中位數更適合當集中趨勢的代表值。

但其缺點為：

- 僅注重中央之數字，忽略了兩端之所有數字
- 不靈敏，當資料發生變動，中位數並不一定會變動

6-3 眾數

眾數（Mode，以 M_o 表示）係指在一群體中出現次數最多的那個數值，如：

```
3, 2, 1, 3, 1, 3, 3, 2, 3
```

之眾數為 3。

　　眾數、中位數與平均數，均是用來衡量母體的集中趨勢。眾數與中位數是較不會受極端值。不過，眾數並非衡量集中趨勢的好方法，因為當分配不規則或無顯著之集中趨勢，眾數就無意義（可能會同時有好幾個眾數）。如：

```
3, 2, 1, 3, 1, 3, 2, 2
```

之眾數為 3 與 2。

　　同時，如果資料組中不包含重複的資料點，也可能會沒有眾數！如：

```
3, 2, 1, 4, 5, 6, 7, 8
```

就沒有眾數。

　　眾數之優點為：

- 簡單易瞭解

- 不受兩端極端值影響

但其缺點為：

- 可能會同時有好幾個眾數的情況發生

- 也可能會沒有眾數

- 不靈敏，當資料發生變動眾數並不一定會變動

6-4 偏態

　　偏態係數（skewness）用以指出一個分配以其平均值為中心的不對稱程度。偏態係數有下列三種情況：

=0	此分配為對稱分配
>0	此分配為右偏或正偏分配，分配集中在低數值方面，不對稱的尾端向較大值方向（右）延伸
<0	此分配為左偏或負偏分配，分配集中在高數值方面，不對稱的尾端向較小值方向（左）延伸

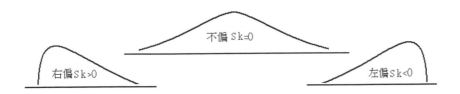

不偏 Sk=0

右偏 Sk>0

左偏 Sk<0

6-5 峰度

峰度係數（kurtosis）係顯示與常態分配相較時，尖峰集中或平坦分佈的程度。其情況有三：

=3	此分配為常態峰
>3	此分配為高狹峰，分佈較為尖峰集中
<3	此分配為低闊峰，分佈較為平坦

6-6 全距

最大值減最小值就是全距（range）：

全距＝最大值－最小值

全距表示一群體全部數值的變動範圍，是一種離中量數，可用來表示群體中各數字之分散情形，數字大表母體中之數值高的很高，但低的卻很低。（注意，SPSS 中文版將『range』譯為『範圍』，但我們看到該值，應該知道所指為何。）

6-7 四分位數

四分位數係將所有數字依大小順序排列後，排列在 0%（最小值）、25%（下四分位數，Q_1）、50%（中位數，Q_2）、75%（上四分位數，Q_3）與 100%（最大值）之數字。如果該位置介於兩數之間，將計算該點左右兩個數字的平均值。

最大值減最小值就是前述之全距。第三個四分位數 Q_3 減去第一個四分位數 Q_1 後的一半：

$$\frac{1}{2}\left(Q_3 - Q_1\right)$$

即**四分位差**（Q.D.），因其為 Q_3 與 Q_1 間距之半，故又稱**半內距**。其意義為：以母群體居中百分之五十的數值（中位數），所分散之距離的一半為差量，數字小表分配情況的集中程度高。

6-8 變異數與標準差

SPSS 計算母體變異數的公式為：

$$S^2 = \frac{\sum_{i=1}^{n}\left(x_i - \overline{x}\right)^2}{n}$$

即取每一觀測值與其均數間之差異的平方和的算術平均。取其平方就是因為無論正差或負差，經平方後均為正值，就不會產生正負相抵銷之情況，以代替取絕對值之麻煩。

變異數是用來衡量觀測值與平均值間的離散程度，其值越小表母體的離散程度越小，齊質性越高。

樣本變異數的計算公式為：

$$S^2 = \frac{\sum_{i=1}^{n}\left(x_i - \overline{x}\right)^2}{n-1}$$

其與母體變異數的計算公式，只差在後者之分母為 n；而前者為 n-1。當樣本個數 n 愈大時，樣本變異數與母體變異數會愈趨近於相等。

將母體變異數開根號，即可求得母體標準差。SPSS 所使用之公式為：

$$S = \sqrt{\frac{\sum_{i=1}^{n}\left(x_i - \overline{x}\right)^2}{n}}$$

變異數取其平方是因為要避免正差或負差,產生正負相抵銷之情況。而標準差將其開根號,即是將平方還原,以代替原須取絕對值之麻煩。

標準差主要是用來衡量觀測值與平均值間的離散程度,其值越小表母體的齊質性越高。如兩班平均成績同為 75,但甲班之標準差為 7.8;而乙班為 12.4。這表示甲班之程度較為一致(齊質);而乙班之程度則變化較大,好的很好,差的很差。

樣本標準差的計算公式為:

$$S = \sqrt{\frac{\sum_{i=1}^{n}\left(x_i - \overline{x}\right)^2}{n-1}}$$

與母體標準差的計算公式,只差在後者之分母為 n;而前者為 n-1。當樣本個數 n 愈大時,樣本標準差與母體標準差會愈趨近於相等。

變異數與標準差是最常被用來衡量離散程度的方法,其優點為:

- 感應靈敏
- 嚴密精確
- 適於代數處理
- 受抽樣變動之影響甚小

但其缺點為:

- 不是簡明易解
- 計算困難
- 受極端值影響較大

6-9 整體摘要

要求得某變數之全體:均數、眾數、中位數、標準差、全距、……等敘述統計。除可使用前章之『次數分配表』外,亦可利用「**分析(A)/敘述統計(E)/敘述統計(D)…**」。

茲以『範例\Ch06\一週飲料花費.sav』為例：

	編號	飲料花費	性別	居住狀況
1	1	100	1	1
2	2	60	1	1
3	3	200	2	1
4	4	30	1	1

其『飲料花費』欄，為大學生一週的飲料花費。可以下示步驟求其敘述統計：

STEP 1　執行「**分析(A)/敘述統計(E)/敘述統計(D)...**」

STEP 2　選『飲料花費』，按  鈕，將其送到右側之『變數(V)』方塊

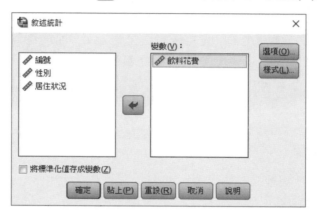

STEP 3　按 選項(O)... 鈕，轉入

STEP **4**　選取欲取得之敘述統計，本例選取：均數、標準差、最大值、最小值、範圍（全距）、峰度與偏斜度（偏態）

STEP **5**　按 繼續(C) 鈕，回步驟 2 之對話方塊

STEP **6**　按 確定 鈕，獲致

	N	範圍	最小值	最大值	平均值
敘述統計	統計量	統計量	統計量	統計量	統計量
飲料花費	200	500	0	500	83.22
有效的 N (listwise)	200				

標準偏差	偏態		峰態	
統計量	統計量	標準錯誤	統計量	標準錯誤
82.210	2.931	.172	11.629	.342

可知大學生每週的飲料花費均數為 83.22、標準差 82.21、最大值 500、最小值 0、範圍（全距）500。此一結果顯示其離散程度很大，齊質性並不高。另由其峰度 11.629>3 可知此分配為高狹峰，分佈為尖峰集中；而其偏斜度（偏態）2.931>0，可知此分配為右偏或正偏分配，分配集中在低數值方面，不對稱的尾端向較大值方向（右）延伸。

要取得其分配之圖形，可執行「**分析(A)/敘述統計(E)/次數分配表(F)...**」，挑妥要處理之變數：

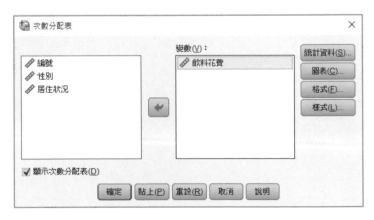

6

敘述統計

6-9

選按 圖表(C)... 鈕,要求繪製其次數分配之長條圖:

所繪製之長條圖為:

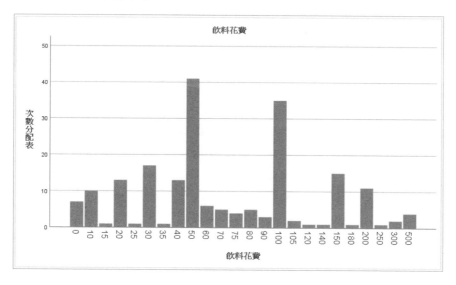

(峰度 11.629>3 可知此分配為高狹峰;而其偏斜度(偏態)2.931>0,可知此分配為右偏分配)

針對『範例\Ch06\運動時間.sav』資料：（單位：分）

	編號	性別	運動時間
1	1	1	120
2	2	1	10
3	3	2	0

以「**分析(A)/敘述統計(E)/敘述統計(D)…**」求其均數、標準差、最大值、最小值、範圍（全距）、峰度與偏斜度（偏態）：

敘述統計

	N	範圍	最小值	最大值	平均值
	統計量	統計量	統計量	統計量	統計量
運動時間	115	300	0	300	83.87
有效的 N (listwise)	115				

敘述統計

平均值	標準偏差	變異	偏態		峰態	
統計量	統計量	統計量	統計量	標準錯誤	統計量	標準錯誤
83.87	56.504	3192.676	1.059	.226	2.499	.447

並以「**分析(A)/敘述統計(E)/次數分配表(F)…**」，繪製其次數分配之長條圖。

6-10 分組摘要

『次數分配表』與『敘述統計』所求得者均為全體受訪者之資料，若欲將其分組（如，以性別分組），進行求算各組之均數、眾數、中位數、標準差、全距、……等敘述統計。則可使用：

- 預檢資料
- 平均數
- 觀察值摘要

▶▶ 預檢資料

執行「**分析(A)/敘述統計(E)/預檢資料(E)…**」，不僅可求得分組敘述統計，並可同時分組繪製統計圖表。

茲仍以『範例\Ch06\一週飲料花費.sav』之『飲料花費』欄為例：

	✏ 編號	✏ 飲料花費	✏ 性別	✏ 居住狀況
1	1	100	1	1
2	2	60	1	1
3	3	200	2	1

擬以『性別』欄進行分組（1 男、2 女），求不同性別一週飲料花費的敘述統計，並繪製統計圖表。其處理步驟為：

STEP **1**　執行「**分析(A)/敘述統計(E)/預檢資料(E)…**」

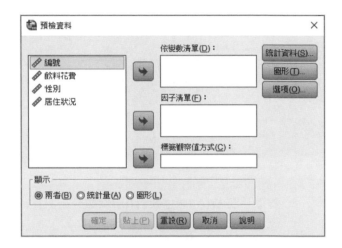

STEP **2**　選『飲料花費』，按 ➡ 鈕，將其送到右側之『依變數清單(D)』方塊

STEP **3**　選『性別』，按 ➡ 鈕，將其送到右側之『因子清單(F)』方塊

STEP **4**　於『顯示』處，選「**兩者(B)**」，可同時取得統計資料並繪製統計圖表

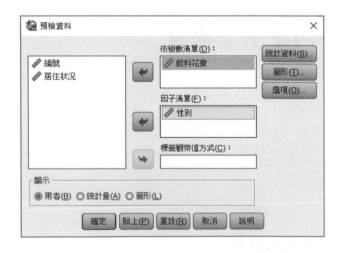

STEP 5　按 統計資料(S) 鈕，選
　　　擇統計資料（本例
　　　選「**敘述統計(D)**」）

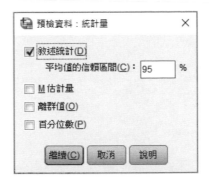

STEP 6　按 繼續(C) 鈕，回步
　　　驟 4 對話方塊

STEP 7　按 圖形(T)... 鈕，選
　　　擇統計圖表（本例
　　　選「**直方圖(H)**」）

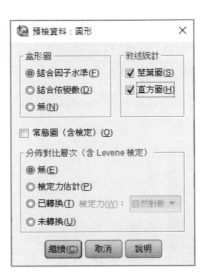

STEP 8　按 繼續(C) 鈕，回步
　　　驟 4 對話方塊

STEP 9　按 確定 鈕，獲致

敘述統計				統計資料	標準錯誤
性別					
飲料花費	男	平均值		110.41	13.030
		平均值的 95% 信賴區間	下限	84.44	
			上限	136.39	
		5% 修整的平均數		94.70	
		中位數(I)		80.00	
		變異(V)		12394.273	
		標準偏差		111.330	
		最小值(U)		0	
		最大值(X)		500	
		範圍(A)		500	
		內四分位距		100	
		偏態(W)		2.441	.281
		峰態(K)		6.234	.555

女	平均值		67.60	4.793
	平均值的 95% 信賴區間	下限	58.11	
		上限	77.08	
	5% 修整的平均數		62.92	
	中位數(I)		50.00	
	變異(V)		2917.401	
	標準偏差		54.013	
	最小值(U)		0	
	最大值(X)		300	
	範圍(A)		300	
	內四分位距		70	
	偏態(W)		1.457	.215
	峰態(K)		2.541	.427

可得知男/女每週平均飲料花費分別為：110.41 與 67.60，顯示男性平均飲料花費比女性來得高些。其分配之直方圖分別為：

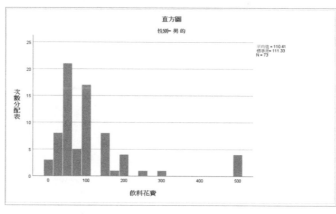

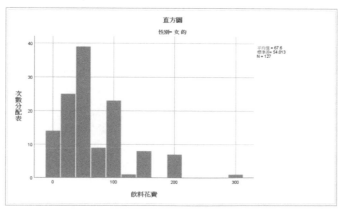

針對『範例\Ch06\運動時間.sav』資料：（單位：分）

	編號	性別	運動時間
1	1	1	120
2	2	1	10
3	3	2	0

以「**分析(A)/敘述統計(E)/預檢資料(E)…**」求以性別分組之敘述統計資料，並繪製次數分配之直方圖。（男/女均數分別為 91.95 與 75.36）

▶▶ 平均數

執行「**分析(A)/比較平均數(M)/平均數(M)…**」，亦可求得分組敘述統計，但卻無法同時繪製統計圖表。

茲仍以『範例\Ch06\一週飲料花費.sav』之『飲料花費』欄為例：

	編號	飲料花費	性別	居住狀況
1	1	100	1	1
2	2	60	1	1
3	3	200	2	1

擬以『居住狀況』欄進行分組（1.家裡、2.學校宿舍、3.校外），求不同居住狀況之學生，一週飲料花費的敘述統計。其處理步驟為：

STEP **1** 執行「**分析(A)/比較平均數(M)/平均數(M)…**」

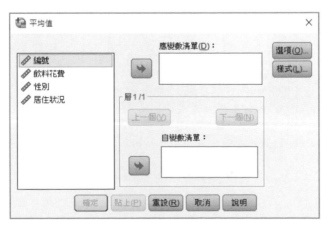

STEP **2** 選『飲料花費』，按 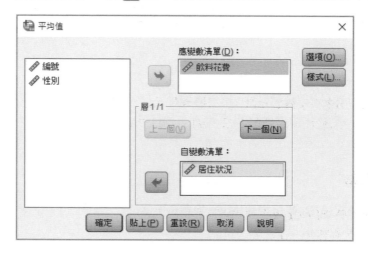 鈕，將其送到右側之『應變數清單(D)』方塊

STEP **3** 選『居住狀況』，按 ➡ 鈕，將其送到右側之『自變數清單』方塊

STEP **4** 按 選項(O)... 鈕，於『統計量(S)』處選擇所要之統計資料，按 ➡ 鈕，將其送到右側之『資料格統計量(C)』方塊

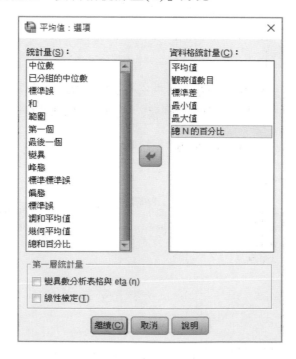

按 繼續(C) 鈕，回步驟 3 對話方塊

按 確定 鈕，獲致

報告

飲料花費

居住狀況	平均值	N	標準偏差	最小值	最大值	總數百分比
家裡	83.68	144	89.800	0	500	72.0%
學校宿舍	81.29	35	58.200	0	200	17.5%
校外	83.33	21	61.833	0	200	10.5%
總計	83.22	200	82.210	0	500	100.0%

可知居住在『家裡』有 144 人，佔全體受訪者之 72.0%，其每週平均飲料花費為 83.68、居住在『學校宿舍』有 35 人，佔全體受訪者之 17.5%，其每週平均飲料花費為 81.29、居住在『校外』有 21 人，佔全體受訪者之 10.5%，其每週平均飲料花費為 83.33。看起來，無論居住狀況為何，其每週平均飲料花費並無多大差別！

6

敘述統計

馬上練習

針對『範例\Ch06\運動時間.sav』資料：（單位：分）

	編號	性別	運動時間
1	1	1	120
2	2	1	10
3	3	2	0

以「**分析(A)/比較平均數(M)/平均數(M)…**」求以性別分組之敘述統計：

報告

運動時間

性別	平均值	N	標準偏差	最小值	最大值	總數百分比
男	91.95	59	53.363	0	300	51.3%
女	75.36	56	58.913	0	260	48.7%
總計	83.87	115	56.504	0	300	100.0%

▶▶ 觀察值摘要

執行「**分析(A)/報告(P)/觀察值摘要(M)…**」，亦可求得分組敘述統計。茲以『範例\Ch06\Facebook.sav』之『每週使用時間分』欄為例：

	✐ 問卷編號	✐ 是否使用Facebook	✐ 每週使用時間分	✐ 性別
1	1	1	60	1
2	2	1	180	2
3	3	1	180	2
4	4	1	60	2

擬以『性別』欄進行分組（1.男、2.女），求不同性別之學生，每週使用時間的各敘述統計。（注意，『每週使用時間分』欄為 0 者，表其未使用 Facebook，應將其排除於分析之外）

其處理步驟為：

STEP **1** 　開啟『範例\Ch06\Facebook.sav』，轉入『變數視圖』，將『每週使用時間分』欄為 0 者，設定為遺漏值

STEP **2** 　按 確定 鈕

STEP **3** 　執行「**分析(A)/報告(P)/觀察值摘要(M)…**」

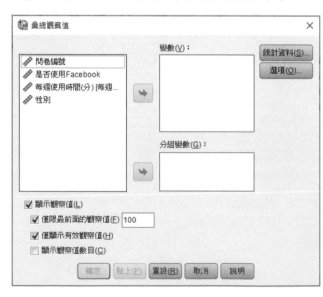

STEP **4** 選『每週使用時間(分)』，按 鈕，將其送到右上之『變數(V)』方塊

STEP **5** 選『性別』，按 鈕，將其送到右下之『分組變數(G)』方塊

STEP **6** 取消「**顯示觀察值**(L)」，不擬逐筆顯示觀察值

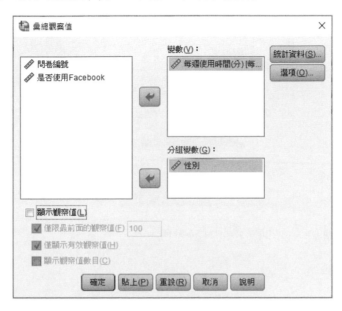

STEP **7** 按 統計資料(S)... 鈕，於『統計量(S)』處選擇所要之統計資料，按 鈕，
將其送到右側之『資料格統計量(C)』方塊

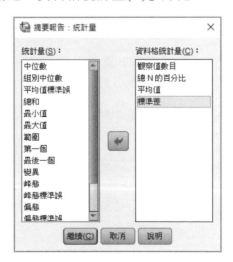

STEP **8** 按 [繼續(C)] 鈕，回步驟 6 之對話方塊。

STEP **9** 按 [選項(O)...] 鈕，選「**整批排除具有遺漏值的觀察值(X)**」，將『每週使用時間分』欄為遺漏值（0）者，排除於分析之外

STEP **10** 按 [繼續(C)] 鈕，回步驟 6 之對話方塊

STEP **11** 按 [確定] 鈕，獲致

觀察值處理摘要

	觀察值					
	已併入		已排除		總計	
	N	百分比	N	百分比	N	百分比
每週使用時間(分) * 性別	173	86.5%	27	13.5%	200	100.0%

可知原有 200 個樣本，排除 27 個『每週使用時間』欄為遺漏值（0）者，總計僅取用 173 個樣本進行分析。其觀察值摘要為：

觀察值摘要

每週使用時間(分)

性別	N	總數百分比	平均值	標準偏差
男	86	49.7%	99.63	86.916
女	87	50.3%	93.62	70.239
總計	173	100.0%	96.61	78.798

男性 86 人，佔全體受訪者之 49.7%，每週平均使用時間為 99.63 分；女性 87 人，佔全體受訪者之 50.3%，每週平均使用時間為 93.62 分。

針對『範例\Ch06\運動時間.sav』資料：（單位：分）

	編號	性別	運動時間
6	6	1	15
7	7	1	150
8	8	2	30
9	9	2	0

以「**分析(A)/報告(P)/觀察值摘要(M)...**」求依性別分組之敘述統計：

觀察值摘要

運動時間

性別	N	總數百分比	平均值	最小值	最大值
男	59	51.3%	91.95	0	300
女	56	48.7%	75.36	0	260
總計	115	100.0%	83.87	0	300

針對『範例\Ch06\一週飲料花費.sav』之『飲料花費』欄：

	編號	飲料花費	性別	居住狀況
16	16	150	2	2
17	17	100	2	3
18	18	100	2	2
19	19	150	2	1

以「**分析(A)/報告(P)/觀察值摘要(M)...**」求依『居住狀況』欄進行分組（1.家裡、2.學校宿舍、3.校外）之敘述統計：

觀察值摘要

飲料花費

居住狀況	N	總數百分比	平均值	最小值	最大值
家裡	144	72.0%	83.68	0	500
學校宿舍	35	17.5%	81.29	0	200
校外	21	10.5%	83.33	0	200
總計	200	100.0%	83.22	0	500

6

敘述統計

6-11 類別轉數值求敘述統計

問卷上很多有關所得、花費、月繳款、……等數值，會因為牽涉個人隱私或為了方便受訪者填答，並不會要求受訪者直接填寫其數值，而改採勾選某一區間。如『範例\Ch06\每月所得.sav』之『月所得』資料：

	編號	月所得
3	3	3
4	6	2
5	8	1
6	9	2

當初係以：

請問您整個家庭月所得狀況：

□1. 5 萬元以下　　　　　□2. 5 至 10 萬元　　　　□3. 10 至 15 萬元

□4. 15 至 20 萬元　　　　□5. 20 萬元以上

來取得資料。因所勾選之數字，並非連續資料之數值，只是一種類別，故並不能直接用來進行數值運算。當要計算其相關統計資料時，只好將其轉為組中點。這種替代方式，當然與原數值會有所差異，但這也是沒辦法的事！

其組中點之算法為：

$$\frac{(上界 + 下界)}{2}$$

以勾填□2. 5 至 10 萬元而言，其組中點之算法為 7.5 萬元：

$$\frac{(50000 + 100000)}{2}$$

上題整個家庭月所得狀況的各答案，可轉為下示之組中點：

請問您整個家庭月所得狀況：

□1. 25000　　　　　　　□2. 75000　　　　　　　□3. 125000

□4. 175000　　　　　　　□5. 225000

然後，以「**轉換(T)/重新編碼成不同變數(R)...**」，將其代入到問卷資料中，產生另一個新欄位，續求算其統計資料。

　　其執行步驟為：

STEP **1**　開啟『範例\Ch06\每月所得.sav』，執行「**轉換(T)/重新編碼成不同變數(R)...**」

STEP **2**　選『月所得』，按 ⬅ 鈕，將其送到中央之『數值變數 -> 輸出變數』方塊。於『名稱(N)』處輸入『所得數值』，設定要將『月所得』轉為新的『所得數值』

STEP **3**　按 舊值與新值(O)... 鈕，設定要將舊值 1，轉為新值 25000

STEP **4**　按 新增(A) 鈕，將設定內容安排到『舊值-->新值』方塊

STEP **5** 仿前二步驟，設定將舊值 2 轉為新值 75000、將舊值 3 轉為新值 125000、將舊值 4 轉為新值 175000、將舊值 5 轉為新值 225000

STEP **6** 按 **繼續(C)** 鈕，回上層對話方塊

STEP **7** 按 **變更(H)** 鈕，將『月所得』轉為新的『所得數值』

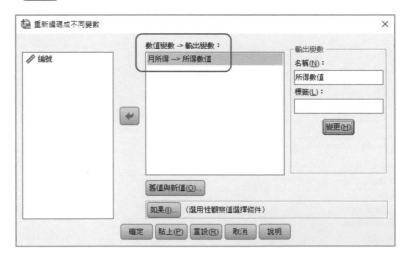

STEP **8** 按 **確定** 鈕，獲致

	編號	月所得	所得數值
3	3	3	125000.00
4	6	2	75000.00
5	8	1	25000.00
6	9	2	75000.00

STEP <u>9</u> 執行「**分析(<u>A</u>)/報告(P)/觀察值摘要(<u>M</u>)**...」,針對『所得數值』之數字資料進行處理(無分組變數,即表示要求全體之統計資料),並取消「**顯示觀察值(L)**」

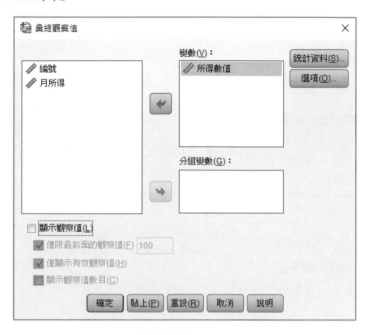

依前節操作步驟,續按 統計資料(S)... 鈕,選擇所要之統計資料:

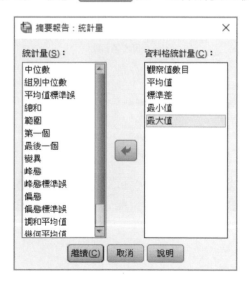

即可獲致其觀察值摘要：

觀察值摘要

所得數值

N	平均值	標準偏差	最小值	最大值
92	87500.0000	54281.01483	25000.00	225000.00

馬上練習

依『範例\Ch06\零用金.sav』：

	編號	零用金	性別	居住狀況
73	104	3	2	1
74	105	5	2	2
75	107	5	2	3
76	108	5	1	3

計算不同居住狀況之學生（1.家裡、2.學校宿舍、3.校外），每月零用金之均數及標準差。

原問卷之內容為：

請問您每月可支配零用金額大約多少：

☐1. 2000 元以下　　☐2. 2000~4000 元　　☐3. 4000~6000 元
☐4. 6000~8000 元　　☐5. 8000~10000 元　☐6. 10000 元以上

觀察值摘要

每月可支配零用金

居住狀況	N	平均值	標準偏差	最小值	最大值
家裡	57	4368.42	2807.080	1000	11000
學校宿舍	25	7160.00	3647.830	1000	11000
校外	10	9600.00	2503.331	3000	11000
總計	92	5695.65	3513.675	1000	11000

資料顯示，每月可支配之零用金以居住在校外者最高（9600）、其次為居住在學校宿舍者（7160）、最低為居住在家裡者（4368）。

交叉分析表 7

市場調查或民意調查，常利用交叉分析表來探討兩個類別變數間之關聯性（如：地區別與某候選人之支持與否、性別與偏好政黨、教育程度與使用品牌、品牌與購買原因、所得與是否有 iPhone、……）。

7-1 建立交叉分析表

茲以『範例\Ch07\星巴克.sav』為例：

	✐ 編號	⚙ 次數	✐ 零用金	⚙ 性別	⚙ 年齡
1	1	1	2	2	2
2	2	2	2	2	2
3	3	2	2	1	1
4	4	1	1	2	2

進行說明建立交叉分析表之過程，該表有 200 筆受訪者之資料，『次數』欄內之代碼意義為：1: ~3 次、2: 4~9 次、3: 10 次~。『零用金』欄內之代碼意義為：1: ~5000、2: 5001~10000、3: 10001~。

擬建立『次數』對『零用金』之交叉分析表，其處理步驟為：

STEP **1**　執行「**分析(A)/敘述統計(E)/交叉資料表(C)…**」

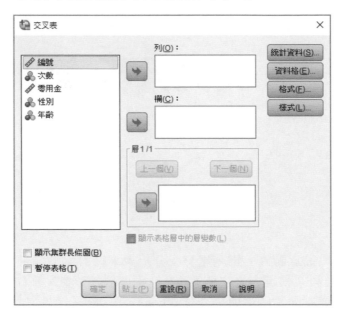

STEP **2**　選『**次數**』，按 ➡ 鈕，將其送到右側之『列(O)』方塊

STEP **3**　選『**零用金**』，按 ➡ 鈕，將其送到右側之『欄(C)』方塊

STEP **4** 　按 `資料格(E)...` 鈕，設定要顯示「**觀察值(O)**」及『**欄(C)**』之百分比（縱向總計為分母之百分比）

STEP **5** 　按 `繼續(C)` 鈕，回步驟 3 對話方塊

STEP **6** 　按 `確定` 鈕，獲致

次數*零用金 交叉列表

			零用金			
			~5000	5001~10000	10001~	總計
次數	~3次	計數	50	70	25	145
		零用金 內的 %	83.3%	75.3%	53.2%	72.5%
	4~9次	計數	7	17	16	40
		零用金 內的 %	11.7%	18.3%	34.0%	20.0%
	10次~	計數	3	6	6	15
		零用金 內的 %	5.0%	6.5%	12.8%	7.5%
總計		計數	60	93	47	200
		零用金 內的 %	100.0%	100.0%	100.0%	100.0%

由表上之資料可看出：整體言，受訪者中，每月到星巴克之次數以『~3次』者居最（72.5%），其次依序為每月『4~9次』（20.0%）與每月『10次~』（7.5%）。

經由與零用金交叉分析後，可發現：受訪者每月到星巴克之次數與零用金高低應存有明顯關係，零用金愈低每月到星巴克之次數愈低；隨零用金逐步增加，每月到星巴克之次數則同步增加。每月到星巴克未滿 3 次者，主要集中於低零用金（~5000）那群（83.33%）；每月到星巴克 4~9 次及 10 次以上者，均以高零用金者（10001~）那群的比率最高（34.04%與 12.77%）。

不過，由於未進行獨立性檢定，我們還不能斷下結論。有關獨立性檢定之作法，詳本章下文之說明。

馬上練習

針對『範例\Ch07\星巴克.sav』，求每月到星巴克次數交叉性別之交叉分析表。

次數*性別 交叉列表

			性別		
			男	女	總計
次數	~3次	計數	49	96	145
		性別 內的 %	71.0%	73.3%	72.5%
	4~9次	計數	15	25	40
		性別 內的 %	21.7%	19.1%	20.0%
	10次~	計數	5	10	15
		性別 內的 %	7.2%	7.6%	7.5%
總計		計數	69	131	200
		性別 內的 %	100.0%	100.0%	100.0%

可約略看出，無論男女，到星巴克之次數高低並無多大差異，均以每月到星巴克『~3次』居多。

 **馬上練習**

針對『範例\Ch07\品牌偏好原因.sav』：

	編號	性別	品牌	偏好原因	所得
1	1001	1	1	1	28000
2	1002	2	2	2	30000
3	1003	1	1	1	26000
4	1004	2	2	2	32000

求『品牌』（1:A 牌、2:B 牌、3:C 牌）對『偏好原因』（1.價格便宜、2.品質優良、3.外型美觀）之交叉分析表，於表中同時顯示人數及縱向之欄百分比，並解釋其結果。

偏好原因*品牌 交叉列表

			品牌			
			A牌	B牌	C牌	總計
偏好原因	1. 價格便宜	計數	11	1	6	18
		品牌 內的 %	64.7%	9.1%	27.3%	36.0%
	2. 品質優良	計數	2	8	5	15
		品牌 內的 %	11.8%	72.7%	22.7%	30.0%
	3. 外型美觀	計數	4	2	11	17
		品牌 內的 %	23.5%	18.2%	50.0%	34.0%
總計		計數	17	11	22	50
		品牌 內的 %	100.0%	100.0%	100.0%	100.0%

由表上之資料可看出：整體上消費者偏好其使用品牌的主要原因，依序為『價格便宜』（36.0%）、『外型美觀』（34.0%）與『品質優良』（30.0%）。另由交叉分析，可看出：A 牌之使用者，主要是因『價格便宜』（64.7%）而使用 A 牌產品。B 牌之使用者，主要是因『品質優良』（72.7%）而使用 B 牌產品。C 牌之使用者，主要是因『外型美觀』（50.0%）而使用 C 牌產品。

7-2 將分析結果轉入 Word

以 SPSS 雖可求得交叉表，但其畢竟不適合用來撰寫報告。通常，還是以 Word 來處理。故而，得學會如何自 SPSS 取得交叉分析表結果，並將其轉換

成 Word 文件之內容。這方面的技巧，可全部於 Word 中進行，但其步驟較多；還是以先將其轉入 Excel 進行簡單處理，再轉貼到 Word 來得簡單一點！

假定，要將先前『馬上練習』中『偏好原因*品牌 交叉表』，轉到 Word 文件。其處理步驟為：

STEP **1**　以滑鼠右鍵單按輸出結果之交叉表，續選取「**複製**」，記下交叉表內容

STEP **2**　轉到 Excel，按『**常用/剪貼簿/貼上**』之下拉鈕，選按『**貼上選項/符合目的格式設定(M)**』鈕，將內容轉為不含任何格式之普通文字，貼到 Excel

STEP **3**　雙按 B 欄之標題按鈕右側，將其調整為最適欄寬，以便顯示完整文字

STEP **4** 於 G3、B10 輸入『合計』字串

STEP **5** 將 C4、C6、C8 與 C10 之『計數』改為『樣本數』

STEP **6** 將 C5、C7、C9 與 C11 之『品牌內的 %』改為『%』

STEP **7** 選取 B3:G11 之內容

	A	B	C	D	E	F	G
1	偏好原因*品牌 交叉列表						
2				品牌			總計
3				A牌	B牌	C牌	合計
4	偏好原因	1. 價格便宜	樣本數	11	1	6	18
5			%	64.70%	9.10%	27.30%	36.00%
6		2. 品質優良	樣本數	2	8	5	15
7			%	11.80%	72.70%	22.70%	30.00%
8		3. 外型美觀	樣本數	4	2	11	17
9			%	23.50%	18.20%	50.00%	34.00%
10	總計	合計	樣本數	17	11	22	50
11			%	100.00%	100.00%	100.00%	100.00%

STEP **8** 按『**常用/剪貼簿/複製**』 鈕，記下所選取之內容

STEP **9** 再轉到 Word 文件，停於要插入交叉表之位置。按『**常用/剪貼簿/貼上**』 鈕，將選取內容複製過來

		A 牌	B 牌	C 牌	合計
1. 價格便宜	樣本數	11	1	6	18
	%	64.70%	9.10%	27.30%	36.00%
2. 品質優良	樣本數	2	8	5	15
	%	11.80%	72.70%	22.70%	30.00%
3. 外型美觀	樣本數	4	2	11	17
	%	23.50%	18.20%	50.00%	34.00%
合計	樣本數	17	11	22	50
	%	100.00%	100.00%	100.00%	100.00%

往後之操作步驟，同於第五章『將分析結果轉入 Word』，於此不另贅述。可將其整理成：

		A 牌	B 牌	C 牌	合計
1. 價格便宜	樣本數	11	1	6	18
	%	64.70%	9.10%	27.30%	36.00%
2. 品質優良	樣本數	2	8	5	15
	%	11.80%	72.70%	22.70%	30.00%
3. 外型美觀	樣本數	4	2	11	17
	%	23.50%	18.20%	50.00%	34.00%
合計	樣本數	17	11	22	50
	%	100.00%	100.00%	100.00%	100.00%

7-3 百分比

交叉表的百分比有三種：

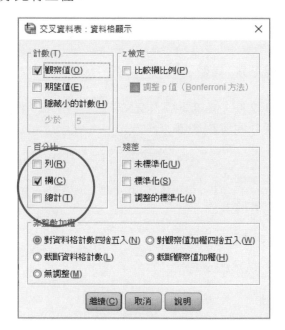

1. 列(R)：求以橫向總計為分母之百分比

偏好原因*品牌 交叉列表

| | | | 品牌 | | | |
			A牌	B牌	C牌	總計
偏好原因	1. 價格便宜	計數	11	1	6	18
		偏好原因 內的 %	61.1%	5.6%	33.3%	100.0%
	2. 品質優良	計數	2	8	5	15
		偏好原因 內的 %	13.3%	53.3%	33.3%	100.0%
	3. 外型美觀	計數	4	2	11	17
		偏好原因 內的 %	23.5%	11.8%	64.7%	100.0%
總計		計數	17	11	22	50
		偏好原因 內的 %	34.0%	22.0%	44.0%	100.0%

2. 欄(C)：求以縱向總計為分母之百分比

偏好原因*品牌 交叉列表

| | | | 品牌 | | | |
			A牌	B牌	C牌	總計
偏好原因	1. 價格便宜	計數	11	1	6	18
		品牌 內的 %	64.7%	9.1%	27.3%	36.0%
	2. 品質優良	計數	2	8	5	15
		品牌 內的 %	11.8%	72.7%	22.7%	30.0%
	3. 外型美觀	計數	4	2	11	17
		品牌 內的 %	23.5%	18.2%	50.0%	34.0%
總計		計數	17	11	22	50
		品牌 內的 %	100.0%	100.0%	100.0%	100.0%

3. 總計(T)：求以總樣本數為分母之百分比

偏好原因*品牌 交叉列表

| | | | 品牌 | | | |
			A牌	B牌	C牌	總計
偏好原因	1. 價格便宜	計數	11	1	6	18
		佔總計的百分比	22.0%	2.0%	12.0%	36.0%
	2. 品質優良	計數	2	8	5	15
		佔總計的百分比	4.0%	16.0%	10.0%	30.0%
	3. 外型美觀	計數	4	2	11	17
		佔總計的百分比	8.0%	4.0%	22.0%	34.0%
總計		計數	17	11	22	50
		佔總計的百分比	34.0%	22.0%	44.0%	100.0%

此三種選擇，甚至可同時並存：

偏好原因*品牌 交叉列表

			品牌			
			A牌	B牌	C牌	總計
偏好原因	1.價格便宜	計數	11	1	6	18
		偏好原因 內的 %	61.1%	5.6%	33.3%	100.0%
		品牌 內的 %	64.7%	9.1%	27.3%	36.0%
		佔總計的百分比	22.0%	2.0%	12.0%	36.0%

（此處僅顯示報表的部分內容）

　　不過，為方便撰寫報告，通常僅選取所要之一種即可。有時，由於解釋時，通常以百分比進行說明，故也經常省略其「**觀察值(O)**」，只顯示某一百分比而已。如：

偏好原因*品牌 交叉列表

品牌 內的 %

		品牌			
		A牌	B牌	C牌	總計
偏好原因	1.價格便宜	64.7%	9.1%	27.3%	36.0%
	2.品質優良	11.8%	72.7%	22.7%	30.0%
	3.外型美觀	23.5%	18.2%	50.0%	34.0%
總計		100.0%	100.0%	100.0%	100.0%

　　以前文所述之操作步驟，將其轉到 Word，於撰寫報告時，再配合上最底下所加入之該欄總樣本數，也可約略判讀出各儲存格內之樣本數：

偏好原因	A 牌	B 牌	C 牌	總計
1. 價格便宜	64.7%	9.1%	27.3%	36.0%
2. 品質優良	11.8%	72.7%	22.7%	30.0%
3. 外型美觀	23.5%	18.2%	50.0%	34.0%
總計	100.0%	100.0%	100.0%	100.0%
樣本數	17	11	22	50

7-4 卡方檢定

▶▶ 傳統作法

對於單選題之交叉表，通常得進行卡方獨立性檢定（Pearson's chi-squared test）。以前文每月到星巴克之次數交叉零用金資料為例，其虛無假設（H_0）與對立假設（H_1）為：

H_0：每月到星巴克之次數與零用金高低無關

H_1：兩者有關

α=0.05

傳統之作法為，先計算卡方值，其運算公式為：

$$\chi^2 = \sum_{allcell} \frac{(O-E)^2}{E}$$

即讓每一格觀察值減去其期望值（SPSS 報表上顯示為預期計數），求平方，再除以其期望值，將這些值逐一加總，即為卡方值：

$$\chi^2 = \frac{(O_{1,1} - E_{1,1})^2}{E_{1,1}} + \frac{(O_{1,2} - E_{1,2})^2}{E_{1,2}} + ... + \frac{(O_{r,c} - E_{r,c})^2}{E_{r,c}}$$

其內之每一格期望值的算法為：

欄% × 列% × 總樣本數

以

次數*零用金 交叉列表

			零用金			
			~5000	5001~10000	10001~	總計
次數	~3次	計數	50	70	25	145
		預期計數	43.5	67.4	34.1	145.0
	4~9次	計數	7	17	16	40
		預期計數	12.0	18.6	9.4	40.0
	10次~	計數	3	6	6	15
		預期計數	4.5	7.0	3.5	15.0
總計		計數	60	93	47	200
		預期計數	60.0	93.0	47.0	200.0

第一列第一欄為例,其期望值為:

第一欄% × 第一列% × 總樣本數
60/200 × 145/200 × 200 =43.5

可簡化成:

第一欄% × 第一列總計
60/200 × 145 = 43.5

或

第一欄總計 × 第一列%
60 × 145/200 = 43.5

以

$$\chi^2 = \frac{(50-43.5)^2}{43.5} + \frac{(70-67.4)^2}{67.4} + ... + \frac{(6-3.5)^2}{3.5}$$

計算出卡方值為 12.716 後,再計算自由度:

(r-1)*(c-1)

r 為列數、c 為欄數。本例之自由度為 1×4=4。

最後,依自由度查附錄 A『卡方分配的臨界值』,比較所計算之卡方值,是否超過所指定顯著水準(α=0.05)的臨界值。若超過,則應捨棄欄變數與列變數並無關聯之虛無假設。反之,則否。

查附錄 A『卡方分配的臨界值』,於自由度 4((3-1)*(3-1)=4)、α=0.05,其臨界值為 9.49。而我們所求算出之 χ^2=12.716>9.49,故應捨棄次數與零用金無關之虛無假設。也就是說,每月到星巴克之次數,會因其零用金高低不同而有顯著差異。

▶▶ 利用 SPSS

利用 SPSS 則不必那麼辛苦,不僅會算出卡方值,還顯示出此卡方值之顯著性,不用經過查表即可判斷出檢定結果。只須於建立過程之『交叉表』對話方塊:

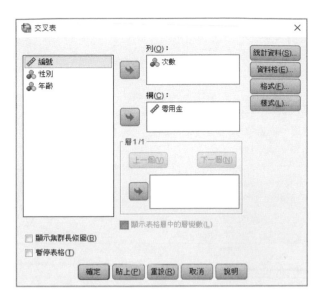

按 統計資料(S)... 鈕,選擇要求得「**卡方檢定**(H)」:

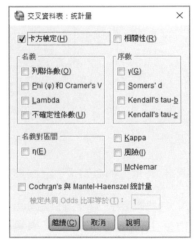

按 繼續(C) 鈕,回上一層對話方塊。按 資料格(E)... 鈕,設定要顯示「**觀察值(O)**」及『**欄**(C)』之百分比(縱向總計為分母之百分比)

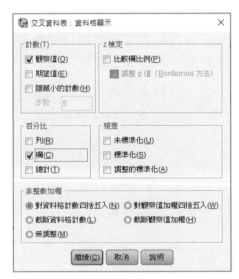

按 繼續(C) 鈕，回上一層對話方塊。再按 確定 鈕，則除了顯示原交叉表外：

次數*零用金 交叉列表

			零用金			
			~5000	5001~10000	10001~	總計
次數	~3次	計數	50	70	25	145
		零用金 內的 %	83.3%	75.3%	53.2%	72.5%
	4~9次	計數	7	17	16	40
		零用金 內的 %	11.7%	18.3%	34.0%	20.0%
	10次~	計數	3	6	6	15
		零用金 內的 %	5.0%	6.5%	12.8%	7.5%
總計		計數	60	93	47	200
		零用金 內的 %	100.0%	100.0%	100.0%	100.0%

還可獲致卡方檢定之結果：

卡方檢定

	值	df	漸近顯著性（兩端）
Pearson 卡方檢定	12.716[a]	4	.013
概似比	12.248	4	.016
線性對線性關聯	9.490	1	.002
有效觀察值個數	200		

a. 2 單元 (22.2%) 預期計數小於 5。預期的計數下限為 3.53。

其卡方值為 12.716，自由度為 4，漸近顯著性（兩端，雙尾）為 0.013。

判斷檢定結果時很簡單，只須看此顯著性是否小於所指定顯著水準之 α 值。若是，即表示交叉表兩個變項間存有顯著關聯，可省去查表之麻煩。

本例，由於其顯著性 0.013<α=0.05，故應捨棄次數與零用金無關之虛無假設。也就是說，每月到星巴克之次數，會因其零用金高低不同而有顯著差異。

▶▶ 判讀並解釋

判讀表內那一個百分比較值得注意並解釋，於求縱向百分比之表內，應以橫向進行觀察。可拿一把尺來一橫，找出該列幾個較高之百分比即可。若該列之總百分比太低，也可以不予分析：

次數*零用金 交叉列表

			零用金			
			~5000	5001~10000	10001~	總計
次數	~3次	計數	50	70	25	145
		零用金 內的 %	83.3%	75.3%	53.2%	72.5%
	4~9次	計數	7	17	16	40
		零用金 內的 %	11.7%	18.3%	34.0%	20.0%
	10次~	計數	3	6	6	15
		零用金 內的 %	5.0%	6.5%	12.8%	7.5%
總計		計數	60	93	47	200
		零用金 內的 %	100.0%	100.0%	100.0%	100.0%

分析時，先就最右側之總百分比，做一概述：

整體言，受訪者中，每月到星巴克之次數以『~3次』者居最（72.5%），其次依序為每月『4~9次』（20.0%）與每月『10次~』（7.5%）。

然後，對各欄之數字高低，依序說明一下：

無論受訪者零用金多寡，均以每月到星巴克『~3次』居最多數，其百分比分別為83.3%、75.3%與53.2%。

最後，才對以橫向進行觀察，對所標出之各該列的幾個較高之百分比進行說明：

由於其卡方值為12.716，自由度為4，顯著性 0.013<α=0.05，故應捨棄次數與零用金無關之虛無假設。也就是說，每月到星巴克之次數，會因其零用金高低不同而有顯著差異。經由與零用金交叉分析後，可發現：零用金愈低每月到星巴克之次數愈低；隨零用金逐步增加，每月到星巴克之次數則同步增加。每月到星巴克未滿3次者，主要集中於低零用金（~5000）那群（83.3%）；每月到星巴克4~9次及10次以上者，均以高零用金者（10001~）那群的比率最高（34.0%與12.8%）。

馬上練習

針對『範例\Ch07\星巴克.sav』，以卡方檢定『到每月到星巴克之次數與性別』是否存有顯著之關聯（α=0.05）：

次數*性別 交叉列表

			性別		
			男	女	總計
次數	~3次	計數	49	96	145
		性別 內的 %	71.0%	73.3%	72.5%
	4~9次	計數	15	25	40
		性別 內的 %	21.7%	19.1%	20.0%
	10次~	計數	5	10	15
		性別 內的 %	7.2%	7.6%	7.5%
總計		計數	69	131	200
		性別 內的 %	100.0%	100.0%	100.0%

卡方檢定

	值	df	漸近顯著性（兩端）
Pearson 卡方檢定	.200[a]	2	.905
概似比	.199	2	.906
線性對線性關聯	.042	1	.837
有效觀察值個數	200		

a. 0 單元 (0.0%) 預期計數小於 5。預期的計數下限為 5.18。

經由卡方檢定，其顯著性 0.905>α=0.05，故無法捨棄到星巴克之次數高低與性別無關之虛無假設。也就是說，受訪者到星巴克之次數高低，並不會因性別而有顯著差異！

7-5 應注意下列事項

使用卡方檢定進行分析時，應注意下列事項：

1. 卡方檢定僅適用於類別資料（名目變數，如：性別、地區、政黨傾向、宗教信仰、是否有房子、是否有汽車、……）。

2. 各儲存格之期望次數（預期個數）不應少於 5。通常要有 80%以上的儲存格期望次數≥5，否則會影響其卡方檢定的效果。若有期望次數小於 5 時，可將其合併。如，原所得以：

～20000	15 人
20001～40000	80 人
40001～60000	150 人
60001～80000	40 人
80001～	5 人

分成五組，於卡方檢定時，發現有太多儲存格之期望次數小於 5，可將其合併成：

～40000	95 人
40001～60000	150 人
60001～	45 人

縮減成三組，使每組人數變大後，可望消除部份期望次數小於 5 之情況。

由於，各儲存格之期望次數不應少於 5。通常要有 80％以上的儲存格期望次數≥5，否則會影響其卡方檢定的效果。故而，SPSS 之卡方檢定結果，會於最底下計算期望值＜5 之儲存格比例：

卡方檢定

	值	df	漸近顯著性（兩端）
Pearson 卡方檢定	.200[a]	2	.905
概似比	.199	2	.906
線性對線性關聯	.042	1	.837
有效觀察值個數	200		

a. 0 單元 (0.0%) 預期計數小於 5。預期的計數下限為 5.18。

本例，期望值（預期計數）＜5 之儲存格比例，為 22.2%超過 20%的情況並不嚴重，故不擬進行任何調整。

本例，若覺得其期望值（預期個數）＜5 之儲存格比例超過 20%，擬進行合併時，可考慮將樣本數比較少之兩組『4～9』與『10～』合併成『4～』。

7-6 縮減組數

▶▶ 組距分組

無論是文字或數字，於交叉表中，均是將不重複出現之內容視為一個類別，去求算交叉表之相關統計數字。當碰上重複性較低之數字，很可能每一個數值均是唯一，而產生幾乎無法縮減其類別之情況。

如，『範例\Ch07\運動時間.sav』資料：

	🖊 編號	🖊 性別	🖊 運動時間
1	1	1	120
2	2	1	10
3	3	2	0

以「**分析(A)/敘述統計(E)/交叉資料表(C)…**」求性別對運動時間之交叉表：

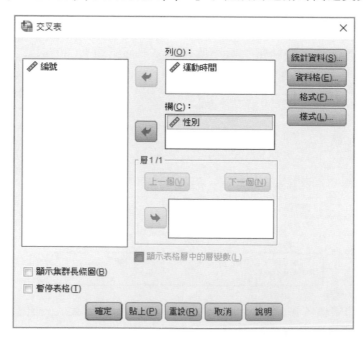

其結果有很多種運動時間係獨立存在，產生一列內容。由於組數太多，於資料分析時並無多大作用：

運動時間*性別 交叉列表

			性別		
			男	女	總計
運動時間	0	計數	3	7	10
		性別 內的 %	5.1%	12.5%	8.7%
	10	計數	1	1	2
		性別 內的 %	1.7%	1.8%	1.7%
	15	計數	1	2	3
		性別 內的 %	1.7%	3.6%	2.6%
	30	計數	2	9	11
		性別 內的 %	3.4%	16.1%	9.6%
	40	計數	0	1	1
		性別 內的 %	0.0%	1.8%	0.9%

（此處僅顯示報表的部分內容）

　　較理想之方式為：將每次運動時間分組，以縮減其組數。若以「**轉換(T)/ 重新編碼成不同變數(R)…**」，將每次運動時間分為 0～30、31～60、61～90、91～120 與 121～五組：

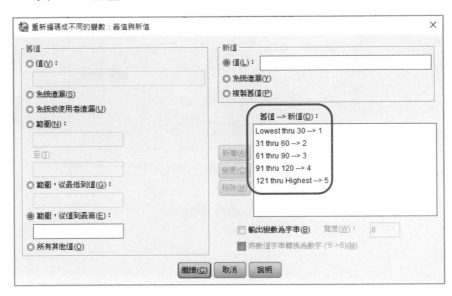

將『重新編碼』結果安排到『時間分組』:

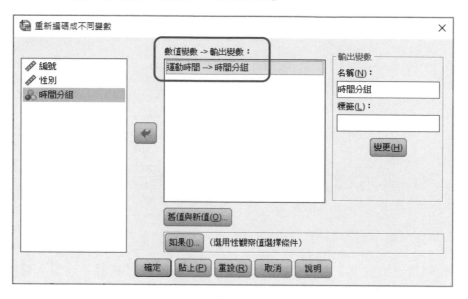

記得去安排數值標籤:

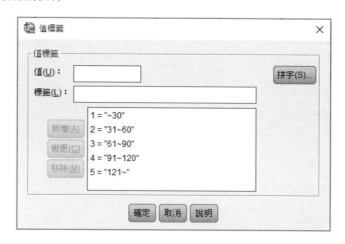

續以『時間分組』與『性別』重建一次交叉表：

即可得到經縮減組數後之交叉表：

時間分組*性別 交叉列表

			性別 男	性別 女	總計
時間分組	~30	計數	7	19	26
		性別 內的 %	11.9%	33.9%	22.6%
	31~60	計數	18	9	27
		性別 內的 %	30.5%	16.1%	23.5%
	61~90	計數	7	10	17
		性別 內的 %	11.9%	17.9%	14.8%
	91~120	計數	20	15	35
		性別 內的 %	33.9%	26.8%	30.4%
	121~	計數	7	3	10
		性別 內的 %	11.9%	5.4%	8.7%
總計		計數	59	56	115
		性別 內的 %	100.0%	100.0%	100.0%

卡方檢定

	值	df	漸近顯著性（兩端）
Pearson 卡方檢定	11.312[a]	4	.023
概似比	11.629	4	.020
線性對線性關聯	4.044	1	.044
有效觀察值個數	115		

a. 1 單元 (10.0%) 預期計數小於 5。預期的計數下限為 4.87。

　　預期個數（預期計數）＜5 之儲存格比例為 10.0%，並未超過 20%。表格無須再行合併以縮減組別。

　　卡方值為 11.312，自由度為 4，其顯著水準 0.023＜α=0.05。所以，應捨棄運動時間長短與性別無關之虛無假設。

　　由表可知，全體受訪者運動時間主要以 91～120 分鐘居多 30.4%。交叉分析後，可發現男性之運動時間主要以 91～120 分鐘居多（33.9%）；而女性之運動時間主要以 0～30 分鐘居多（33.9%）。

　　就相對比例言，在較長之運動時間部份（31～60、91～120 分鐘與 120 分鐘～）的比例，男性明顯高過女性；而女性則在較短之運動時間部份（0～31 與 61～90 分鐘）的比例，明顯高過男性。可見男性之運動時間普遍較女性來得長一點！

馬上練習

針對『範例\Ch07\手機月費.sav』：

	編號	有手機	月費	性別
10	210	2	0	2
11	211	1	200	1
12	212	1	300	1
13	213	1	600	2

注意，『有手機』欄若為 2，即表示未使用手機，其『月費』當然為 0，並不必將其納入交叉表。以「**轉換(T)重新編碼成不同變數(R)...**」，將

月費分為 1～200、201～400、401～600、601～四組。求手機月費對性
別交叉表，並以卡方檢定兩者是否存有顯著關聯。

月費分組*性別 交叉列表

			性別		
			男	女	總計
月費分組	~200	計數	14	16	30
		性別 內的 %	27.5%	23.5%	25.2%
	201~400	計數	15	23	38
		性別 內的 %	29.4%	33.8%	31.9%
	401~600	計數	10	21	31
		性別 內的 %	19.6%	30.9%	26.1%
	601~	計數	12	8	20
		性別 內的 %	23.5%	11.8%	16.8%
總計		計數	51	68	119
		性別 內的 %	100.0%	100.0%	100.0%

卡方檢定

	值	df	漸近顯著性（兩端）
Pearson 卡方檢定	4.177[a]	3	.243
概似比	4.188	3	.242
線性對線性關聯	.188	1	.664
有效觀察值個數	119		

a. 0 軍元 (0.0%) 預期計數小於 5。預期的計數下限為 8.57。

由於其顯著水準 0.243>α=0.05，所以無法捨棄手機平均月費多寡與
性別無關之虛無假設，可見手機平均月費不會隨性別不同而有顯著
差異！

▶▶ 縮減類別

進行交叉分析表時，通常要有 80％以上的儲存格預期次數≧5，否則會影
響卡方檢定的效果。若有預期次數小於 5 時，可將其合併。如『範例\Ch07\啤
酒廠牌.sav』之資料：

	✏ 編號	♣ 是否飲用	♣ 廠牌	♣ 性別
1	1	1	6	1
2	2	1	1	1
3	3	1	5	1

以『廠牌』交叉『性別』後,其結果為:

廠牌*性別 交叉列表

			性別		總計
			男	女	
廠牌	0. 未飲用	計數	24	22	46
		性別 內的 %	19.0%	29.7%	23.0%
	1. 台灣啤酒	計數	49	26	75
		性別 內的 %	38.9%	35.1%	37.5%
	2. 百威	計數	5	0	5
		性別 內的 %	4.0%	0.0%	2.5%
	3. 美樂	計數	4	1	5
		性別 內的 %	3.2%	1.4%	2.5%
	4. 海尼根	計數	18	10	28
		性別 內的 %	14.3%	13.5%	14.0%
	5. 麒麟	計數	14	8	22
		性別 內的 %	11.1%	10.8%	11.0%
	6. 可樂娜	計數	2	3	5
		性別 內的 %	1.6%	4.1%	2.5%
	8. 青島	計數	8	3	11
		性別 內的 %	6.3%	4.1%	5.5%
	10. 老虎	計數	1	0	1
		性別 內的 %	0.8%	0.0%	0.5%
	12. 其它	計數	1	1	2
		性別 內的 %	0.8%	1.4%	1.0%
總計		計數	126	74	200
		性別 內的 %	100.0%	100.0%	100.0%

目前之結果,將『0. 未飲用』啤酒者亦納入分析,故資料並不正確;且一些廠牌的出現次數並不高。

此外，其卡方檢定之結果為：

卡方檢定

	值	df	漸近顯著性 （兩端）
Pearson 卡方檢定	8.382ª	9	.496
概似比	10.359	9	.322
線性對線性關聯	.508	1	.476
有效觀察值個數	200		

a. 11 單元 (55.0%) 預期計數小於 5。預期的計數下限為 .37。

顯示預期計數＜5 者有 55%，超過 20%，故得將組數進行縮減。

首先，執行「**轉換(T)/重新編碼成不同變數(R)...**」，將答案為 2, 3, 6, 10~合併為『12. 其它』；同時，將答案 0 設定為系統遺漏值，將其排除掉，存入另一新變數『廠牌分組』：（詳細步驟參見第五章『縮減類別再求次數分配』）

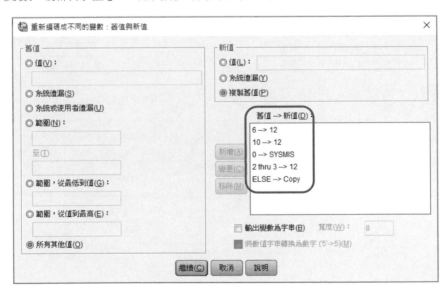

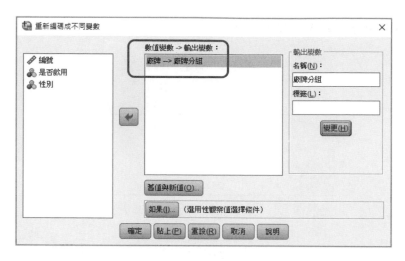

將原『啤酒廠牌』之『數值』標籤定義抄給『廠牌分組』，使新變數亦能有數值標籤：

	名稱	類型	寬度	小數	標籤	值
1	編號	數值	4	0		無
2	是否飲用	數值	4	0		{1, 有}...
3	廠牌	數值	4	0		{0, 0. 未飲...
4	性別	數值	4	0		{1, 男}...
5	廠牌分組	數值	4	0		{0, 0. 未飲...

續以『廠牌分組』與『性別』重建一次交叉表：

即可得到經縮減組數後之交叉表：

廠牌分組*性別 交叉列表

			性別 男	性別 女	總計
廠牌分組	1. 台灣啤酒	計數	49	26	75
		性別 內的 %	48.0%	50.0%	48.7%
	4. 海尼根	計數	18	10	28
		性別 內的 %	17.6%	19.2%	18.2%
	5. 麒麟	計數	14	8	22
		性別 內的 %	13.7%	15.4%	14.3%
	8. 青島	計數	8	3	11
		性別 內的 %	7.8%	5.8%	7.1%
	12. 其它	計數	13	5	18
		性別 內的 %	12.7%	9.6%	11.7%
總計		計數	102	52	154
		性別 內的 %	100.0%	100.0%	100.0%

卡方檢定

	值	df	漸近顯著性（兩端）
Pearson 卡方檢定	.637[a]	4	.959
概似比	.653	4	.957
線性對線性關聯	.367	1	.544
有效觀察值個數	154		

a. 1 單元 (10.0%) 預期計數小於 5。預期的計數下限為 3.71。

預期計數＜5 之儲存格比例由原來之 55%降為 10.0%，表格無須再行合併以縮減組別。

本例之卡方值為 0.637，自由度為 4，其顯著水準 0.959>α=0.05。所以，無法捨棄飲用之啤酒廠牌與性別無關之虛無假設。

撰寫報告時，對於卡方檢定結果顯示兩變數間無關之交叉分析表，僅須就其最右側之欄百分比進行解釋即可：

由其卡方值為 0.637，自由度為 4，顯著水準 0.959> α =0.05。所以，無法捨棄飲用之啤酒廠牌與性別無關之虛無假設。整體言，可看出受訪者所飲用之啤酒廠牌，主要以國產之『台灣啤酒』居多，佔 48.7%；然後，才是進口啤酒，其廠牌及佔有率依序為：『海尼根』18.2%、『麒麟』14.3%、『青島』7.1%。

由於兩者無關，就不必再對交叉結果進行說明了！通常，於報告中也會將此交叉表省略，以縮減篇幅。僅敘述一下其檢定結果並不顯著即可。

7-7 長條圖

於執行交叉表分析之同時，亦可繪製長條圖。只須於建立過程之『交叉表』對話方塊，選擇「**顯示集群長條圖(B)**」：

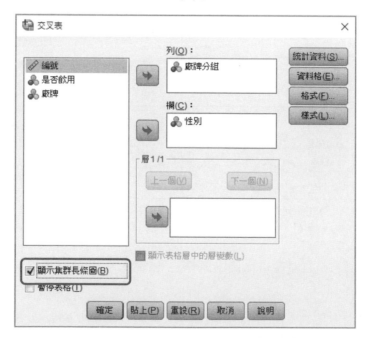

則可另顯示一長條圖，以方便判讀分析結果：

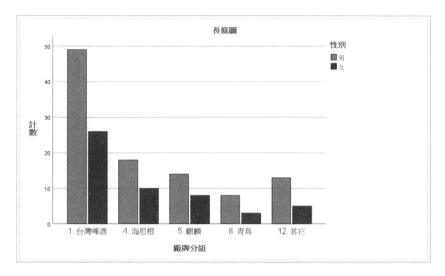

複選題

8

於第三章『設計問卷與取得資料』，我們曾述及：設計問卷時，應儘量避免將問題設計成複選題（multiple response）。但您可能會有疑問，既然其真實答案不只一個，為何不乾脆設計成允許多選之複選題呢？因為，複選題雖可多獲得幾個答案，但往後分析時，卻多了許多限制。因為 SPSS 對複選題也只能進行次數分配與交叉分析而已，且還無法進行卡方檢定。

但事實上，很多情況的答案就是不只一個，要勉強設計成單選也不容易。於仔細斟酌後，若問題牽涉之後續分析不多，當然還是可以使用複選題。

8-1 如何定義複選題資料

對於複選題，由於其答案為多個，編碼/鍵入時，得依該題限制之答案數上限，保留欄數。如，最多可填答三項之複選題，就得安排三個變數欄來接受所輸入之資料。

假定，要處理：

請問您曾經減過肥嗎?

1.□有，請問您是採取何種減肥方法？(請複選，最多三項)

　　1.□每天運動 30 分鐘以上　　　2.□去美容塑身中心

　　3.□購買減肥藥品　　　　　　　4.□控制飲食

　　5.□開刀(抽脂…)　　　　　　　6.□針灸減肥

　　7.□其他＿＿＿＿＿

2.□沒有

之問卷題目，其資料列於『範例\Ch08\複選題-減肥方式.sav』：

	編號	自認體重	減肥經驗	減肥法1	減肥法2	減肥法3	性別	體重
15	1015	2	2	0	0	0	1	70
16	1016	1	1	4	0	0	1	68
17	1017	2	1	1	4	0	1	66
18	1018	1	1	4	0	0	1	72

　　由於，受訪者未必會均填滿三個答案。若只答一個，僅需輸入於第一欄，而其餘兩欄則輸入 0（如編號 1016）；若只答兩個，僅需輸入於第一、二欄，而將第三欄輸入成 0（如編號 1017）。有的受訪者因答題流程之關係，該題免答，故一個答案也不用填，則於三欄均輸入 0（如編號 1015）。

　　以 SPSS 處理複選題，得事先定義複選題資料,係由哪幾個變數組合而成，才能進行後續之次數分配與交叉表分析。定義複選題資料之處理步驟為：

STEP **1**　　開啟『範例\Ch08\複選題-減肥方式.sav』

STEP **2**　　執行「**分析(A)/複選題(U)/定義變數集(D)…**」

STEP **3**　　同時選取『減肥法 1』、『減肥法 2』與『減肥法 3』等三個變數（可按 Ctrl 鍵，再逐一點選；或直接以滑鼠拖曳）

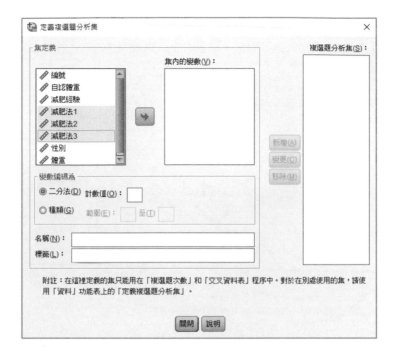

STEP **4**　按  鈕，將其送到右側之『集內的變數(V)』方塊

STEP **5** 　於『名稱(N)』處，輸入此一複選題分析集合的新名稱（『減肥法』），若覺得名稱太短，可另於『標籤(L)』處輸入較長之解釋文字

STEP **6** 　於『變數編碼為』方塊，選「**種類(G)**」，續輸入其答案之數字範圍，本例有 7 個答案，故應輸入 1 到 7（這樣也可以將 0 當成遺漏值排除掉）

STEP **7** 　按 新增(A) 鈕，將新定義送到右側之『複選題分析集(S)』方塊，將於我們所定義之新名稱前加一$符號（『$減肥法』）

STEP **8** 按 **關閉** 鈕，完成定義

　　於未定義複選題資料集合前，執行「**分析(A)/複選題(U)**」僅有一項「**定義變數集(D)…**」可供選用而已，等定義過複選題資料之集合後，才會提供「**次數分配表(F)…**」與「**交叉資料表(C)…**」兩選項，讓我們進行後續之分析：

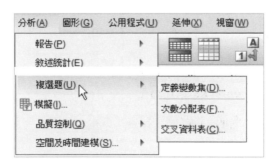

8-2 複選題次數分配

　　於定義過先前之『$減肥法』複選題資料之集合後，繼續以下示步驟求得所使用之減肥方式複選題次數分配：

STEP **1** 　執行「**分析(A)/複選題(U)/次數分配表(F)…**」

STEP **2** 　選『 $減肥法 』，按 鈕，將其送到右側之『 **此項目的表格(T)** 』方塊

STEP **3** 　按 確定 鈕，獲致

觀察值摘要

	觀察值					
	有效		遺漏		總計	
	N	百分比	N	百分比	N	百分比
$減肥法[a]	162	54.0%	138	46.0%	300	100.0%

a. 群組

$減肥法 次數分配表

		回應		觀察值百分比
		N	百分比	
$減肥法[a]	1.每天運動30分鐘以上	84	32.4%	51.9%
	2.去美容塑身中心	5	1.9%	3.1%
	3.購買減肥藥品	7	2.7%	4.3%
	4.控制飲食	143	55.2%	88.3%
	5.開刀(抽脂…)	5	1.9%	3.1%
	6.針灸減肥	2	0.8%	1.2%
	7.其他	13	5.0%	8.0%
總計		259	100.0%	159.9%

a. 群組

於此表中，應看最右邊之『觀察值百分比』欄之結果，來進行分析。該欄係以有效樣本 162 為基礎；而『回應百分比』欄則以總答案數 259 為基礎。

由此結果可看出：曾經減肥之受訪者，使用之減肥方式主要為『控制飲食』(88.3%)與『每天運動 30 分鐘以上』（51.9%）。至於，其它減肥方式，則使用之比例均不高！（均低於 8%）

由於是複選題的關係，『觀察值百分比』欄之加總數字為 159.9%，已超過 100%，表示於最多可答三項之複選題中，每個人平均答了 1.599 個答案。

小秘訣

若覺得分配表之項目太多，可以「**轉換(T)/重新編碼成相同的變數(S)…**」或「**轉換(T)/重新編碼成不同變數(R)…**」，將答案數較少之內容合併。

馬上練習

假定，要處理：

1. 請問您現在是否使用臉書（Facebook）？

   ☐1.有　　　　　　　　　　☐2.沒有（跳答 Q12）

2. 請問您當初使用臉書（Facebook）的原因為何？（可複選，最多三項）

   ☐1.方便與家人聯絡　　　☐2.方便與朋友同學聯絡
   ☐3.追求流行　　　　　　☐4.同儕間比較的心理
   ☐5.找失散多年的朋友　　☐6.朋友邀請
   ☐7.玩遊戲、心理測驗等　☐8.其他_____

之問卷題目，其資料列於『範例\Ch08\複選題-上 Facebook 原因.sav』：

	編號	是否使用臉書	使用原因_1	使用原因_2	使用原因_3	性別
1	1	1	2	6	7	1
2	2	1	2	3	6	2
3	3	1	1	2	.	2
4	4	1	3	.	.	2

求算此複選題之次數分配表，並加以說明。

觀察值摘要

	觀察值					
	有效		遺漏		總計	
	N	百分比	N	百分比	N	百分比
$使用FB原因[a]	174	87.0%	26	13.0%	200	100.0%

a. 群組

$使用FB原因 次數分配表

		回應		觀察值百分比
		N	百分比	
$使用FB原因[a]	方便與家人連絡	8	1.9%	4.6%
	方便與朋友同學聯絡	112	26.1%	64.4%
	追求流行	55	12.8%	31.6%
	同儕間比較的心理	7	1.6%	4.0%
	找失散多年的朋友	33	7.7%	19.0%
	朋友邀請	118	27.5%	67.8%
	玩遊戲或玩心理測驗等	69	16.1%	39.7%
	其他	27	6.3%	15.5%
總計		429	100.0%	246.6%

a. 群組

由此結果可看出，大學生使用臉書之主要原因為：朋友邀請（67.8%）與方便與朋友同學聯絡（64.4%），其次才是玩遊戲或心理測驗（39.7%）與追求流行（31.6%）。

8-3 將複選題次數分配結果轉入 Word

以 SPSS 所求得之複選題次數分配結果，最終還是得轉到 Word 以進行撰寫報告。假定，要將前文『馬上練習』之『使用臉書原因』的複選題次數分配表轉入 Word，其處理步驟為：

STEP **1** 以滑鼠右鍵點選輸出結果之次數分配表，續選取「**複製**」，記下次數分配表內容

STEP **2** 轉到 Excel，按『**常用/剪貼簿/貼上**』 之下拉鈕，選按『**貼上選項/符合目的格式設定(M)**』 鈕，將內容轉為不含任何格式之普通文字，貼到 Excel

	A	B	C	D	E	F
1	$使用FB原因 次數分配表					
2			回應		觀察值百分比	
3			N	百分比		
4	$使用FB原	方便與家ﾉ	8	1.90%	4.60%	
5		方便與朋ﾉ	112	26.10%	64.40%	
6		追求流行	55	12.80%	31.60%	
7		同儕間比ﾅ	7	1.60%	4.00%	
8		找失散多ﾅ	33	7.70%	19.00%	
9		朋友邀請	118	27.50%	67.80%	
10		玩遊戲或ﾞ	69	16.10%	39.70%	
11		其他	27	6.30%	15.50%	
12	總計		429	100.00%	246.60%	

STEP **3** 雙按 B 欄之標題按鈕右側，將其調整為最適欄寬，以便顯示完整文字

STEP **4** 於 B3 輸入『使用臉書之原因』，選取 D 欄

	A	B	C	D	E	F
1	$使用FB原因 次數分配表					
2			回應		觀察值百分比	
3		使用臉書之原因	N	百分比		
4	$使用FB原	方便與家人連絡	8	1.90%	4.60%	
5		方便與朋友同學聯絡	112	26.10%	64.40%	
6		追求流行	55	12.80%	31.60%	
7		同儕間比較的心理	7	1.60%	4.00%	
8		找失散多年的朋友	33	7.70%	19.00%	
9		朋友邀請	118	27.50%	67.80%	
10		玩遊戲或玩心理測驗等	69	16.10%	39.70%	
11		其他	27	6.30%	15.50%	
12	總計		429	100.00%	246.60%	

STEP **5**　按 Ctrl + - 鍵，將該欄刪除

	A	B	C	D	E
1	$使用FB原因 次數分配表				
2			回應	觀察值百分比	
3		使用臉書之原因	N		
4	$使用FB原	方便與家人連絡	8	4.60%	
5		方便與朋友同學聯絡	112	64.40%	
6		追求流行	55	31.60%	
7		同儕間比較的心理	7	4.00%	
8		找失散多年的朋友	33	19.00%	
9		朋友邀請	118	67.80%	
10		玩遊戲或玩心理測驗等	69	39.70%	
11		其他	27	15.50%	
12	總計		429	246.60%	

STEP **6**　於 B12 輸入『總答案數』，B13 輸入『總樣本數』，C13 輸入總樣本數 174，C3 輸入『答案數』，D3 輸入『百分比』

STEP **7**　選取 D4:D12，按『**常用/數值/減少小數位**』鈕，將其小數調整為一位

STEP **8**　選取 B3:D13

	A	B	C	D
3		使用臉書之原因	答案數	百分比
4	$使用FB原	方便與家人連絡	8	4.6%
5		方便與朋友同學聯絡	112	64.4%
6		追求流行	55	31.6%
7		同儕間比較的心理	7	4.0%
8		找失散多年的朋友	33	19.0%
9		朋友邀請	118	67.8%
10		玩遊戲或玩心理測驗等	69	39.7%
11		其他	27	15.5%
12	總計	總答案數	429	246.6%
13	a 群組	總樣本數	174	

STEP **9** 按『**常用/剪貼簿/複製**』🗎 鈕，記下所選取之內容

STEP **10** 再轉到 Word 文件，停於要插入複選題次數分配表之位置。按『**常用/剪貼簿/貼上**』🗎 鈕，將選取內容複製過來

使用臉書之原因	答案數	百分比
方便與家人連絡	8	4.6%
方便與朋友同學聯絡	112	64.4%
追求流行	55	31.6%
同儕間比較的心理	7	4.0%
找失散多年的朋友	33	19.0%
朋友邀請	118	67.8%
玩遊戲或玩心理測驗等	69	39.7%
其他	27	15.5%
總答案數	429	246.6%
總樣本數	174	

往後之操作步驟，同於第五章『將分析結果轉入 Word』，於此不另贅述。可將其整理成：

使用臉書之原因	答案數	百分比
方便與家人連絡	8	4.6%
方便與朋友同學聯絡	112	64.4%
追求流行	55	31.6%
同儕間比較的心理	7	4.0%
找失散多年的朋友	33	19.0%
朋友邀請	118	67.8%
玩遊戲或玩心理測驗等	69	39.7%
其他	27	15.5%
總答案數	429	246.6%
總樣本數	174	

8-4 複選題交叉表 - 複對單

SPSS 複選題之交叉表分析,可以處理複選題對單選題、或複選題對複選題。所使用之複選題,一樣得事先定義其資料集合。**不過,應注意:SPSS 對複選題之交叉分析,並無法進行卡方檢定。**

假定,要處理:

1. 請問您現在是否常上網?

   □1.有　　　　　　　　□2.沒有（請跳答第 12 題）

2. 請問您常上網原因為何?（可複選,最多三項）

   □1.方便與家人聯絡　　□2.方便與朋友同學聯絡

   □3.追求流行　　　　　□4.工作(作業)需要

   □5.親人提供　　　　　□6.同儕間比較的心理

   □7.網路價格下降　　　□8.網路業者推出的促銷方案

   □9.玩線上遊戲　　　　□10.其他_____

   …

請填寫您的基本資料:

性別:□1.男　　　　　　□2.女

之問卷題目,其資料列於『範例\Ch08\複選題-上網原因交叉性別.sav』:

	編號	經常上網	原因1	原因2	原因3	性別
1	1	1	4	5	8	1
2	2	1	1	3	5	2
3	3	1	2	3	6	2

本資料是針對 107 位大學生進行調查而得,常上網者有 104 筆資料。

底下,就以 SPSS 來處理這個複選題對單選題之交叉表:

STEP **1**　　開啟『範例\Ch08\複選題-上網原因交叉性別.sav』

STEP **2**　　執行「**分析(A)/複選題(U)/定義變數集(D)...**」,同時選取『原因 1』、『原因 2』與『原因 3』等三個變數,按 ➡ 鈕,將其送到右側之『集內的變數(V)』方塊

STEP **3**　於『名稱(N)』處輸入此一複選題分析集合的新名稱（『上網原因』）

STEP **4**　於『變數編碼為』方塊，選「**種類(G)**」，續輸入其答案之數字範圍，本例有 10 個答案，故應輸入 1 到 10（這樣也可以將 0 當成遺漏值排除掉）

STEP **5** 按 新增(A) 鈕，將新定義送到右側之『複選題分析集(S)』方塊，將於我
們所定義之新名稱前加一$符號（『$上網原因』）

STEP **6** 按 關閉 鈕，完成定義

STEP **7** 執行「**分析(A)/複選題(U)/交叉資料表(C)...**」，於左下之『複選題分析集
(M)』方塊，選『$上網原因』

STEP **8** 按 ➡ 鈕，將其送到右側之『列(W)』方塊

STEP **9** 選『性別』，按 ➡ 鈕，將其送到右側之『欄(N)』方塊。『性別』後
之括號會出現兩個問號，等待定義其資料範圍

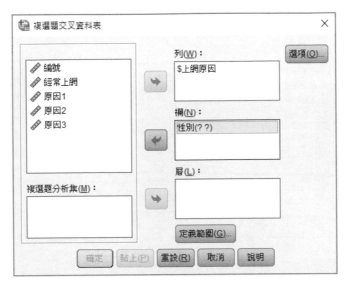

STEP **10** 按 定義範圍(G)... 鈕，於『最小值(N)』與『最大值(X)』處，輸入『性別』
答案之數字範圍（1 到 2）

STEP 11 按 [繼續(C)] 鈕，回上一層對話方塊。『性別』後括號內兩個問號，會改為先前所定義之範圍（1 到 2）

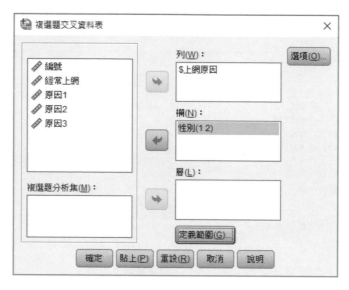

STEP 12 按 [選項(O)...] 鈕，定義交叉表內想要取得何種百分比。本例選「欄(C)」百分比

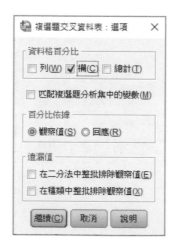

STEP **14** 按 [確定] 鈕，獲致

\$上網原因*性別 交叉列表

			性別		
			男	女	總計
\$上網原因[a]	方便與家人聯絡	計數	7	6	13
		在 性別 內的百分比	12.1%	13.0%	
	方便與朋友同學聯絡	計數	22	17	39
		在 性別 內的百分比	37.9%	37.0%	
	追求流行	計數	22	26	48
		在 性別 內的百分比	37.9%	56.5%	
	工作(作業)需要	計數	20	18	38
		在 性別 內的百分比	34.5%	39.1%	
	親人提供	計數	29	22	51
		在 性別 內的百分比	50.0%	47.8%	
	同儕間比較的心理	計數	26	16	42
		在 性別 內的百分比	44.8%	34.8%	
	網路價格下降	計數	9	5	14
		在 性別 內的百分比	15.5%	10.9%	
	網路業者推出的促銷方案	計數	18	13	31
		在 性別 內的百分比	31.0%	28.3%	
	玩線上遊戲	計數	18	13	31
		在 性別 內的百分比	31.0%	28.3%	
總計		計數	58	46	104

百分比及總計是基於回應者。

a. 群組

可發現：整體言，大學生上網之主要原因為：『親人提供』（51/104，49.0%）、『追求流行』（48/104，46.2%）與『同儕間比較的心理』（42/104，40.4%）。

交叉分析後，可看出：男同學常上網之主要原因為：『親人提供』佔 50.0% 與『同儕間比較的心理』佔 44.8%。而女同學常上網之主要原因為：『追求流行』佔 56.5% 與『親人提供』佔 47.8%。可見常上網原因，除了係因為家中之親人已提供了上網的設備外，男生是因為與同儕比較，認為不會上網會輸給別人而去上網居多；而女生則是因為追求流行而去上網居多。

小秘訣

最右邊之總計欄，SPSS 並未提供百分比，此部分可以前文之次數分配表求得；或轉入 Excel 自行求算。

$上網原因 次數分配表

		回應		觀察值百分比
		N	百分比	
$上網原因[a]	方便與家人聯絡	13	4.2%	12.5%
	方便與朋友同學聯絡	39	12.7%	37.5%
	追求流行	48	15.6%	46.2%
	工作(作業)需要	38	12.4%	36.5%
	親人提供	51	16.6%	49.0%
	同儕間比較的心理	42	13.7%	40.4%
	網路價格下降	14	4.6%	13.5%
	網路業者推出的促銷方案	31	10.1%	29.8%
	玩線上遊戲	31	10.1%	29.8%
總計		307	100.0%	295.2%

a. 群組

馬上練習

假定，要處理：

請問您曾經減過肥嗎?

1.□有，請問您是採取何種減肥方法？(請複選，最多三項)

    1.□每天運動 30 分鐘以上   2.□去美容塑身中心

    3.□購買減肥藥品   4.□控制飲食

    5.□開刀(抽脂...)   6.□針灸減肥

    7.□其他_____

2.□沒有

…

請填寫您的基本資料：

性別：□1.男   □2.女

之問卷內容，其資料安排於『範例\Ch08\減肥方式交叉性別.sav』：

	編號	自認體重	減肥經驗	減肥法1	減肥法2	減肥法3	性別	體重
1	1001	2	1	1	4	0	1	74
2	1002	3	2	0	0	0	1	60
3	1003	2	2	0	0	0	1	68

求減肥方式交叉性別之複選結果，並加以解釋：

觀察值摘要

	觀察值					
	有效		遺漏		總計	
	N	百分比	N	百分比	N	百分比
$減肥方式[a]	162	54.0%	138	46.0%	300	100.0%

a. 群組

$減肥方式 次數分配表

		回應		觀察值百分比
		N	百分比	
$減肥方式[a]	1.每天運動30分鐘以上	84	32.4%	51.9%
	2.去美容塑身中心	5	1.9%	3.1%
	3.購買減肥藥品	7	2.7%	4.3%
	4.控制飲食	143	55.2%	88.3%
	5.開刀(抽脂…)	5	1.9%	3.1%
	6.針灸減肥	2	0.8%	1.2%
	7.其他	13	5.0%	8.0%
總計		259	100.0%	159.9%

a. 群組

$減肥方式*性別 交叉列表

			性別		
			男	女	總計
$減肥方式[a]	1.每天運動30分鐘以上	計數	29	55	84
		在 性別 內的百分比	59.2%	48.7%	
	2.去美容塑身中心	計數	0	5	5
		在 性別 內的百分比	0.0%	4.4%	
	3.購買減肥藥品	計數	0	7	7
		在 性別 內的百分比	0.0%	6.2%	
	4.控制飲食	計數	44	99	143
		在 性別 內的百分比	89.8%	87.6%	
	5.開刀(抽脂…)	計數	1	4	5
		在 性別 內的百分比	2.0%	3.5%	
	6.針灸減肥	計數	0	2	2
		在 性別 內的百分比	0.0%	1.8%	
	7.其他	計數	2	11	13
		在 性別 內的百分比	4.1%	9.7%	
總計		計數	49	113	162

百分比及總計是基於回應者。

a. 群組

由此結果可看出：曾經減肥之受訪者，使用之減肥方式主要為『控制飲食』(88.3%)與『每天運動 30 分以上』（51.9%）。至於其它減肥方式，則比例均不高！（均低於 8%）經由交叉分析，可發現：男性學生以運動方式減肥之比例明顯高過女學生，其差距高達 10.5%（59.2%對 48.7%）。因為，男生多半比女生喜歡運動，有這種結果，也是正常！

小秘訣

若覺得交叉表之項目太多，可以「**轉換(T)/重新編碼成相同的變數(S)…**」或「**轉換(T)/重新編碼成不同變數(R)…**」，將答案數較少之內容（如前例之『去美容塑身中心』、『購買減肥藥品』、『開刀（抽脂…）』、『針灸減肥』與『其他』），合併成『其他』。

8-5 將複選題交叉表結果轉入 Word

假定，要將前文『馬上練習』之『減肥方式交叉性別』複選題交叉表，轉入 Word，其處理步驟為：

STEP **1** 以滑鼠右鍵點選輸出結果之次數分配表，將出現一選單。選取「**複製**」，記下交叉表內容

STEP **2** 轉到 Excel，按『**常用/剪貼簿/貼上**』 之下拉鈕，選按『**貼上選項/符合目的格式設定(M)**』鈕，將內容轉為不含任何格式之普通文字，貼到 Excel

	A	B	C	D	E	F
1	$減肥方式*性別 交叉列表					
2				性別		總計
3				男	女	
4	$減肥方式	1.每天運重	計數	29	55	84
5			在 性別 內	59.20%	48.70%	
6		2.去美容塑	計數	0	5	5
7			在 性別 內	0.00%	4.40%	
8		3.購買減肥	計數	0	7	7
9			在 性別 內	0.00%	6.20%	
10		4.控制飲食	計數	44	99	143
11			在 性別 內	89.80%	87.60%	
12		5.開刀(抽)	計數	1	4	5
13			在 性別 內	2.00%	3.50%	
14		6.針灸減肥	計數	0	2	2
15			在 性別 內	0.00%	1.80%	
16		7.其他	計數	2	11	13
17			在 性別 內	4.10%	9.70%	
18	總計		計數	49	113	162
19	百分比及總計是基於回應者。					
20	a 群組					

STEP **3**　雙按 B 欄之標題按鈕右側，將其調整為最適欄寬，以便顯示完整文字

STEP **4**　於 B3 輸入『減肥方式』字串

STEP **5**　將 C4 之『計數』改為『答案數』；將 C5 之『在 性別 內的百分比』改為『％』

STEP **6**　選取 C4:C5，將其抄給 C6:C18

	A	B	C	D	E	F
2				性別		總計
3		減肥方式		男	女	
4	$減肥方式	1.每天運動30分鐘以上	答案數	29	55	84
5			％	59.20%	48.70%	
6		2.去美容塑身中心	答案數	0	5	5
7			％	0.00%	4.40%	
8		3.購買減肥藥品	答案數	0	7	7
9			％	0.00%	6.20%	
10		4.控制飲食	答案數	44	99	143
11			％	89.80%	87.60%	
12		5.開刀(抽脂…)	答案數	1	4	5
13			％	2.00%	3.50%	
14		6.針灸減肥	答案數	0	2	2
15			％	0.00%	1.80%	
16		7.其他	答案數	2	11	13
17			％	4.10%	9.70%	
18	總計		計數	49	113	162

STEP **7**　選取第 18、19 列，按 Ctrl + + 鍵，插入兩列空白

	A	B	C	D	E	F
16		7.其他	答案數	2	11	13
17			％	4.10%	9.70%	
18						
19						
20	計		計數	49	113	162
21	百分比及總計是基於回應者。					

STEP **8**　於 C18 輸入『總答案』字串，C19 輸入『%』字串，C20 輸入『總樣本數』字串

	A	B	C	D	E	F
16		7.其他	答案數	2	11	13
17			%	4.10%	9.70%	
18			總答案			
19			%			
20	總計		總樣本數	49	113	162

STEP **9**　於 D18 輸入

```
=SUM(D4,D6,D8,D10,D12,D14,D16)
```

求得總答案數，設定為『通用格式』。

STEP **10**　將 D18 抄給 D19，設定為兩位小數之『百分比格式』

D19		× ✓	f_x	=SUM(D5,D7,D9,D11,D13,D15,D17)		
	A	B	C	D	E	F
3		減肥方式		男	女	
4	$減肥方式	1.每天運動30分鐘以上	答案數	29	55	84
5			%	59.20%	48.70%	
6		2.去美容塑身中心	答案數	0	5	5
7			%	0.00%	4.40%	
8		3.購買減肥藥品	答案數	0	7	7
9			%	0.00%	6.20%	
10		4.控制飲食	答案數	44	99	143
11			%	89.80%	87.60%	
12		5.開刀(抽脂…)	答案數	1	4	5
13			%	2.00%	3.50%	
14		6.針灸減肥	答案數	0	2	2
15			%	0.00%	1.80%	
16		7.其他	答案數	2	11	13
17			%	4.10%	9.70%	
18			總答案	76		
19			%	155.10%		
20	總計		總樣本數	49	113	162

選取 D18:D19，將其抄給 E18:F18

	A	B	C	D	E	F
	D18	▾ : × ✓ *fx*	=SUM(D4,D6,D8,D10,D12,D14,D16)			
3		減肥方式		男	女	
4	$減肥方式	1.每天運動30分鐘以上	答案數	29	55	84
5			%	59.20%	48.70%	
6		2.去美容塑身中心	答案數	0	5	5
7			%	0.00%	4.40%	
8		3.購買減肥藥品	答案數	0	7	7
9			%	0.00%	6.20%	
10		4.控制飲食	答案數	44	99	143
11			%	89.80%	87.60%	
12		5.開刀(抽脂…)	答案數	1	4	5
13			%	2.00%	3.50%	
14		6.針灸減肥	答案數	0	2	2
15			%	0.00%	1.80%	
16		7.其他	答案數	2	11	13
17			%	4.10%	9.70%	
18			總答案	76	183	259
19			%	155.10%	161.90%	0.00%
20	總計		總樣本數	49	113	162

STEP **12** 於 F5，輸入：

```
=F4/F$20
```

並將其設定為兩位小數之百分比格式：

	B	C	D	E	F
	F5	▾ : × ✓ *fx*	=F4/F$20		
3	減肥方式		男	女	
4	1.每天運動30分鐘以上	答案數	29	55	84
5		%	59.20%	48.70%	51.85%

STEP **13** 按『**常用/剪貼簿/複製**』 🗐 鈕，記下 F5 之內容

STEP **14** 選取 F7，續按 Ctrl 鍵，逐一點選 F9、F11、…、F17

	B	C	D	E	F
3	減肥方式		男	女	
4	1.每天運動30分鐘以上	答案數	29	55	84
5		%	59.20%	48.70%	51.85%
6	2.去美容塑身中心	答案數	0	5	5
7		%	0.00%	4.40%	
8	3.購買減肥藥品	答案數	0	7	7
9		%	0.00%	6.20%	
10	4.控制飲食	答案數	44	99	143
11		%	89.80%	87.60%	
12	5.開刀(抽脂…)	答案數	1	4	5
13		%	2.00%	3.50%	
14	6.針灸減肥	答案數	0	2	2
15		%	0.00%	1.80%	
16	7.其他	答案數	2	11	13
17		%	4.10%	9.70%	
18		總答案	76	183	259
19		%	155.10%	161.90%	51.85%
20		總樣本數	49	113	162

STEP 15 按『**常用/剪貼簿/貼上**』 鈕，將選取內容複製過來

F17			f_x	=F16/F$20	
	B	C	D	E	F
3	減肥方式		男	女	
4	1.每天運動30分鐘以上	答案數	29	55	84
5		%	59.20%	48.70%	51.85%
6	2.去美容塑身中心	答案數	0	5	5
7		%	0.00%	4.40%	3.09%
8	3.購買減肥藥品	答案數	0	7	7
9		%	0.00%	6.20%	4.32%
10	4.控制飲食	答案數	44	99	143
11		%	89.80%	87.60%	88.27%
12	5.開刀(抽脂…)	答案數	1	4	5
13		%	2.00%	3.50%	3.09%
14	6.針灸減肥	答案數	0	2	2
15		%	0.00%	1.80%	1.23%
16	7.其他	答案數	2	11	13
17		%	4.10%	9.70%	8.02%
18		總答案	76	183	259
19		%	155.10%	161.90%	159.88%
20		總樣本數	49	113	162

STEP 16 F3 輸入『總數』字串

STEP **17**　選取 B3:F20 之內容

STEP **18**　按『**常用/剪貼簿/複製**』 鈕，記下所選取之內容

STEP **19**　再轉到 Word 文件，停於要插入複選題交叉表之位置。按『**常用/剪貼簿/貼上**』 鈕，將選取內容複製過來

減肥方式		男	女	總數
1.每天運動 30 分鐘以上	答案數	29	55	84
	%	59.20%	48.70%	51.85%
2.去美容塑身中心	答案數	0	5	5
	%	0.00%	4.40%	3.09%
3.購買減肥藥品	答案數	0	7	7
	%	0.00%	6.20%	4.32%
4.控制飲食	答案數	44	99	143
	%	89.80%	87.60%	88.27%
5.開刀(抽脂…)	答案數	1	4	5
	%	2.00%	3.50%	3.09%
6.針灸減肥	答案數	0	2	2
	%	0.00%	1.80%	1.23%
7.其他	答案數	2	11	13
	%	4.10%	9.70%	8.02%
	總答案	76	183	259
	%	155.10%	161.90%	159.88%
	總樣本數	49	113	162

往後之操作步驟，同於第五章『將分析結果轉入 Word』，於此不另贅述。可將其整理成：

減肥方式		男	女	總數
1.每天運動 30 分鐘以上	答案數	29	55	84
	%	59.20%	48.70%	51.85%
2.去美容塑身中心	答案數	0	5	5
	%	0.00%	4.40%	3.09%
3.購買減肥藥品	答案數	0	7	7
	%	0.00%	6.20%	4.32%
4.控制飲食	答案數	44	99	143
	%	89.80%	87.60%	88.27%
5.開刀(抽脂…)	答案數	1	4	5
	%	2.00%	3.50%	3.09%
6.針灸減肥	答案數	0	2	2
	%	0.00%	1.80%	1.23%
7.其他	答案數	2	11	13
	%	4.10%	9.70%	8.02%
	總答案數	76	183	259
	%	155.10%	161.90%	159.88%
	總樣本數	49	113	162

8-6 複選題交叉表 - 複對複

除了複選題對單選題，或單選題對複選題的交叉表外；SPSS 也可以處理複選題對複選題的交叉表。其處理方式類似，只差要分別進行兩次定義集合而已。

假定，要處理：

請問您，使用拍賣網站的原因為何？(可複選，最多三項)

☐1.搜尋方便　　　☐2.價格較低　　　☐3.商品多樣　　　☐4.較有樂趣

☐5.資訊豐富　　　☐6.購物便利性　　☐7.其他_____

請問您，較常在拍賣網站交易何種物品？(可複選，最多三項)

☐1.電腦產品　　　☐2.消費性電子產品　　☐3.玩具商品

☐4.視聽音樂　　　☐5.服飾　　　　　　　☐6.化妝用品

☐7.書籍雜誌　　　☐8.運動休閒　　　　　☐9.流行精品

☐10.其他_____

之問卷題目，其資料列於『範例\Ch08\使用拍賣網站原因及交易物品.sav』：

	編號	原因1	原因2	原因3	物品1	物品2	物品3
4	4	1	3	6	5	7	9
5	5	2	3	4	5	10	0
6	6	1	6	0	2	0	0
7	7	0	0	0	0	0	0

假定，要求得交易物品對使用拍賣網站原因之交叉表。可以下示步驟，處理這個複選題對複選題之交叉表：

STEP 1　開啟『範例\Ch08\使用拍賣網站原因及交易物品.sav』

STEP 2　執行「**分析(A)/複選題(U)/定義變數集(D)...**」

STEP 3　同時選取『原因 1』、『原因 2』與『原因 3』等三個變數，按 ➡ 鈕，將其送到右側之『集內的變數(V)』方塊

STEP **4** 於『名稱(N)』處輸入此一複選題分析集合的新名稱（『購買原因』），
於『變數編碼為』處，選『**種類(G)**』，續輸入其答案之數字範圍，本
例原因有 7 個答案，故應輸入 1 到 7（這樣也可以將 0 及其他值當成
遺漏值排除掉）

STEP **5** 按 新增(A) 鈕，將新定義送到右側之『複選題分析集(S)』方塊，將於我們所定義之新名稱前加一$符號（『$購買原因』）

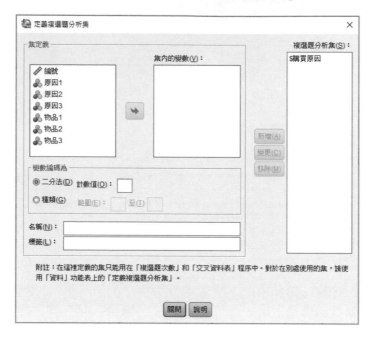

STEP **6** 同時選取『物品 1』、『物品 2』與『物品 3』等三個變數，按 ➡ 鈕，將其送到右側之『集內的變數(V)』方塊

STEP **7** 於『名稱(N)』處，輸入此一複選題分析集合的新名稱（『購買物品』），於『變數編碼為』處，選『**種類(G)**』，續輸入其答案之數字範圍，本例物品有 10 個答案，故應輸入 1 到 10（這樣也可以將 0 當成遺漏值排除掉）

STEP **8** 按 新增(A) 鈕，將新定義送到右側之『複選題分析集(S)』方塊，將於我們
所定義之新名稱前加一$符號（『$購買物品』）

STEP **9** 按 關閉 鈕，完成兩個複選題分析集合之定義

STEP **10**　執行「**分析(A)/複選題(U)/交叉資料表(C)...**」

STEP **11**　於左下之『複選題分析集(M)』方塊，選『$購買原因』，按 ➡ 鈕，將其送到右側之『列(W)』方塊

STEP **12**　於左下之『複選題分析集(M)』方塊，選『$購買物品』，按 ➡ 鈕，將其送到右側之『欄(N)』方塊

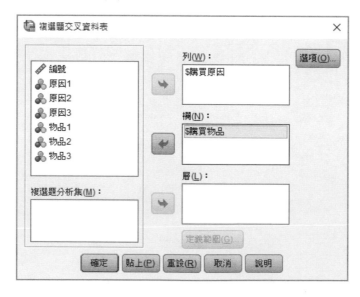

STEP **13** 按 選項(O)... 鈕,選「欄(C)」百分比

STEP **14** 按 繼續(C) 鈕,回上一層對話方塊

STEP **15** 按 確定 鈕,獲致

$購買原因*$購買物品 交叉列表

			電腦產品	消費性電子產品	玩具商品	視聽音樂	服飾	化妝用品
							\$購買物品[a]	
$購買原因[a]	搜尋方便	計數	11	5	6	10	19	11
		在 \$購買物品 內的百分比	84.6%	62.5%	66.7%	100.0%	70.4%	84.6%
	價格較低	計數	7	5	5	5	12	7
		在 \$購買物品 內的百分比	53.8%	62.5%	55.6%	50.0%	44.4%	53.8%
	商品多樣	計數	7	2	3	4	13	5
		在 \$購買物品 內的百分比	53.8%	25.0%	33.3%	40.0%	48.1%	38.5%
	較有樂趣	計數	1	1	1	0	9	5
		在 \$購買物品 內的百分比	7.7%	12.5%	11.1%	0.0%	33.3%	38.5%
	資訊豐富	計數	5	3	7	5	8	1
		在 \$購買物品 內的百分比	38.5%	37.5%	77.8%	50.0%	29.6%	7.7%
	購物便利性	計數	6	3	2	3	14	8
		在 \$購買物品 內的百分比	46.2%	37.5%	22.2%	30.0%	51.9%	61.5%
	其他	計數	0	0	0	0	1	0
		在 \$購買物品 內的百分比	0.0%	0.0%	0.0%	0.0%	3.7%	0.0%
總計		計數	13	8	9	10	27	13

百分比及總計是基於回應者。

a. 群組

$購買原因*$購買物品 交叉列表

			書籍雜誌	運動休閒	流行精品	其他	總計
$購買原因[a]	搜尋方便	計數	18	5	15	3	48
		在 $購買物品 內的百分比	78.3%	45.5%	65.2%	37.5%	
	價格較低	計數	12	8	13	5	39
		在 $購買物品 內的百分比	52.2%	72.7%	56.5%	62.5%	
	商品多樣	計數	8	6	12	4	31
		在 $購買物品 內的百分比	34.8%	54.5%	52.2%	50.0%	
	較有樂趣	計數	3	1	6	1	12
		在 $購買物品 內的百分比	13.0%	9.1%	26.1%	12.5%	
	資訊豐富	計數	9	7	4	5	24
		在 $購買物品 內的百分比	39.1%	63.6%	17.4%	62.5%	
	購物便利性	計數	13	2	9	2	28
		在 $購買物品 內的百分比	56.5%	18.2%	39.1%	25.0%	
	其他	計數	0	0	1	0	1
		在 $購買物品 內的百分比	0.0%	0.0%	4.3%	0.0%	
總計		計數	23	11	23	8	70

百分比及總計是基於回應者。

　　可看出：受訪者上拍賣網站之主要原因依序為；『搜尋方便』（68.6%，48/70）、『價格較低』（55.7%，39/70）、『商品多樣』（44.3%，31/70）與『購物便利性』（40.0%，58/70）。而上拍賣網站主要之交易物品依序為：『服飾』（38.6%，27/70）、『流行精品』與『書籍雜誌』（32.9%，23/70）。

　　經過交叉分析後，可發現：購買『服飾』者，主要基於拍賣網站之『搜尋方便』（70.4%）、『購物便利性』（51.9%）與『商品多樣』（48.1%）。購買『流行精品』者，主要基於拍賣網站之『搜尋方便』（65.2%）、『價格較低』（56.5%）與『商品多樣』（52.2%）。購買『書籍雜誌』者，主要基於拍賣網站之『搜尋方便』（78.3%）、『購物便利性』（56.5%）與『價格較低』（52.2%）。

小秘訣

　　若覺得交叉表之項目太多，可以「**轉換(T)/重新編碼成相同的變數(S)…**」或「**轉換(T)/重新編碼成不同變數(R)…**」，將答案數較少之內容合併。

馬上練習

假定，要處理：

您大多從哪裡得知有關於手機的資訊？（可複選，最多三項）

☐1.電視　　　　☐2.報紙　　　　☐3.雜誌　　　　☐4.廣播

☐5.網路　　　　☐6.親朋好友　　☐7.店頭廣告

☐8.戶外的大型看板、海報　　　　☐9.通訊業者

☐10.其他_____

您認為誰最適合代言手機？（可複選，最多三項）

☐1.影視明星　　☐2.專家學者　　☐3.政治人物

☐4.上班族　　　☐5.學生　　　　☐6.家庭主婦

☐7.普通人　　　☐8.其他_____

之問卷內容，其資料安排於『範例\Ch08\媒體交叉手機代言人.sav』：

	編號	媒體1	媒體2	媒體3	代言人1	代言人2	代言人3
1	201	1	3	6	1	4	0
2	202	1	3	0	4	0	0
3	203	1	6	8	1	7	0

求媒體對手機代言人之複選交叉表，並加以解釋。

均數檢定 9

9-1 概說

　　由於我們對母體的不瞭解，任何有關母體的敘述，都只是假設而已（**統計假設**）。除非我們進行全面普查，否則，一個統計假設是對或錯，根本就不可能獲得正確之答案。但因為絕大多數情況，是不允許也無法進行普查。所以，才會透過抽樣調查，以抽查結果所獲得的資料，來檢定先前統計假設，以判斷其對或錯。

　　如果，檢定後發現抽樣結果與統計假設間之差異很大，我們就無法接受該統計假設（亦即，否定或捨棄該假設）。反之，若檢定後發現抽樣結果與統計假設間之差異不大，我們就無法捨棄（否定）該統計假設。不過，我們會比較保守的說：**無充分證據證明該假設是錯的；而不直接說接受該統計假設。**

　　在進行各種統計假設檢定時，我們通常將要否定（捨棄）之事實當作**虛無假設**（null hypothesis，以 H_0 代表）。既然希望它是不對，以將其否定，那就表示會有一個希望它是對的對立假設（alternative hypothesis，以 H_1 或 H_a 代表）。當檢定結果，得否定該虛無假設時，就等於接受對立假設。注意，虛無假設與對立假設間必須是週延且互斥，其間絕無重疊的模糊地帶；也無任何無法涵蓋的真空地帶。如：

H_0：$\mu_1 = \mu_2$

H_1：$\mu_1 \neq \mu_2$

若安排成：

$H_0：\mu_1=\mu_2$

$H_1：\mu_1 \leqq \mu_2$

就有等於時，會發生重疊，而無法互斥。但若安排成：

$H_0：\mu_1<\mu_2$

$H_1：\mu_1>\mu_2$

則當兩者恰好等於時，就變成真空地帶，沒有被任一個假設涵蓋。

9-2 假設檢定之類型與單/雙尾檢定

假設檢定之類型與應使用單尾或雙尾檢定有：

1. 等於與不等於之雙尾檢定

$H_0：\mu_1=\mu_2$

$H_1：\mu_1 \neq \mu_2$

無論檢定統計資料之觀察值落在左側或右側之危險域（或稱捨棄域、拒絕域），均表示 $\mu_1 \neq \mu_2$。

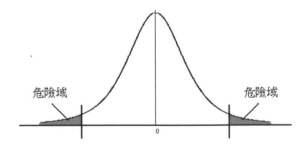

2. 等於與大於之右側單尾檢定

$H_0：\mu_1 \leqq \mu_2$

$H_1：\mu_1 > \mu_2$

或

$H_0 : \mu_1 = \mu_2$

$H_1 : \mu_1 > \mu_2$

當檢定統計資料之觀察值落右側之危險域，均表示 $\mu_1 > \mu_2$。

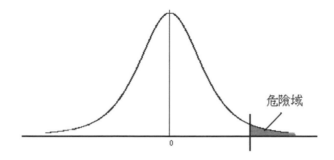

3. 等於與小於之左側單尾檢定

$H_0 : \mu_1 \geqq \mu_2$

$H_1 : \mu_1 < \mu_2$

或

$H_0 : \mu_1 = \mu_2$

$H_1 : \mu_1 < \mu_2$

當檢定統計資料之觀察值落左側之危險域，均表示 $\mu_1 < \mu_2$。

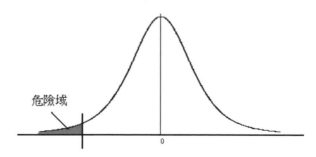

9-3 檢定的步驟

檢定的步驟為：

1. 設定虛無假設 H_0

2. 設定對立假設 H_1

3. 決定顯著水準（α）

4. 選擇適當的檢定統計資料（z、t、F、...），以及決定危險域（捨棄域之臨界點）

5. 計算所選之檢定統計資料的觀察值

6. 結論：當檢定統計資料的觀察值落入危險域，捨棄虛無假設 H_0；反之，無法捨棄虛無假設 H_0（接受虛無假設）

9-4 單一母體平均數檢定

單一母體，若母體標準差 σ 已知，其各項檢定所使用之檢定統計資料為：

$$Z = \frac{\overline{X} - \mu}{\sigma / \sqrt{n}}$$

若處理對象為大樣本（n>30），且母體標準差 σ 未知，則可使用樣本標準差 S 來替代：

$$Z = \frac{\overline{X} - \mu}{S / \sqrt{n}}$$

於未使用電腦的情況，我們是查附錄 B 之『標準常態分配表』，若 Z 值大於查表所得之臨界值（critical value），則捨棄虛無假設。

若樣本為抽自常態母體之小樣本（n≦30），且母體 μ 與 σ 均未知。其各項檢定所使用之檢定統計資料為：

$$t = \frac{\overline{X} - \mu}{S / \sqrt{n}}$$

T 分配之自由度為 n-1。

於未使用電腦的情況，我們是根據其自由度查附錄 C 之『t 分配的臨界值』，若 t 值大於查表所得之臨界值（critical value），則捨棄虛無假設。

由於，t 分配是取決於樣本大小(n)；當樣本數超過 30(n>30)，t-分配就頗接近常態分佈。且於同一個顯著水準下，t 值大於等於 z 值，故其檢定結果會較為嚴格一點。所以，SPSS 就只提供一個可以大小通吃的 T 檢定，無論是大樣本或小樣本的平均數檢定，均以 T 檢定來處理。

▶▶ 雙尾檢定

如，自全班隨機抽取幾位學生之成績：

75	85	78	70	80	80	54	78
85	88	85	85	80	85	56	82
25	85	78	75	78	82	47	83
60	80	78	70	82	78	60	75
80	88	78	83	90	90	49	82

於 α=0.05 之顯著水準，是否可接受全班成績為 70 分之假設？

其處理步驟為：

1. 設定虛無假設 H_0

   $H_0：\mu = 70$

2. 設定對立假設 H_1

   $H_1：\mu \neq 70$，為雙尾檢定

3. 決定顯著水準（α）

   α=0.05

4. 選擇適當的檢定統計資料，以及決定危險域

   由於是大樣本，以 Z 檢定統計資料，採雙尾檢定，應查 α=0.025 之表。

查附錄 B 之『標準常態分配表』，累積機率為 0.475 時，其捨棄域之臨界點為 1.96。所以，若 Z 檢定統計資料＜-1.96 或＞1.96，就應該捨棄虛無假設。

5. 計算所選之檢定統計資料的觀察值

將以計算機所求算之樣本均數與樣本標準差 $\overline{x}$=75.55、S=13.54 及已知之 μ=70，代入 Z 檢定統計資料之公式：

$$Z = \frac{75.55 - 70}{13.54/\sqrt{40}} = 2.592$$

6. 結論

檢定統計資料 Z=2.592＞1.96 之臨界值，已落入危險域，故應捨棄虛無假設 H_0：μ = 70。也就是應接受其對立假設 H_1：$\mu \neq 70$。所以，無法接受全班成績為 70 分之假設。

但若使用 SPSS，先將資料輸入到『範例\Ch09\單一母體平均數檢定.sav』：

	成績
1	75
2	85
3	25

續以下示步驟執行檢定：

STEP 1　執行「**分析(A)/比較平均數(M)/單一樣本 T 檢定(S)…**」

STEP **2**   選『成績』，按 ➡ 鈕，將其送到右側之『檢定變數(T)』方塊

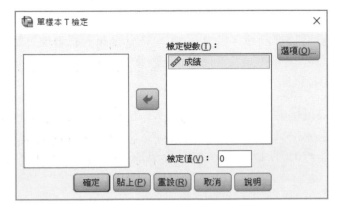

STEP **3**   於『檢定值(V)』處，輸入 70（已知 μ=70）

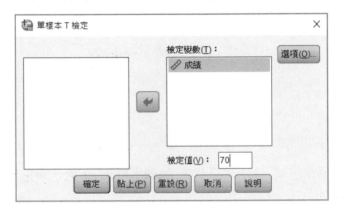

STEP **4**   按 確定 鈕，獲致

單一樣本統計量

	N	平均值	標準差	標準誤平均值
成績	40	75.55	13.540	2.141

單一樣本檢定

檢定值 = 70

	t	自由度	顯著性（雙尾）	平均值差異	差異的 95% 信賴區間 下限	上限
成績	2.592	39	.013	5.550	1.22	9.88

可查知均數與標準差分別為 75.55 與 13.54，檢定結果之 t 值 2.592 恰等於我們先前所算之 Z 值。

判斷檢定結果時很簡單，於雙尾檢定只須看此『顯著性（雙尾）』是否小於所指定之 α 值；於單尾檢定則看此『顯著性（雙尾）』除以 2 是否小於所指定之 α 值。

如本例係雙尾檢定，『顯著性（雙尾）』為 0.013<α=0.05，即表示在 α=0.05 時，此檢定結果要捨棄虛無假設，接受對立假設。故應捨棄 $H_0：\mu = 70$。也就是應接受 $H_1：\mu \neq 70$。所以，無法接受全班成績為 70 分之假設。

▶▶ 單尾檢定

假定，五年前大學生每週平均運動時間為 70 分鐘，『範例\Ch09\運動時間.sav』內本年度之資料：

	編號	運動時間
1	1	120
2	2	10
3	3	0

是否可顯示本年度運動時間已經明顯增加（α=0.05）？

以前節之操作步驟，執行「**分析(A)/比較平均數(M)/單一樣本 T 檢定(S)…**」，檢定『運動時間』是否超過 70：

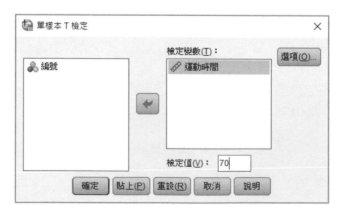

獲致：

單一樣本統計量

	N	平均值	標準差	標準誤平均值
運動時間	115	83.87	56.504	5.269

單一樣本檢定

檢定值 = 70

	t	自由度	顯著性（雙尾）	平均值差異	差異的 95% 信賴區間 下限	上限
運動時間	2.632	114	.010	13.870	3.43	24.31

解：

$H_0：\mu \leq 70$

$H_1：\mu > 70$，為右尾單尾檢定

$\alpha = 0.05$，右尾單尾檢定，只須看此『顯著性（雙尾）』除以 2 是否小於所指定之 α 值。

『顯著性（雙尾）』0.01 除以 2 為 $0.005 < \alpha = 0.05$

結論：捨棄虛無假設，接受本年度每週運動時間均數超過 70 分鐘之對立假設。

馬上練習

假定，某報宣稱大學生一週平均飲料花費已 ≥ 100 元。以問卷調查蒐集範例『飲料花費』之資料：

	編號	飲料花費
1	1	100
2	2	60
3	3	200

是否可否定該結論（$\alpha = 0.05$）？

$H_0：\mu \geq 100$

$H_1：\mu < 100$，左尾單尾檢定

α=0.05，左尾單尾檢定，以『顯著性（雙尾）』除以 2 是否小於所指定之 α 值進行判斷：

單一樣本統計量

	N	平均值	標準差	標準誤平均值
飲料花費	200	83.23	82.210	5.813

單一樣本檢定

檢定值 = 100

	t	自由度	顯著性（雙尾）	平均值差異	差異的 95% 信賴區間 下限	上限
飲料花費	-2.886	199	.004	-16.775	-28.24	-5.31

結論：『顯著性（雙尾）』0.004 除以 2 為 0.002<α=0.05，應捨棄虛無假設，可以否定該結論。接受大學生一週平均飲料花費不超過 100 元之對立假設。平均數為 83.23 元。

馬上練習

某校去年學生平均通學距離為 6.8 公里，今年因搬往另一校區，以『範例\Ch09\通學距離.sav』內容：

	📏 編號	📏 通學距離
1	1	7.5
2	2	12.4
3	3	24.8

是否可證明今年學生平均通學距離大於去年？（α=0.05）

$H_0 : \mu \leq 6.8$

$H_1 : \mu > 6.8$

$\alpha = 0.05$

採右尾單尾檢定，以『顯著性（雙尾）』除以 2 是否小於所指定之 α 值進行判斷：

單一樣本統計量

	N	平均值	標準差	標準誤平均值
通學距離	11	21.045	10.9865	3.3125

單一樣本檢定

檢定值 = 6.80

	t	自由度	顯著性（雙尾）	平均值差異	差異的 95% 信賴區間 下限	上限
通學距離	4.300	10	.002	14.2455	6.865	21.626

『顯著性（雙尾）』0.002 除以 2 為 0.001<α=0.05，應捨棄虛無假設 H_0：$\mu \leq 6.8$；也就是接受其對立假設 H_1：$\mu > 6.8$。所以，今年學生平均通學距離大過去年。樣本平均數為 21.045 公里。

9-5 獨立樣本 T 檢定

獨立樣本 T 檢定，適用於對兩樣本平均數的檢定，旨在比較變異數相同的兩個母群之間平均數的差異，或比較來自同一母群之兩個樣本之均數的差異。

在應用 t 檢定時，應符合下列假設，方可得到正確分析的結果：

- 每個取樣必須隨機(random)且獨立(independent)。

- 所取樣本的母群體必須為常態分配(normal distribution)。

其檢定方式，隨變異數是否相同，又可分為兩種：

- **兩獨立小樣本均數檢定**（變異數相同）

  若兩母群體之變異數相同($\sigma_1^2 = \sigma_2^2$)，是採用匯總變異數 t 檢定(pooled-variance t test)。其相關公式為：

$$t = \frac{\overline{X_1} - \overline{X_2}}{\sqrt{\dfrac{S_p^2}{N_1} + \dfrac{S_p^2}{N_2}}}$$

$$S_p^2 = \frac{(N_1 - 1)S_1^2 + (N_2 - 1)S_2^2}{N_1 + N_2 - 2}$$

$$\text{d.f.} = N_1 + N_2 - 2$$

式中，S_p^2 即是匯總變異數。

- **兩獨立小樣本均數檢定**（變異數不同）

  若兩母群體之變異數不同（$\sigma_1^2 \neq \sigma_2^2$），則將用個別變異數的 t 統計資料(Cochran & Cox 法)。其相關公式為：

$$t = \frac{\overline{X_1} - \overline{X_2}}{\sqrt{\dfrac{S_1^2}{N_1} + \dfrac{S_2^2}{N_2}}}$$

$$\text{d.f.} = \frac{\left(\dfrac{S_1^2}{N_1} + \dfrac{S_2^2}{N_2}\right)}{\dfrac{\left(\dfrac{S_1^2}{N_1}\right)^2}{(N_1 - 1)} + \dfrac{\left(\dfrac{S_2^2}{N_2}\right)^2}{(N_2 - 1)}}$$

請注意，其自由度已不再是兩母群體之變異數相等時簡單的 $\text{d.f.} = N_1 + N_2 - 2$，依此處公式計算之自由度可能會含小數。

不過，這些都不重要！因為 SPSS 會自動幫我們檢定兩母群體之變異數是否不同，我們只要會讀報表結果就好了！

以『範例\Ch09\男女之飲料花費.sav』為例：（性別 1=男、2=女）

	編號	飲料花費	性別
1	1	100	1
2	2	60	1
3	3	200	2

試檢定男/女平均一週飲料花費是否存有顯著差異？（$\alpha=0.05$）

本例之虛無假設與對立假設分別為：

$H_0: \mu_1 - \mu_2 = 0$

$H_1: \mu_1 - \mu_2 \neq 0$

或簡化成：

$H_0 : \mu_1 = \mu_2$

$H_1 : \mu_1 \neq \mu_2$

此為一雙尾檢定，以『顯著性（雙尾）』是否小於所指定之 α 值進行判斷。

其處理步驟為：

STEP 1　　執行「**分析(A)/比較平均數(M)/獨立樣本 T 檢定(T)…**」

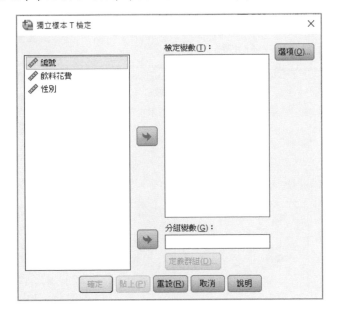

STEP 2　　選『飲料花費』，按 ➡ 鈕，將其送到右側之『檢定變數(T)』方塊

STEP 3　　選『性別』，按 ➡ 鈕，將其送到右側之『分組變數(G)』方塊。其後括號內會顯示兩個問號，等待定義組別

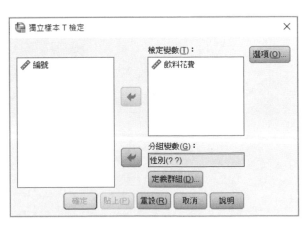

STEP **4** 按 定義群組(D)... 鈕

STEP **5** 獨立樣本 T 檢定,只能處理兩組均數之檢定,我們的性別也恰為兩組,故於『群組 1』與『群組 2』處,分別輸入 1、2

STEP **6** 按 繼續(C) 鈕,回上一層對話方塊。『性別』後括號內會顯示 1 與 2

群組統計量

	性別	N	平均值	標準差	標準誤平均值
飲料花費	男	73	93.29	88.746	10.387
	女	127	77.44	77.983	6.920

獨立樣本檢定

		變異數等式的 Levene 檢定			
		F	顯著性	t	自由度
飲料花費	採用相等變異數	.100	.752	1.315	198
	不採用相等變異數			1.270	134.909

平均值等式的 t 檢定				
顯著性（雙尾）	平均值差異	標準誤差異	差異的 95% 信賴區間	
			下限	上限
.190	15.847	12.053	-7.921	39.615
.206	15.847	12.481	-8.837	40.530

可得知男/女樣本數分別為 73 與 127；其一週平均飲料花費分別為 93.29 與 77.44。

判讀底下之 T 檢定結果，首先應先看左半部之 F 檢定的結果，它是用來檢定兩母群體之變異數是否不同，其虛無假設與對立假設分別為：

$$H_0: \sigma_1^2 = \sigma_2^2$$
$$H_1: \sigma_1^2 \neq \sigma_2^2$$

若 F 檢定之顯著性＜0.05，應捨棄虛無假設，接受兩母群體之變異數不等，故應讀『不採用相等變異數』列之 T 檢定結果；反之，若 F 檢定之顯著性＞0.05，應接受兩母群體變異數相等之虛無假設，故應讀『採用相等變異數』列之 T 檢定結果。

本例 F 檢定之顯著性為 0.752＞0.05，應接受兩母群體變異數相等之虛無假設，故應讀『採用相等變異數』列之 T 檢定結果。即 t=1.315、自由度 198、『顯著性（雙尾）』0.19＞=0.05。故無法捨棄虛無假設，也就是說男女之一週飲料花費均數並無顯著差異。

9

均數檢定

馬上練習

以『範例\Ch09\男女運動時間.sav』內容（單位：分，性別 1=男、2=女）：

	編號	性別	運動時間
1	1	1	120
2	2	1	10
3	3	2	0

檢定男生平均運動時間是否大過女生？（α=0.05）

$H_0: \mu_1 \leq \mu_2$

$H_1: \mu_1 > \mu_2$

α=0.05

此為一右尾單尾檢定，以『顯著性（雙尾）』除以 2 是否小於所指定之 α 值進行判斷：

群組統計量					
	性別	N	平均值	標準差	標準誤平均值
運動時間	男	59	91.95	53.363	6.947
	女	56	75.36	58.913	7.873

獨立樣本檢定						
		變異數等式的 Levene 檢定				平均
		F	顯著性	t	自由度	顯著性（雙尾）
運動時間	採用相等變異數	.938	.335	1.584	113	.116
	不採用相等變異數			1.580	110.481	.117

F 檢定之顯著性為 0.335＞0.05，應接受兩母群體變異數相等之虛無假設，故應讀『採用相等變異數』列之 T 檢定結果。即 t=1.584、自由度 113、『顯著性（雙尾）』0.116 除以 2 為 0.0558＞α=0.05。故無法捨棄虛無假設，也就是說男生平均運動時間未明顯超過女生。

『範例\Ch09\地區所得』資料內容：（地區 1=甲、2=乙）

	✏ 所得	✏ 地區
9	32105	1
10	40645	1
11	35700	2
12	40650	2

是否表示乙地區之所得明顯高過甲地區：（α=0.05）

$H_0: \mu_1 \leq \mu_2$

$H_1: \mu_1 > \mu_2$

α=0.05

此為一右尾單尾檢定，以『顯著性（雙尾）』除以 2 是否小於所指定之 α 值進行判斷：

群組統計量

	地區	N	平均值	標準差	標準誤平均值
所得	甲地	10	67882.00	29619.647	9366.555
	乙地	9	37290.00	9354.673	3118.224

獨立樣本檢定

		變異數等式的 Levene 檢定		平均		
		F	顯著性	t	自由度	顯著性（雙尾）
所得	採用相等變異數	7.913	.012	2.961	17	.009
	不採用相等變異數			3.099	10.954	.010

F 檢定顯著性為 0.012＜0.05，應捨棄兩母群體變異數相等之虛無假設，故應讀『不採用相等變異數』列之 T 檢定結果。即 t=3.099、自由度 10.954、『顯著性（雙尾）』0.01 除以 2 為 0.005＜α=0.05。故應捨棄虛無假設，也就是說甲地區之所得明顯高過乙地區。

9-6 量表檢定：兩組

通常，我們問卷上的評價量表，絕不會是少數的幾個評價項目而已。對於如：

請就下列有關洗面乳之產品屬性勾選其重要程度。

	非常重要	重要	普通	不重要	非常不重要
1)抗痘	☐	☐	☐	☐	☐
2)去油	☐	☐	☐	☐	☐
3)美白	☐	☐	☐	☐	☐
4)保濕	☐	☐	☐	☐	☐
5)去角質	☐	☐	☐	☐	☐
6)緊緻毛孔	☐	☐	☐	☐	☐
7)卸妝	☐	☐	☐	☐	☐

之評價量表（非常重要=5、非常不重要=1），我們也經常得以性別進行分組檢定。看對某屬性之注重程度，是否會因性別而有顯著差異？其資料存於『範例\Ch09\洗面乳屬性.sav』：

	編號	抗痘	去油	美白	保濕	去角質	緊緻毛孔	卸妝	性別
19	19	4	4	3	4	3	3	2	1
20	20	4	4	4	4	4	4	4	2
21	21	3	4	3	5	3	3	5	2
22	22	3	3	5	4	3	3	2	1

由於性別僅兩組，故也是以「**分析(A)/比較平均數(M)/獨立樣本 T 檢定(T)…**」來進行檢定。其處理步驟為：

STEP 1 　執行「**分析(A)/比較平均數(M)/獨立樣本 T 檢定(T)…**」，於左側，以拖曳滑鼠一次選取『抗痘～卸妝』等變數，按 ⏎ 鈕，將其送到右側之『檢定變數(T)』方塊

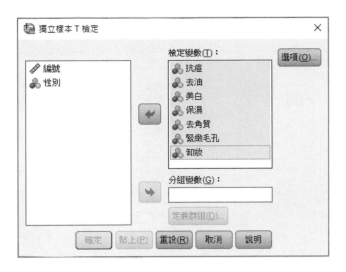

STEP **2** 選『性別』，按 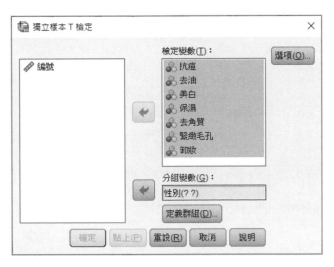 鈕，將其送到右側之『分組變數(G)』方塊。其後
括號內會顯示兩個問號，等待定義組別

STEP **3** 按 定義群組(D)... 鈕，於『群組 1』與『群組 2』處，
分別輸入 1、2

STEP**4**　按 繼續(C) 鈕，回上一層對話方塊。『性別』後括號內會顯示 1 與 2

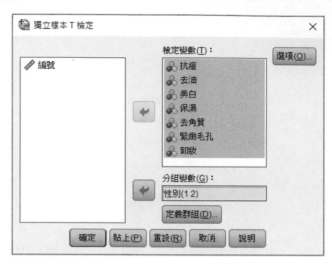

STEP**5**　按 確定 鈕，獲致

群組統計量					
	性別	N	平均值	標準差	標準誤平均值
抗痘	男	46	4.02	1.000	.147
	女	104	3.91	.936	.092
去油	男	46	4.15	.816	.120
	女	104	3.88	.938	.092
美白	男	46	3.11	1.016	.150
	女	104	4.05	.829	.081
保濕	男	46	3.28	.886	.131
	女	104	4.13	.764	.075
去角質	男	46	3.11	.994	.147
	女	104	3.46	.869	.085
緊緻毛孔	男	46	3.20	1.046	.154
	女	104	3.95	.840	.082
卸妝	男	46	2.30	1.072	.158
	女	104	3.50	1.123	.110

　　男/女人數分別為 46 與 104，這個數字於建表時會用得到。

獨立樣本檢定

		變異數等式的 Levene 檢定		平均值		
		F	顯著性	t	自由度	顯著性（雙尾）
抗痘	採用相等變異數	.062	.803	.640	148	.523
	不採用相等變異數			.624	81.310	.535
去油	採用相等變異數	1.080	.300	1.674	148	.096
	不採用相等變異數			1.767	98.343	.080
美白	採用相等變異數	.193	.661	-5.961	148	.000
	不採用相等變異數			-5.512	72.639	.000
保濕	採用相等變異數	.959	.329	-5.992	148	.000
	不採用相等變異數			-5.658	75.877	.000
去角質	採用相等變異數	.066	.797	-2.192	148	.030
	不採用相等變異數			-2.081	76.766	.041
緊緻毛孔	採用相等變異數	1.988	.161	-4.704	148	.000
	不採用相等變異數			-4.325	71.810	.000
卸妝	採用相等變異數	.292	.590	-6.093	148	.000
	不採用相等變異數			-6.205	90.034	.000

　　於整體分析時，我們尚需要各組及全體受訪者對各屬性之評價均數。故續以下示步驟求得：

STEP **1**　執行「**分析(A)/報告(P)/觀察值摘要(M)…**」

STEP **2**　於左側，以滑鼠拖曳一次選取『抗痘』～『卸妝』等變數，按 鈕，將其送到右側之『變數(V)』方塊

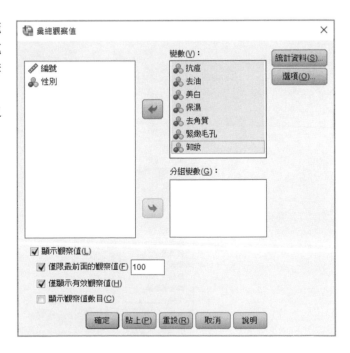

STEP **3**　取消「**顯示觀察值(L)**」，不擬逐筆顯示觀察值

STEP **4**　於左側，選取『性別』變數，按 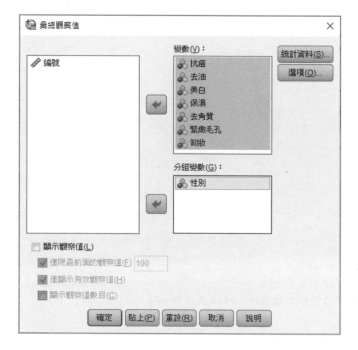 鈕，將其送到右側之『分組變數(G)』方塊

STEP **5**　按 統計資料(S)... 鈕，於『統計量(S)』處選擇所要之統計資料，按 鈕，將其送到右側之『資料格統計量(C)』方塊。本例僅選「**平均值**」

STEP **6** 按 [繼續(C)] 鈕，回上一層對話方塊

STEP **7** 按 [確定] 鈕，獲致

觀察值摘要

平均值

性別	抗痘	去油	美白	保濕	去角質	緊緻毛孔	卸妝
男	4.02	4.15	3.11	3.28	3.11	3.20	2.30
女	3.91	3.88	4.05	4.13	3.46	3.95	3.50
總計	3.95	3.97	3.76	3.87	3.35	3.72	3.13

9-7 轉入 Word 撰寫報告

前節之分析結果，分散於幾個不同之報表，還是得轉入 Excel 加以整理，將其均數、適當之 t 值、顯著性以及全體均數等，彙總到 Word 表格，並安排其注重程度的排名，才比較容易撰寫報告。

▶▶ 取得男／女及全體對各屬性之注重程度均數

首先，先取得男/女及全體對各屬性之注重程度均數，其處理步驟為：

STEP **1** 於『觀察值摘要』報表物件上，單按滑鼠右鍵，續選取「**複製**」，記下各組及全體平均數內容

觀察值摘要

平均值

性別	抗痘	去油	美白	保濕		
					剪下	
					複製	
男	4.02	4.15	3.11	3.28		2.30
					複製為 ▶	
女	3.91	3.88	4.05	4.13		3.50
					貼上之後	
總計	3.95	3.97	3.76	3.87		3.13
					建立/編輯自動 Script...	
					樣式輸出(F)...	
					匯出...	
					編輯內容(O) ▶	

STEP **2** 轉到 Excel，按『**常用/剪貼簿/貼上**』 ![貼上] 之下拉鈕，選按『**貼上選項/符合目的格式設定(M)**』![圖] 鈕，將內容轉為不含任何格式之普通文字，貼到 Excel

	A	B	C	D	E	F	G	H
1	觀察值摘要							
2	平均值							
3	性別	抗痘	去油	美白	保濕	去角質	緊緻毛孔	卸妝
4	男	4.02	4.15	3.11	3.28	3.11	3.2	2.3
5	女	3.91	3.88	4.05	4.13	3.46	3.95	3.5
6	總計	3.95	3.97	3.76	3.87	3.35	3.72	3.13

STEP **3** 選取 A3:H6，按『**常用/剪貼簿/複製**』![圖] 鈕（若無此步驟，將無法轉置）

STEP **4** 移往下方空白 B9，按『**常用/剪貼簿/貼上**』 ![貼上] 之下拉鈕，選按『**貼上/轉置(T)**』![圖] 鈕，將選取內容轉置過來

	A	B	C	D	E
9		性別	男	女	總計
10		抗痘	4.02	3.91	3.95
11		去油	4.15	3.88	3.97
12		美白	3.11	4.05	3.76
13		保濕	3.28	4.13	3.87
14		去角質	3.11	3.46	3.35
15		緊緻毛孔	3.2	3.95	3.72
16		卸妝	2.3	3.5	3.13

STEP **5** 於 B9 輸入『屬性』字串

STEP **6** 於 A9 輸入『編號』字串，A10 輸入數字 1，A11 輸入數字 2

STEP **7** 選取 A10:A11

	A	B
9	編號	屬性
10	1	抗痘
11	2	去油
12		美白

STEP **8** 雙按 A11 右下角之複製控點，將數字遞增填滿到 A16。這些數字是為了要記住各屬性之原排列順序

	A	B	C	D	E
9	編號	屬性	男	女	總計
10	1	抗痘	4.02	3.91	3.95
11	2	去油	4.15	3.88	3.97
12	3	美白	3.11	4.05	3.76
13	4	保濕	3.28	4.13	3.87
14	5	去角質	3.11	3.46	3.35
15	6	緊緻毛孔	3.2	3.95	3.72
16	7	卸妝	2.3	3.5	3.13

▶▶ 計算排名

若屬性之項目較多，想立即判讀出較被注重的是哪幾個屬性、其排名順序如何？實也不太容易！可以下示步驟，利用 Excel 的 RANK()或 RANK.EQ() 函數，計算出各屬性注重程度的排名：

STEP **1** 續前例，於 F9 輸入『排名』字串，於 F10 輸入公式

```
=RANK(E10,$E$10:$E$16)
```

F10 ▾ : × ✓ fx =RANK(E10,$E$10:$E$16)

	A	B	C	D	E	F
9	編號	屬性	男	女	總計	排名
10	1	抗痘	4.02	3.91	3.95	2
11	2	去油	4.15	3.88	3.97	

STEP **2** 雙按 F10 右下角之複製控點，將公式複製到 F10:F16，求算出所有屬性注重程度之排名

F10 ▾ : × ✓ fx =RANK(E10,$E$10:$E$16)

	A	B	C	D	E	F
9	編號	屬性	男	女	總計	排名
10	1	抗痘	4.02	3.91	3.95	2
11	2	去油	4.15	3.88	3.97	1
12	3	美白	3.11	4.05	3.76	4
13	4	保濕	3.28	4.13	3.87	3
14	5	去角質	3.11	3.46	3.35	6
15	6	緊緻毛孔	3.2	3.95	3.72	5
16	7	卸妝	2.3	3.5	3.13	7

STEP 3　一般分析，並不用排名到最後一個，僅須保留前幾名即可，故我們將排名 5 以後者刪除

	A	B	C	D	E	F
9	編號	屬性	男	女	總計	排名
10	1	抗痘	4.02	3.91	3.95	2
11	2	去油	4.15	3.88	3.97	1
12	3	美白	3.11	4.05	3.76	4
13	4	保濕	3.28	4.13	3.87	3
14	5	去角質	3.11	3.46	3.35	
15	6	緊緻毛孔	3.2	3.95	3.72	5
16	7	卸妝	2.3	3.5	3.13	

取得 t 值與顯著水準

最後，以下示步驟，取得獨立樣本 T 檢定之 t 值與顯著水準：

STEP 1　轉回 SPSS，於『獨立樣本檢定』報表物件上，單按滑鼠右鍵，續選「**複製**」，記下獨立樣本檢定內容

獨立樣本檢定

		變異數等式的 Levene 檢定		平均		
		F	顯著性	t	自由度	顯著性（雙尾）
抗痘	採用相等變異數	.062	.803	.64	[illegible]	.523
	不採用相等變異數			.6	[illegible]	.535
去油	採用相等變異數	1.080	.300	1.6	[illegible]	.096
	不採用相等變異數			1.7	[illegible]	.080
美白	採用相等變異數	.193	.661	-5.9	[illegible]	.000
	不採用相等變異數			-5.5	[illegible]	.000
保濕	採用相等變異數	.959	.329	-5.9	[illegible]	.000
	不採用相等變異數			-5.6	[illegible]	.000
去角質	採用相等變異數	.066	.797	-2.1	[illegible]	.030
	不採用相等變異數			-2.08	[illegible]	.041
緊緻毛孔	採用相等變異數	1.988	.161	-4.704	148	.000
	不採用相等變異數			-4.325	71.810	.000
卸妝	採用相等變異數	.292	.590	-6.093	148	.000
	不採用相等變異數			-6.205	90.034	.000

剪下
複製
複製為
貼上之後
建立/編輯自動 Script...
樣式輸出(F)...
匯出...
編輯內容(O)

STEP **2** 轉入 Excel 之另一個空白工作表 B1 位置，按『**常用/剪貼簿/貼上**』 之下拉鈕，選按『**貼上選項/符合目的格式設定(M)**』 鈕，將內容轉為 不含任何格式之普通文字，貼到 Excel

	A	B	C	D	E	F	G	H
1		獨立樣本檢定						
2				變異數等式的 Leven	平均值等式的 t 檢定			
3				F	顯著性	t	自由度	顯著性（雙
4								
5		抗痘	採用相等	0.062	0.803	0.64	148	0.523
6			不採用相等變異數			0.624	81.31	0.535
7		去油	採用相等	1.08	0.3	1.674	148	0.096
8			不採用相等變異數			1.767	98.343	0.08

STEP **3** 刪除 1 欄以後之各欄以及第 4 與 1、2 列

	A	B	C	D	E	F	G	H	I
1			F	顯著性	t		自由度	顯著性（雙尾）	
2		抗痘	採用相等	0.062	0.803	0.64	148	0.523	
3			不採用相等變異數			0.624	81.31	0.535	
4		去油	採用相等	1.08	0.3	1.674	148	0.096	
5			不採用相等變異數			1.767	98.343	0.08	

STEP **4** 刪除 G 欄之自由度

	A	B	C	D	E	F	G	H
1			F	顯著性	t	顯著性（雙尾）		
2		抗痘	採用相等	0.062	0.803	0.64	0.523	
3			不採用相等變異數			0.624	0.535	
4		去油	採用相等	1.08	0.3	1.674	0.096	
5			不採用相等變異數			1.767	0.08	

STEP **5** 雙按 C 欄標題按鈕，顯示其完整內容

STEP **6** 選取 D2:G15 之數字資料，按『**常用/數值/減少小數位**』 鈕，將其縮 減為兩位小數

	A	B	C	D	E	F	G	H
1				F	顯著性	t	顯著性（雙尾）	
2		抗痘	採用相等變異數	0.06	0.80	0.64	0.52	
3			不採用相等變異數			0.62	0.54	
4		去油	採用相等變異數	1.08	0.30	1.67	0.10	
5			不採用相等變異數			1.77	0.08	
6		美白	採用相等變異數	0.19	0.66	-5.96	0.00	
7			不採用相等變異數			-5.51	0.00	
8		保濕	採用相等變異數	0.96	0.33	-5.99	0.00	
9			不採用相等變異數			-5.66	0.00	
10		去角質	採用相等變異數	0.07	0.80	-2.19	0.03	
11			不採用相等變異數			-2.08	0.04	
12		緊緻毛孔	採用相等變異數	1.99	0.16	-4.70	0.00	
13			不採用相等變異數			-4.33	0.00	
14		卸妝	採用相等變異數	0.29	0.59	-6.09	0.00	
15			不採用相等變異數			-6.21	0.00	

STEP **7** 於 B1 輸入『屬性』字串，於 C1 輸入『變異數檢定』字串

STEP **8** 於 A1 輸入『編號』字串，A2 輸入數字 1，A3 輸入數字 2

STEP **9** 選取 A2:A3

	A	B	C
1	編號	屬性	變異數檢定
2	1	抗痘	採用相等變異數
3	2		不採用相等變異數
4		去油	採用相等變異數

STEP **10** 拖曳 A3 右下角之複製控點，將數字遞增填滿到 A11。這些數字是為了要記住各屬性之原排列順序

	A	B	C	D	E	F	G	H
1	編號	屬性	變異數檢定	F	顯著性	t	顯著性（雙尾）	
2	1	抗痘	採用相等變異數	0.06	0.80	0.64	0.52	
3	2		不採用相等變異數			0.62	0.54	
4	3	去油	採用相等變異數	1.08	0.30	1.67	0.10	
5	4		不採用相等變異數			1.77	0.08	
6	5	美白	採用相等變異數	0.19	0.66	-5.96	0.00	
7	6		不採用相等變異數			-5.51	0.00	
8	7	保濕	採用相等變異數	0.96	0.33	-5.99	0.00	
9	8		不採用相等變異數			-5.66	0.00	
10	9	去角質	採用相等變異數	0.07	0.80	-2.19	0.03	
11	10		不採用相等變異數			-2.08	0.04	
12	11	緊緻毛孔	採用相等變異數	1.99	0.16	-4.70	0.00	
13	12		不採用相等變異數			-4.33	0.00	
14	13	卸妝	採用相等變異數	0.29	0.59	-6.09	0.00	
15	14		不採用相等變異數			-6.21	0.00	

STEP **11** 選取 B2:B14，按『**常用/剪貼簿/複製**』 鈕，記下屬性內容

	A	B
1	編號	屬性
2	1	抗痘
3	2	
4	3	去油
5	4	
6	5	美白
7	6	
8	7	保濕
9	8	
10	9	去角質
11	10	
12	11	緊緻毛孔
13	12	
14	13	卸妝
15	14	

STEP **12** 點選 B3，單按滑鼠右鍵，選「**選擇性貼上(S)...**」，轉入『**選擇性貼上**』對話方塊，選「**略過空格(B)...**」

選擇性貼上 　　　　　　　　　　? ×

貼上
- ◉ 全部(A)
- ○ 公式(F)
- ○ 值(V)
- ○ 格式(T)
- ○ 註解(C)
- ○ 驗證(N)
- ○ 全部使用來源佈景主題(H)
- ○ 框線以外的全部項目(X)
- ○ 欄寬度(W)
- ○ 公式與數字格式(R)
- ○ 值與數字格式(U)
- ○ 所有合併中條件化格式(G)

運算
- ◉ 無(O)
- ○ 加(D)
- ○ 減(S)
- ○ 乘(M)
- ○ 除(I)

☑ 略過空格(B)　　　　　　□ 轉置(E)

貼上連結(L)　　　　　確定　　　取消

STEP **13** 按 確定 鈕，可使 B2、B4、…B14 之空白複製出屬性內容，又不會使 B3、B5、…B13 之屬性內容消失

	A	B	C	D	E
1	編號	屬性	變異數檢定	F	顯著性
2	1	抗痘	採用相等變異數	0.06	0.80
3	2	抗痘	不採用相等變異數		
4	3	去油	採用相等變異數	1.08	0.30
5	4	去油	不採用相等變異數		
6	5	美白	採用相等變異數	0.19	0.66
7	6	美白	不採用相等變異數		
8	7	保濕	採用相等變異數	0.96	0.33
9	8	保濕	不採用相等變異數		
10	9	去角質	採用相等變異數	0.07	0.80
11	10	去角質	不採用相等變異數		
12	11	緊緻毛孔	採用相等變異數	1.99	0.16
13	12	緊緻毛孔	不採用相等變異數		
14	13	卸妝	採用相等變異數	0.29	0.59
15	14	卸妝	不採用相等變異數		

STEP **14** 選取 D2:E13，按『**常用/剪貼簿/複製**』🗐 鈕，記下 F 檢定值及其顯著性

STEP **15** 點選 D3，單按滑鼠右鍵，選「**選擇性貼上(S)...**」，轉入『選擇性貼上』對話方塊，選「**略過空格(B)...**」

STEP **16** 按 確定 鈕，可於 D3:E3、D3:E5、…、D15:E15 之空白複處，製出 F 檢定值及其顯著性；又不會使原 D4:E4、D6:E6、…、D14:E14 之 F 檢定值及其顯著性消失

	A	B	C	D	E	F
1	編號	屬性	變異數檢定	F	顯著性	t
2	1	抗痘	採用相等變異數	0.06	0.80	0.64
3	2	抗痘	不採用相等變異數	0.06	0.80	0.62
4	3	去油	採用相等變異數	1.08	0.30	1.67
5	4	去油	不採用相等變異數	1.08	0.30	1.77
6	5	美白	採用相等變異數	0.19	0.66	-5.96
7	6	美白	不採用相等變異數	0.19	0.66	-5.51
8	7	保濕	採用相等變異數	0.96	0.33	-5.99
9	8	保濕	不採用相等變異數	0.96	0.33	-5.66
10	9	去角質	採用相等變異數	0.07	0.80	-2.19
11	10	去角質	不採用相等變異數	0.07	0.80	-2.08
12	11	緊緻毛孔	採用相等變異數	1.99	0.16	-4.70
13	12	緊緻毛孔	不採用相等變異數	1.99	0.16	-4.33
14	13	卸妝	採用相等變異數	0.29	0.59	-6.09
15	14	卸妝	不採用相等變異數	0.29	0.59	-6.21

這幾個步驟，是為了於稍後進行排序時，避免取得空白，而不知其原內容為何。

STEP **17** 點選 E2，按『**資料/排序與篩選/最小到最大**』 ↓ 鈕，依『顯著性』欄進行遞增排序，如此可方便判斷 F 檢定之結果是否顯著，以決定要取用『採用相等變異數』或『不採用相等變異數』之 t 值

STEP **18** 點選 C2，按『**資料/排序與篩選/最小到最大**』 ↓ 鈕，依『變異數檢定』欄進行遞增排序，如此可主依『變異數檢定』欄遞增排序，所有『不採用相等變異數』與『採用相等變異數』會集中在一起，然後再依『顯著性』欄進行遞增排序

	A 編號	B 屬性	C 變異數檢定	D F	E 顯著性	F t	G 顯著性（雙尾）	H
1	編號	屬性	變異數檢定	F	顯著性	t	顯著性（雙尾）	
2	12	緊緻毛孔	不採用相等變異數	1.99	0.16	-4.33	0.00	
3	4	去油	不採用相等變異數	1.08	0.30	1.77	0.08	
4	8	保濕	不採用相等變異數	0.96	0.33	-5.66	0.00	
5	14	卸妝	不採用相等變異數	0.29	0.59	-6.21	0.00	
6	6	美白	不採用相等變異數	0.19	0.66	-5.51	0.00	
7	10	去角質	不採用相等變異數	0.07	0.80	-2.08	0.04	
8	2	抗痘	不採用相等變異數	0.06	0.80	0.62	0.54	
9	11	緊緻毛孔	採用相等變異數	1.99	0.16	-4.70	0.00	
10	3	去油	採用相等變異數	1.08	0.30	1.67	0.10	
11	7	保濕	採用相等變異數	0.96	0.33	-5.99	0.00	
12	13	卸妝	採用相等變異數	0.29	0.59	-6.09	0.00	
13	5	美白	採用相等變異數	0.19	0.66	-5.96	0.00	
14	9	去角質	採用相等變異數	0.07	0.80	-2.19	0.03	
15	1	抗痘	採用相等變異數	0.06	0.80	0.64	0.52	

由於，F 檢定之顯著值＜0.05 者，應選擇『不採用相等變異數』之 t 值；反之，則應選擇『採用相等變異數』之 t 值。本例，E 欄之顯著值均超過 0.05，故均應選擇『採用相等變異數』之 t 值。所以，得將第 2～8 列之『不採用相等變異數』的幾列內容刪除。

STEP **19** 選取第 2～8 列之內容，按 [Ctrl] + [-] 鍵將『不採用相等變異數』各列刪除，僅留下『採用相等變異數』各列

	A 編號	B 屬性	C 變異數檢定	D F	E 顯著性	F t	G 顯著性（雙尾）	H
1	編號	屬性	變異數檢定	F	顯著性	t	顯著性（雙尾）	
2	11	緊緻毛孔	採用相等變異數	1.99	0.16	-4.70	0.00	
3	3	去油	採用相等變異數	1.08	0.30	1.67	0.10	
4	7	保濕	採用相等變異數	0.96	0.33	-5.99	0.00	
5	13	卸妝	採用相等變異數	0.29	0.59	-6.09	0.00	
6	5	美白	採用相等變異數	0.19	0.66	-5.96	0.00	
7	9	去角質	採用相等變異數	0.07	0.80	-2.19	0.03	
8	1	抗痘	採用相等變異數	0.06	0.80	0.64	0.52	

STEP **20** 點選 A2，按『資料/排序與篩選/最小到最大』 鈕，依『編號』欄進行遞增排序，可取得各屬性之原排列順序

	A 編號	B 屬性	C 變異數檢定	D F	E 顯著性	F t	G 顯著性（雙尾）	H
1	編號	屬性	變異數檢定	F	顯著性	t	顯著性（雙尾）	
2	1	抗痘	採用相等變異數	0.06	0.80	0.64	0.52	
3	3	去油	採用相等變異數	1.08	0.30	1.67	0.10	
4	5	美白	採用相等變異數	0.19	0.66	-5.96	0.00	
5	7	保濕	採用相等變異數	0.96	0.33	-5.99	0.00	
6	9	去角質	採用相等變異數	0.07	0.80	-2.19	0.03	
7	11	緊緻毛孔	採用相等變異數	1.99	0.16	-4.70	0.00	
8	13	卸妝	採用相等變異數	0.29	0.59	-6.09	0.00	

STEP **21** 選取 F1:G8，按『**常用/剪貼簿/複製**』🗐 鈕，記下所選取之 t 值及內容其顯著性

	A	B	C	D	E	F	G	H
1	編號	屬性	變異數檢定	F		顯著性	t	顯著性（雙尾）
2	1	抗痘	採用相等變異數	0.06	0.80	0.64	0.52	
3	3	去油	採用相等變異數	1.08	0.30	1.67	0.10	
4	5	美白	採用相等變異數	0.19	0.66	-5.96	0.00	
5	7	保濕	採用相等變異數	0.96	0.33	-5.99	0.00	
6	9	去角質	採用相等變異數	0.07	0.80	-2.19	0.03	
7	11	緊緻毛孔	採用相等變異數	1.99	0.16	-4.70	0.00	
8	13	卸妝	採用相等變異數	0.29	0.59	-6.09	0.00	

STEP **22** 轉回上節處理後之工作表，點選 G9

	A	B	C	D	E	F	G
9	編號	屬性	男	女	總計	排名	
10	1	抗痘	4.02	3.91	3.95	2	
11	2	去油	4.15	3.88	3.97	1	

STEP **23** 按『**常用/剪貼簿/貼上**』🗐 鈕，複製出各屬性檢定結果之 t 值、顯著性及標題。（得確定一下，是否已正確將資料抄到適當屬性右側）

	A	B	C	D	E	F	G	H	I
9	編號	屬性	男	女	總計	排名	t	顯著性（雙尾）	
10	1	抗痘	4.02	3.91	3.95	2	0.64	0.52	
11	2	去油	4.15	3.88	3.97	1	1.67	0.10	
12	3	美白	3.11	4.05	3.76	4	-5.96	0.00	
13	4	保濕	3.28	4.13	3.87	3	-5.99	0.00	
14	5	去角質	3.11	3.46	3.35		-2.19	0.03	
15	6	緊緻毛孔	3.2	3.95	3.72	5	-4.70	0.00	
16	7	卸妝	2.3	3.5	3.13		-6.09	0.00	

▶▶ 轉成單尾並加附註

由於，是在檢定男＞女或女＜男，故得以下示步驟，將先前之『顯著性（雙尾）』除以 2，求其單尾顯著性，並於其後加註是否小於 $\alpha=0.05$：

STEP **24** 於 I9 輸入『顯著性(單尾)』，於 I10 輸入公式

```
=H10/2
```

	A	B	C	D	E	F	G	H	I
9	編號	屬性	男	女	總計	排名	t	顯著性（	顯著性(單尾)
10	1	抗痘	4.02	3.91	3.95	2	0.64	0.52	0.2615
11	2	去油	4.15	3.88	3.97	1	1.67	0.10	

STEP **25** 按『**常用/數值/減少小數位**』 鈕，將小數調整為 2 位

STEP **26** 續雙按其右下角之複製控點，將其抄到 I10:I16

	B	C	D	E	F	G	H	I
9	屬性	男	女	總計	排名	t	顯著性（雙	顯著性(單尾)
10	抗痘	4.02	3.91	3.95	2	0.64	0.52	0.26
11	去油	4.15	3.88	3.97	1	1.67	0.10	0.05
12	美白	3.11	4.05	3.76	4	-5.96	0.00	0.00
13	保濕	3.28	4.13	3.87	3	-5.99	0.00	0.00
14	去角質	3.11	3.46	3.35		-2.19	0.03	0.02
15	緊緻毛孔	3.2	3.95	3.72	5	-4.70	0.00	0.00
16	卸妝	2.3	3.5	3.13		-6.09	0.00	0.00

STEP **27** 按『**常用/剪貼簿/複製**』 鈕，記下所選取之容

STEP **28** 按『**常用/剪貼簿/貼上**』 之下拉鈕，選按『**貼上值/值(V)**』 鈕，
將其由公式轉為常數（以免將來 H 欄被刪除時，本欄會變為錯誤）

I10			× ✓ fx	0.2615				
	B	C	D	E	F	G	H	I
9	屬性	男	女	總計	排名	t	顯著性（雙	顯著性(單尾)
10	抗痘	4.02	3.91	3.95	2	0.64	0.52	0.26
11	去油	4.15	3.88	3.97	1	1.67	0.10	0.05

STEP **29** 刪除 H 欄之雙尾顯著性，僅保留單尾顯著性

	B	C	D	E	F	G	H
9	屬性	男	女	總計	排名	t	顯著性(單尾)
10	抗痘	4.02	3.91	3.95	2	0.64	0.26
11	去油	4.15	3.88	3.97	1	1.67	0.05
12	美白	3.11	4.05	3.76	4	-5.96	0.00
13	保濕	3.28	4.13	3.87	3	-5.99	0.00
14	去角質	3.11	3.46	3.35		-2.19	0.02
15	緊緻毛孔	3.2	3.95	3.72	5	-4.70	0.00
16	卸妝	2.3	3.5	3.13		-6.09	0.00

STEP **30** 於 I9 輸入『＜α』字串，於 I10 輸入公式

```
=IF(H10<0.05,"*","")
```

續雙按其右下角之複製控點，將其抄到 I1:I16。可將檢定結果顯著者，
於其『＜α』欄加註"*"（表其＜α=0.05）

I10			× ✓	fx	=IF(H10<0.05,"*","")			
▲	B	C	D	E	F	G	H	I
9	屬性	男	女	總計	排名	t	顯著性(單	< α
10	抗痘	4.02	3.91	3.95	2	0.64	0.26	
11	去油	4.15	3.88	3.97	1	1.67	0.05	*
12	美白	3.11	4.05	3.76	4	-5.96	0.00	*
13	保濕	3.28	4.13	3.87	3	-5.99	0.00	*
14	去角質	3.11	3.46	3.35		-2.19	0.02	*
15	緊緻毛孔	3.2	3.95	3.72	5	-4.70	0.00	*
16	卸妝	2.3	3.5	3.13		-6.09	0.00	*

STEP **31** 最底下一列，B17 輸入『**樣本數**』，C17:E17 輸入男/女樣本數 46 與 104，及其合計 150

STEP **32** 調整 B 欄～I 欄寬度，續選取 B9:I17

▲	A	B	C	D	E	F	G	H	I
9	編號	屬性	男	女	總計	排名	T	顯著性(單尾)	< α
10	1	抗痘	4.02	3.91	3.95	2	0.64	0.26	
11	2	去油	4.15	3.88	3.97	1	1.67	0.05	*
12	3	美白	3.11	4.05	3.76	4	-5.96	0.00	*
13	4	保濕	3.28	4.13	3.87	3	-5.99	0.00	*
14	5	去角質	3.11	3.46	3.35		-2.19	0.02	*
15	6	緊緻毛孔	3.2	3.95	3.72	5	-4.70	0.00	*
16	7	卸妝	2.3	3.5	3.13		-6.09	0.00	*
17		樣本數	46	104	150				

STEP **33** 按『**常用/剪貼簿/複製**』 🗐 鈕，記下所選取內容

STEP **34** 再轉到 Word 文件，停於要插入表格之位置。按『**常用/剪貼簿/貼上**』 📋 鈕，將選取內容複製過來

屬性	男	女	總計	排名	t	顯著性(單尾)	< α
抗痘	4.02	3.91	3.95	2	0.64	0.26	
去油	4.15	3.88	3.97	1	1.67	0.05	*
美白	3.11	4.05	3.76	4	-5.96	0.00	*
保濕	3.28	4.13	3.87	3	-5.99	0.00	*
去角質	3.11	3.46	3.35		-2.19	0.02	*
緊緻毛孔	3.2	3.95	3.72	5	-4.70	0.00	*
卸妝	2.3	3.5	3.13		-6.09	0.00	*
樣本數	46	104	150				

於撰寫報告時，僅需就『＜α』欄加註"*"（表其＜α=0.05）之部份詳加解釋；檢定結果不顯著者，則僅解釋其重要程度之排序即可。如：

根據調查解果，受訪者較注重之洗面乳屬性，依序為：『去油』（3.97）、『抗痘』（3.95）、『保濕』（3.87）、『美白』（3.76）與『緊緻毛孔』（3.72）。（括弧內為其均數）

經逐一以 T 檢定，依性別分組對其注重程度進行檢定，發現有『去油』、『美白』、『保濕』、『去角質』、『緊緻毛孔』與『卸妝』等屬性之注重程度，會隨性別不同，而有顯著差異。

這些有顯著差異之項目，除『去油』外；著重程度均是女性較男性來得高些。其原因可能是女性一般較懂得化妝且有愛美之天性，故較注重洗面乳之『美白』、『保濕』、『去角質』、『緊緻毛孔』與『卸妝』等屬性。而男性可能是經常在戶外運動，且又不化妝，故只要注重洗面乳是否能『去油』而已！

9-8 成對樣本

前面『獨立樣本 T 檢定』，其兩組受測樣本間為獨立，並無任何關聯。如：甲乙班、男女生、兩不同年度、都市與鄉村、……。

但若同組人，受訓後的打字速度是否高於受訓前。同一部車，左右使用不同廠牌輪胎，經過一段時間後，檢查其磨損程度，看甲廠牌之輪胎是否優於乙廠牌？……。諸如此類之例子，兩組受測樣本間為相依（同一個人、同一部車），就要使用配對樣本的 t 檢定。

其相關公式為：

$$t = \frac{\bar{d} - \mu_d}{s_d / \sqrt{n}}$$

$$d = x_1 - x_2$$

$$d.f. = n - 1$$

式中，d 即同一配對之兩資料相減之差。

假定，要比較兩廠牌輪胎之壽命。抽 7 部車，左右使用不同廠牌輪胎，每車各由同一個人駕駛（同一駕駛習慣），經過一段時間後，獲得下示輪胎磨損之配對資料（以千分之一吋為單位）：

甲廠	乙廠
143	125
68	64
100	94
35	38
105	90
123	125
98	76

是否可證明，在 α=0.05 之顯著水準下，甲廠牌輪胎磨損程度較乙廠牌大？

首先，將其資料輸入到 SPSS，存入『範例\Ch09\輪胎磨損.sav』：

由於是配對樣本，其虛無假設與對立假設分別為：

	甲廠	乙廠
1	143	125
2	68	64
3	100	94

$H_0 : \mu_d \leqq 0$

$H_1 : \mu_d > 0$

故此類檢定為右側單尾檢定，以『顯著性（雙尾）』除以 2 是否小於所指定之 α 值進行判定。

接著，以下示步驟進行配對 T 檢定：

STEP 1　執行「**分析(A)/比較平均數(M)/成對樣本 T 檢定(P)…**」，選『甲廠』與『乙廠』

STEP 2　按 ⬅ 鈕，將其送到右側之『配對變數(V)』方塊，會將兩變數分別安排成『變數 1』與『變數 2』

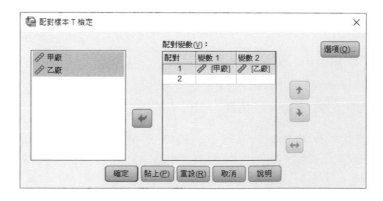

成對樣本統計量

		平均值	N	標準差	標準誤平均值
配對 1	甲廠	96.00	7	35.459	13.402
	乙廠	87.43	7	31.611	11.948

成對樣本檢定

		成對差異							
		平均值	標準差	標準誤平均值	差異的 95% 信賴區間				
					下限	上限			
配對 1	甲廠 - 乙廠	8.571	9.863	3.728	-.551	17.694			

		t	自由度	顯著性（雙尾）
		2.299	6	.061

　　可看出甲廠及乙廠輪胎的平均磨損程度分別為 96.00 與 87.43。由於本例是在檢定甲廠牌輪胎磨損程度是否大於乙廠牌，故為一單尾檢定。應以『顯著性（雙尾）』除以 2 是否小於所指定之 α 值進行判斷。依此結果：自由度為 6，t 統計值 2.299，『顯著性（雙尾）』0.06 除以 2 為 0.03 ＜ α =0.05，故可知甲廠牌輪胎磨損程度大於乙廠牌。

馬上練習

假定，要比較一套新打字教法之效果。隨機抽取 10 位未經任何訓練之學生，加以訓練。『範例\Ch09\打字訓練.sav』內：

	訓練前	訓練後
1	12	53
2	25	67
3	18	60

訓練前及訓練後之每分鐘打字速度（字），於 α=0.05 之水準下，是否表示此套訓練可讓學生每分鐘平均多打 40 個字？（此為單尾檢定）

本例得先以「**轉換(T)/計算變數(C)…**」計算『訓練後』-40 之值為何？存入『後減 40』：

	訓練前	訓練後	後減40
1	12	53	13
2	25	67	27
3	18	60	20

再取『訓練前』與『後減 40』進行配對 T 檢定。其虛無假設與對立假設分別為：

$H_0 : \mu_d \leq 0$

$H_1 : \mu_d > 0$

故此類檢定為右側單尾，以『顯著性（雙尾）』除以 2 是否小於所指定之 α 值進行判斷：

成對樣本統計量

		平均值	N	標準差	標準誤平均值
配對 1	訓練前	17.90	10	5.021	1.588
	後減40	19.30	10	11.334	3.584

成對樣本檢定

		成對差異				
					差異的 95% 信賴區間	
		平均值	標準差	標準誤平均值	下限	上限
配對 1	訓練前 - 後減40	-1.400	8.099	2.561	-7.194	4.394

t	自由度	顯著性（雙尾）
-.547	9	.598

本例為一單尾檢定。應以『顯著性（雙尾）』除以 2 是否小於所指定之 α 值進行判斷。依此結果：自由度為 9，t 統計值-.547，『顯著性（雙尾）』0.598 除以 2 為 0.299＞α=0.05，無法捨棄虛無假設，表示此套訓練並無法讓學生每分鐘多打 40 個字。

馬上練習

假定，要比較一套新減肥法之效果。隨機抽取 12 位受測者進行測試一個月。『範例\Ch09\減肥成效.sav』內減肥前及減肥後之體重（公斤）：

	減肥前	減肥後
1	56	50
2	51	46
3	62	56

於 α=0.05 之水準下，是否表示此套新減肥法可讓受測者至少減 5 公斤？

（答案：此為單尾檢定，於 α=0.05 之水準下，此套新減肥法至少可讓受測者平均減 5 公斤）

單因子變異數分析

10

10-1 多組樣本之均數檢定

單因子變異數分析（ANOVA）是用來檢定多組（>2）母群平均數是否相等。亦即，Z 與 t 檢定是用於兩組資料比較平均數差異時；而比較二組以上的平均數是否相等時，就須使用到變異數分析。其虛無假設與對立假設為：

H_0：$\mu_1 = \mu_2 = ... = \mu_k$（每組之均數相等）

H_1：至少有兩個平均數不相等

假定，某大飯店之餐廳於報紙上刊登廣告，不同方式廣告當天所獲得之回應人數：

全版	半版	1/4 版	小廣告
1250	1083	850	660
1324	1400	755	605
1600	1385	623	580
890	680	600	856
926	868	701	964
1051		782	
		760	

試以 α=0.05 之顯著水準，檢定不同方式廣告之回應人數是否存有顯著差異。

首先，將資料轉輸入到 SPSS，一欄輸入廣告類別（1:全版、2:半版、3: 1/4 版、4:小廣告），另一欄輸入回應人數資料。存到『範例\Ch10\廣告效果.sav』：

	廣告類別	回應人數
1	1	1250
2	1	1324
3	1	1600

接著，以下示步驟進行檢定：

STEP **1**　執行「**分析(A)/比較平均數(M)/單因子變異數分析(O)…**」(Qne-Way ANOVA)

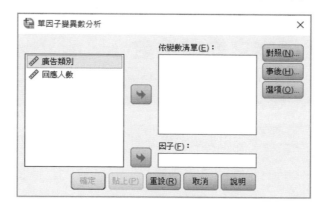

STEP **2**　選『回應人數』，按 ➡ 鈕，將其送到右側之『依變數清單(E)』方塊

STEP **3**　選『廣告類別』，按 ➡ 鈕，將其送到右下之『因子(F)』方塊

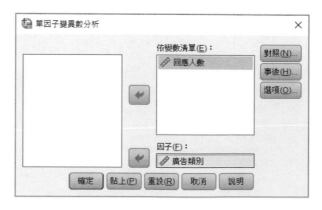

STEP **4** 按 選項(O) 鈕，選擇要取得「**敘述統計(D)**」

STEP **5** 按 繼續(C) 鈕，回上一層對話方塊

STEP **6** 按 確定 鈕結束，即可獲致其敘述統計資料及
單因子變異數分析(Qne-Way ANOVA)表

敘述統計

回應人數

	N	平均值	標準差	標準誤	平均值的 95% 信賴區間		最小值	最大值
					下限	上限		
全版	6	1173.50	270.939	110.610	889.17	1457.83	890	1600
半版	5	1083.20	316.357	141.479	690.39	1476.01	680	1400
1/4版	7	724.43	89.071	33.666	642.05	806.81	600	850
小廣告	5	733.00	168.532	75.370	523.74	942.26	580	964
總計	23	921.43	293.092	61.114	794.69	1048.18	580	1600

變異數分析

回應人數

	平方和	自由度	均方	F	顯著性
群組之間	961279.638	3	320426.546	6.556	.003
群組內	928580.014	19	48872.632		
總計	1889859.652	22			

依此結果：F=6.556，d.f.=3,19，小於 α=0.05 時之臨界值 3.13（可查附錄 D『F 分配的臨界值』），其顯著性為 0.03 < α=0.05，不同方式廣告之回應人數間存有顯著差異。全版與半版廣告之回應人數（1173.5 與 1083.2）高於 1/4 版與小廣告（724.4 與 733.0）。

實際分析時，並不用每次去查表取得臨界值，只須看變異數分析表上之『顯著性』是否小於所指定之 α 值即可。若『顯著性』< α，即應捨棄每組均數相等之虛無假設。

馬上練習

下表為依零用金來源分類之大學生每月刷卡金額：

家中給予		打工賺取	兩者皆有
30000	5000	2000	3000
3000	4000	2000	2000
2000	3000	3000	1000
3000	5000	2500	4000
2000	5000	500	600
600	5000		3000
1000	3000		30000
5000	5000		3000
1000			5000
1500			3000
2500			5000

將**資料自行輸入**於『每月刷卡金額.sav』，以 α=0.05 之顯著水準，檢定大學生每月刷卡金額是否隨零用金來源不同而存有顯著差異？

	N	平均值	標準差
家中給予	19	4557.89	6351.493
打工賺取	5	2000.00	935.414
兩者皆有	11	5418.18	8273.067
總計	35	4462.86	6540.871

變異數分析

刷卡金額

	平方和	自由度	均方	F	顯著性
群組之間	40539034.86	2	20269517.43	.459	.636
群組內	1414082679	32	44190083.73		
總計	1454621714	34			

解：F=0.459，d.f.=2,32，顯著性=0.636>α=0.05，大學生每月刷卡金額並不會因其零用金來源不同而存有顯著差異。

馬上練習

『範例\Ch10\手機平均月費.sav』：

	編號	有手機	平均月費	性別	居住狀況
1	101	1	80	1	2
2	102	1	400	1	1
3	103	1	300	1	1
4	104	1	200	1	3

試以 α=0.05 之顯著水準，檢定大學生每月手機月費是否隨其居住狀況不同而存有顯著差異。（『有手機』=1 表有手機；居住狀況：1=家裡、2=學校宿舍、3=校外）

平均月費

	N	平均值	標準差
家裡	86	828.84	482.846
學校宿舍	57	607.54	301.622
校外	42	728.10	386.581
總計	185	737.78	421.711

變異數分析

平均月費

	平方和	自由度	均方	F	顯著性
群組之間	1683803.871	2	841901.936	4.937	.008
群組內	31038787.48	182	170542.788		
總計	32722591.35	184			

解：F=4.937，d.f.=2,182，顯著性=0.008＜α=0.05，故大學生每月手機月費將隨其居住狀況不同而存有顯著差異，住家裡最高（828.84）、其次為住校外 728.10），最後為住學校宿舍（607.54）。這可能與住學校者較為節儉有關。

10-2 量表的檢定 - 多組

『範例\Ch10\洗髮精購買考慮因素.sav』：

	編號	使用品牌	去頭皮屑	保濕	護髮	止癢	香味	防止分岔	柔順	整體效果
10	10	1	4	3	4	4	4	4	4	4
11	11	5	5	3	3	5	4	4	4	4
12	12	10	5	4	4	3	1	3	5	4

內有受訪者使用之洗髮精品牌，及其購買考慮因素的評價量表（極重要=5、……、極不重要=1）。原問卷內容為：

請問您最常使用的品牌為何？(單選)

　□1.海倫仙度絲　　□2.飛柔　　　　□3.mod's hair　　□4.沙宣

　□5.麗仕　　　　　□6.花王　　　　□7.多芬　　　　　□8.絲逸歡

　□9.潘婷　　　　　□10.其他

請就下列的項目對您消費決定的影響勾選重要程度。

	極不重要	不重要	普通	重要	極重要
去頭皮屑	□	□	□	□	□
保濕	□	□	□	□	□
熱油護髮	□	□	□	□	□
止癢	□	□	□	□	□
香味	□	□	□	□	□
防止分岔	□	□	□	□	□
柔順	□	□	□	□	□
整體效果	□	□	□	□	□

對於此評價量表，我們也經常得進行分組檢定。看對某一屬性之注重程度，是否會因組別不同而有顯著差異。

若僅分兩組，係以前章「**分析(A)/比較平均數(M)/獨立樣本 T 檢定(T)…**」來進行檢定。若組數為兩組以上，則以「**分析(A)/比較平均數(M)/單因子變異數分析(O)…**」來進行檢定。

　　若要以 α=0.05 之顯著水準，檢定各洗髮精購買考慮因素的重要程度是否隨其使用品牌不同而存有顯著差異，可以下示步驟進行：

STEP **1**　開啟『範例\Ch10\洗髮精購買考慮因素.sav』

STEP **2**　執行「**分析(A)/比較平均數(M)/單因子變異數分析(O)…**」

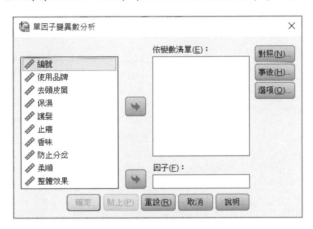

STEP **3**　於左側，以滑鼠拖曳選取『去頭皮屑』～『整體效果』，按 ➡ 鈕，將其送到右側之『依變數清單(E)』方塊

STEP **4**　選『使用品牌』，按 ➡ 鈕，將其送到右下之『因子(F)』方塊

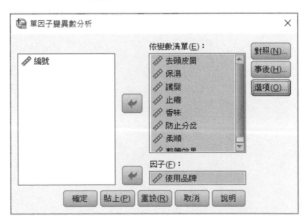

STEP **5**　按 選項(O)... 鈕，選擇要取得「**敘述統計(D)**」

STEP **6**　按 繼續(C) 鈕，回上一層對話方塊

STEP **7**　按 確定 鈕結束，即可獲致其等之敘述統計資料及單因子變異數分析表

敘述統計

		N	平均值	標準差	標準誤
去頭皮屑	海倫仙度絲	22	4.27	.767	.164
	飛柔	14	3.64	.842	.225
	mod's hair	22	4.00	.873	.186
	麗仕	10	3.40	.843	.267
	多芬	20	3.80	.951	.213
	其他	36	3.81	1.009	.168
	總計	124	3.87	.919	.083
保濕	海倫仙度絲	22	4.00	.690	.147
	飛柔	14	3.64	.929	.248
	mod's hair	22	4.64	.581	.124
	麗仕	10	3.40	.966	.306
	多芬	20	4.00	.795	.178
	其他	36	3.92	1.105	.184
	總計	124	4.00	.928	.083
護髮	海倫仙度絲	22	3.45	1.011	.215
	飛柔	14	3.29	.611	.163
	mod's hair	22	3.77	1.020	.218
	麗仕	10	3.10	.994	.314
	多芬	20	3.25	1.209	.270
	其他	36	3.33	1.146	.191
	總計	124	3.40	1.050	.094
止癢	海倫仙度絲	21	4.05	.973	.212
	飛柔	13	3.46	.776	.215
	mod's hair	22	4.27	.703	.150
	麗仕	10	3.40	.966	.306
	多芬	20	3.90	1.119	.250
	其他	36	4.03	.971	.162
	總計	122	3.94	.956	.087
香味	海倫仙度絲	22	3.77	.922	.197
	飛柔	14	3.36	1.008	.269
	mod's hair	22	3.95	.844	.180
	麗仕	10	3.50	1.179	.373
	多芬	20	3.65	1.089	.244
	其他	36	3.94	1.068	.178
	總計	124	3.77	1.013	.091

防止分岔	海倫仙度絲	22	4.09	.750	.160
	飛柔	14	3.57	.852	.228
	mod's hair	22	4.14	.774	.165
	麗仕	10	3.10	.994	.314
	多芬	20	3.95	.999	.223
	其他	36	3.89	.979	.163
	總計	124	3.88	.925	.083
柔順	海倫仙度絲	22	4.41	.666	.142
	飛柔	14	3.64	1.008	.269
	mod's hair	22	4.68	.477	.102
	麗仕	10	3.80	.919	.291
	多芬	20	4.35	.933	.209
	其他	36	4.22	.929	.155
	總計	124	4.26	.873	.078
整體效果	海倫仙度絲	22	4.00	.816	.174
	飛柔	14	3.43	1.016	.272
	mod's hair	22	4.50	.673	.143
	麗仕	10	3.80	.919	.291
	多芬	20	4.15	.933	.209
	其他	36	4.11	.854	.142
	總計	124	4.06	.890	.080

（各組樣本數於建表時會用得到）

變異數分析

		平方和	自由度	均方	F	顯著性
去頭皮屑	群組之間	7.119	5	1.424	1.735	.132
	群組內	96.817	118	.820		
	總計	103.935	123			
保濕	群組之間	14.545	5	2.909	3.753	.003
	群組內	91.455	118	.775		
	總計	106.000	123			
護髮	群組之間	4.812	5	.962	.868	.505
	群組內	130.825	118	1.109		
	總計	135.637	123			
止癢	群組之間	8.879	5	1.776	2.025	.080
	群組內	101.719	116	.877		
	總計	110.598	121			

香味	群組之間	5.246	5	1.049	1.024	.407
	群組內	120.971	118	1.025		
	總計	126.218	123			
防止分岔	群組之間	9.942	5	1.988	2.464	.037
	群組內	95.243	118	.807		
	總計	105.185	123			
柔順	群組之間	12.065	5	2.413	3.486	.006
	群組內	81.677	118	.692		
	總計	93.742	123			
整體效果	群組之間	10.850	5	2.170	2.956	.015
	群組內	86.634	118	.734		
	總計	97.484	123			

　　於整體分析時，我們尚需要各組及全體受訪者對各屬性之評價均數。故續以下示步驟求得：（雖然前面已求得各屬性之評價均數，但此法較方便建表）

STEP **1**　執行「**分析(A)/報告(P)/觀察值摘要(M)…**」

STEP **2**　於左側，以滑鼠拖曳一次選取『去頭皮屑』～『整體效果』等變數，按 鈕，將其送到右側之『變數(V)』方塊

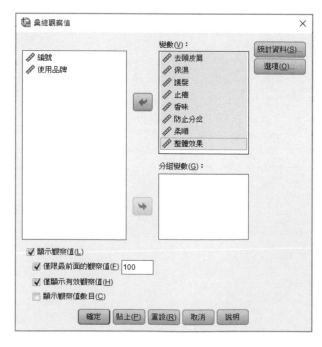

STEP **3** 取消「**顯示觀察值(L)**」，不擬逐筆顯示觀察值

STEP **4** 於左側，選取『使用品牌』變數，按 ⬅ 鈕，將其送到右側之『分組變數(G)』方塊

STEP **5** 按 統計資料(S)... 鈕，於『統計量(S)』處選擇所要之統計資料，按 ➡ 鈕，將其送到右側之『資料格統計量(C)』方塊。本例僅選「**平均值**」

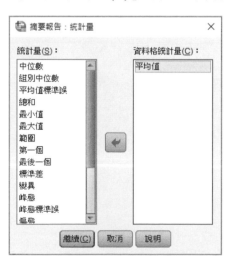

STEP **6** 按 繼續(C) 鈕，回上一層對話方塊

STEP **7** 按 確定 鈕，獲致

觀察值摘要

平均值

使用品牌	去頭皮屑	保濕	護髮	止癢	香味	防止分岔	柔順	整體效果
海倫仙度絲	4.27	4.00	3.45	4.05	3.77	4.09	4.41	4.00
飛柔	3.64	3.64	3.29	3.46	3.36	3.57	3.64	3.43
mod's hair	4.00	4.64	3.77	4.27	3.95	4.14	4.68	4.50
麗仕	3.40	3.40	3.10	3.40	3.50	3.10	3.80	3.80
多芬	3.80	4.00	3.25	3.90	3.65	3.95	4.35	4.15
其他	3.81	3.92	3.33	4.03	3.94	3.89	4.22	4.11
總計	3.87	4.00	3.40	3.94	3.77	3.88	4.26	4.06

（此內容轉置後，即可安排於表格中，較使用前文步驟 7 之『敘述統計』資料來得方便）

10-3 轉入 Word 撰寫報告

前節分析結果，分散於幾個不同之報表，還是得轉入 Excel 加以整理，將各品牌均數、適當之 F 值、顯著性以及全體均數，彙總到 Word 表格，並安排其注重程度的排名，才比較容易撰寫報告。

▶▶ 取得各品牌使用者對各屬性之注重程度均數

首先，先取得各品牌使用者，對各屬性注重程度均數，其處理步驟為：

STEP **1** 於『觀察值摘要』報表物件上，單按滑鼠右鍵，續選取「**複製**」，記下各組及全體平均數內容

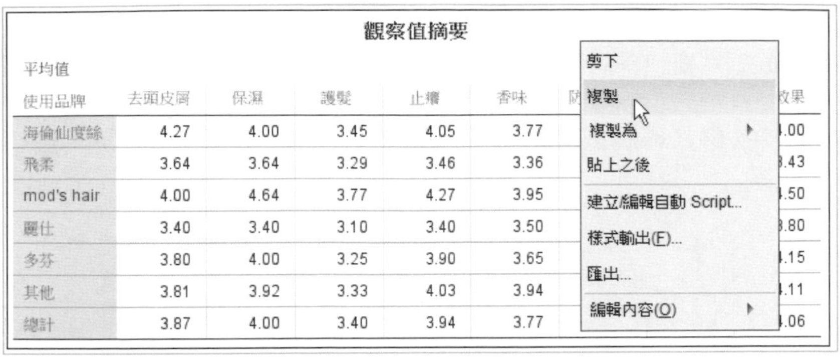

觀察值摘要

平均值

使用品牌	去頭皮屑	保濕	護髮	止癢	香味	防止分岔	柔順	整體效果
海倫仙度絲	4.27	4.00	3.45	4.05	3.77			4.00
飛柔	3.64	3.64	3.29	3.46	3.36			3.43
mod's hair	4.00	4.64	3.77	4.27	3.95			4.50
麗仕	3.40	3.40	3.10	3.40	3.50			3.80
多芬	3.80	4.00	3.25	3.90	3.65			4.15
其他	3.81	3.92	3.33	4.03	3.94			4.11
總計	3.87	4.00	3.40	3.94	3.77			4.06

（右側選單）剪下／複製／複製為／貼上之後／建立編輯自動 Script.../樣式輸出(F).../匯出.../編輯內容(O)

STEP 2　轉到 Excel，按『**常用/剪貼簿/貼上**』 之下拉鈕，選按『**貼上選項/符合目的格式設定(M)**』 鈕，將內容轉為不含任何格式之普通文字，貼到 Excel

	A	B	C	D	E	F	G	H	I
1	觀察值摘要								
2	平均值								
3	使用品牌	去頭皮屑	保濕	護髮	止癢	香味	防止分岔	柔順	整體效果
4	海倫仙度絲	4.27	4	3.45	4.05	3.77	4.09	4.41	4
5	飛柔	3.64	3.64	3.29	3.46	3.36	3.57	3.64	3.43
6	mod's hair	4	4.64	3.77	4.27	3.95	4.14	4.68	4.5
7	麗仕	3.4	3.4	3.1	3.4	3.5	3.1	3.8	3.8
8	多芬	3.8	4	3.25	3.9	3.65	3.95	4.35	4.15
9	其他	3.81	3.92	3.33	4.03	3.94	3.89	4.22	4.11
10	總計	3.87	4	3.4	3.94	3.77	3.88	4.26	4.06

STEP 3　選取 A3:I10，按『**常用/剪貼簿/複製**』 鈕，記下內容（若無此步驟，將無法轉置）

STEP 4　移往另一空白工作表 B1 位置，按『**常用/剪貼簿/貼上**』 之下拉鈕，選按『**貼上/轉置(T)**』 鈕

	A	B	C	D	E	F	G	H	I
1		使用品牌	海倫仙度絲	飛柔	mod's hair	麗仕	多芬	其他	總計
2		去頭皮屑	4.27	3.64	4	3.4	3.8	3.81	3.87
3		保濕	4	3.64	4.64	3.4	4	3.92	4
4		護髮	3.45	3.29	3.77	3.1	3.25	3.33	3.4
5		止癢	4.05	3.46	4.27	3.4	3.9	4.03	3.94
6		香味	3.77	3.36	3.95	3.5	3.65	3.94	3.77
7		防止分岔	4.09	3.57	4.14	3.1	3.95	3.89	3.88
8		柔順	4.41	3.64	4.68	3.8	4.35	4.22	4.26
9		整體效果	4	3.43	4.5	3.8	4.15	4.11	4.06

STEP **5** 　選取 C2:I9，按『**常用/數值/增加小數位**』 鈕，續按『**常用/數值/減少小數位**』 鈕，將其全調整為兩位小數

STEP **6** 　雙按各欄之標題按鈕右側，將其調整為最適欄寬

	A	B	C	D	E	F	G	H	I
1		使用品牌	海倫仙度絲	飛柔	mod's hair	麗仕	多芬	其他	總計
2		去頭皮屑	4.27	3.64	4.00	3.40	3.80	3.81	3.87
3		保濕	4.00	3.64	4.64	3.40	4.00	3.92	4.00
4		護髮	3.45	3.29	3.77	3.10	3.25	3.33	3.40
5		止癢	4.05	3.46	4.27	3.40	3.90	4.03	3.94
6		香味	3.77	3.36	3.95	3.50	3.65	3.94	3.77
7		防止分岔	4.09	3.57	4.14	3.10	3.95	3.89	3.88
8		柔順	4.41	3.64	4.68	3.80	4.35	4.22	4.26
9		整體效果	4.00	3.43	4.50	3.80	4.15	4.11	4.06

STEP **7** 　於 B1 輸入『屬性』字串，於 A1 輸入『編號』字串，A2 輸入數字 1，A3 輸入數字 2

	A	B
1	編號	屬性
2	1	去頭皮屑
3	2	保濕
4		護髮

STEP **8** 　選取 A2:A3

STEP **9** 　雙按 A3 右下角之複製控點，將數字遞增填滿到 A9。這些數字是為了要記住各屬性之原排列順序

	A	B	C
1	編號	屬性	海倫仙度絲
2	1	去頭皮屑	4.27
3	2	保濕	4.00
4	3	護髮	3.45
5	4	止癢	4.05
6	5	香味	3.77
7	6	防止分岔	4.09
8	7	柔順	4.41
9	8	整體效果	4.00

▶▶ 計算排名

　　若屬性之項目較多，想立即判讀出較被注重的是哪幾個屬性、其排名順序如何？實也不太容易！可以下示步驟，利用 Excel 的 RANK()函數，計算出各屬性注重程度的排名：

STEP **1** 　續前例，於 J1 輸入『排名』字串，於 J2 輸入公式

```
=RANK(I2,$I$2:$I$9)
```

並調整成最適欄寬

J2			× ✓ f_x		=RANK(I2,$I$2:$I$9)					
	A	B	C	D	E	F	G	H	I	J
1	編號	屬性	海倫仙度絲	飛柔	mod's hair	麗仕	多芬	其他	總計	排名
2	1	去頭皮屑	4.27	3.64	4.00	3.40	3.80	3.81	3.87	6

STEP **2** 雙按 J2 右下角之複製控點，將公式複製到 J2:J9，求算出所有屬性注重程度之排名

J2			× ✓ f_x		=RANK(I2,$I$2:$I$9)					
	A	B	C	D	E	F	G	H	I	J
1	編號	屬性	海倫仙度絲	飛柔	mod's hair	麗仕	多芬	其他	總計	排名
2	1	去頭皮屑	4.27	3.64	4.00	3.40	3.80	3.81	3.87	6
3	2	保濕	4.00	3.64	4.64	3.40	4.00	3.92	4.00	3
4	3	護髮	3.45	3.29	3.77	3.10	3.25	3.33	3.40	8
5	4	止癢	4.05	3.46	4.27	3.40	3.90	4.03	3.94	4
6	5	香味	3.77	3.36	3.95	3.50	3.65	3.94	3.77	7
7	6	防止分岔	4.09	3.57	4.14	3.10	3.95	3.89	3.88	5
8	7	柔順	4.41	3.64	4.68	3.80	4.35	4.22	4.26	1
9	8	整體效果	4.00	3.43	4.50	3.80	4.15	4.11	4.06	2

STEP **3** 一般分析，並不用排名到最後一個，僅須保留前幾名即可，故我們將排名 5 以後者刪除

STEP **4** 於 B10 數入『樣本數』，C10:I10 輸入各品牌使用者之樣本數及總樣本數（於前節步驟 7 之『敘述統計』資料處可查知）

	A	B	C	D	E	F	G	H	I	J
1	編號	屬性	海倫仙度絲	飛柔	mod's hair	麗仕	多芬	其他	總計	排名
2	1	去頭皮屑	4.27	3.64	4.00	3.40	3.80	3.81	3.87	
3	2	保濕	4.00	3.64	4.64	3.40	4.00	3.92	4.00	3
4	3	護髮	3.45	3.29	3.77	3.10	3.25	3.33	3.40	
5	4	止癢	4.05	3.46	4.27	3.40	3.90	4.03	3.94	4
6	5	香味	3.77	3.36	3.95	3.50	3.65	3.94	3.77	
7	6	防止分岔	4.09	3.57	4.14	3.10	3.95	3.89	3.88	5
8	7	柔順	4.41	3.64	4.68	3.80	4.35	4.22	4.26	1
9	8	整體效果	4.00	3.43	4.50	3.80	4.15	4.11	4.06	2
10		樣本數	22	14	22	10	20	36	124	

▶▶ 取得 F 值與顯著水準

最後，以下示步驟，取得『變異數分析』表之 F 值與顯著水準：

STEP **1** 轉回 SPSS，於『變異數分析』報表物件上，單按滑鼠右鍵，續選「**複製**」，記下『變異數分析』報表內容

STEP **2** 轉入 Excel 之另一個空白工作表 B1 位置，轉到 Excel，按『**常用/剪貼簿/貼上**』之下拉鈕，選按『**貼上選項/符合目的格式設定(M)**』鈕，將內容轉為不含任何格式之普通文字，貼到 Excel

	A	B	C	D	E	F	G	H
1		變異數分析						
2				平方和	自由度	均方	F	顯著性
3		去頭皮屑	群組之間	7.119	5	1.424	1.735	0.132
4			群組內	96.817	118	0.82		
5			總計	103.935	123			
6		保濕	群組之間	14.545	5	2.909	3.753	0.003
7			群組內	91.455	118	0.775		
8			總計	106	123			
9		護髮	群組之間	4.812	5	0.962	0.868	0.505
10			群組內	130.825	118	1.109		
11			總計	135.637	123			
12		止癢	群組之間	8.879	5	1.776	2.025	0.08
13			群組內	101.719	116	0.877		
14			總計	110.598	121			
15		香味	群組之間	5.246	5	1.049	1.024	0.407
16			群組內	120.971	118	1.025		
17			總計	126.218	123			

STEP 3 刪除第 1 列與 C~F 欄

STEP 4 於 B1 輸入『屬性』字串

	A	B	C	D
1		屬性	F	顯著性
2		去頭皮屑	1.735	0.132
3				
4				
5		保濕	3.753	0.003
6				
7				
8		護髮	0.868	0.505
9				
10				
11		止癢	2.025	0.08
12				
13				
14		香味	1.024	0.407

STEP 5 於 A1 輸入『編號』字串，A2 輸入數字 1，A3 輸入數字 2

STEP 6 選取 A2:A3

	A	B	C
1	編號	屬性	F
2	1	去頭皮屑	1.735
3	2		
4			
5		保濕	3.753

拖曳 A3 右下角之複製控點，將其拉到 A23，可將數字遞增填滿到 A23。這些數字，是為了要記住各屬性之原排列順序

	A	B	C	D
20	19	柔順	3.486	0.006
21	20			
22	21			
23	22	整體效果	2.956	0.015

STEP 7 點按 B 欄之任一格（如：B2），按『**資料/排序與篩選/從最小到最大排序**』 鈕，可將整個表格資料依屬性遞增排序，恰好把原空白內容排到最底下

	A	B	C	D
1	編號	屬性	F	顯著性
2	10	止癢	2.025	0.08
3	1	去頭皮屑	1.735	0.132
4	16	防止分岔	2.464	0.037
5	4	保濕	3.753	0.003
6	19	柔順	3.486	0.006
7	13	香味	1.024	0.407
8	22	整體效果	2.956	0.015
9	7	護髮	0.868	0.505
10	2			

STEP **8** 停於 A10，按 Ctrl + Shift + ↓ 鍵，可往下選取到連續範圍的最後一格（A23），續按 Delete 鍵，將其等刪除

	A	B	C	D
1	編號	屬性	F	顯著性
2	10	止癢	2.025	0.08
3	1	去頭皮屑	1.735	0.132
4	16	防止分岔	2.464	0.037
5	4	保濕	3.753	0.003
6	19	柔順	3.486	0.006
7	13	香味	1.024	0.407
8	22	整體效果	2.956	0.015
9	7	護髮	0.868	0.505
10				

STEP **9** 選取 C2:D9 之數字資料，按『**常用/數值/減少小數位數**』 鈕，將小數調整為 2 位

STEP **10** 點按 A 欄之任一格（如：A2），再按『**資料/排序與篩選/從最小到最大排序**』 鈕，可將整個表格資料依『**編號**』遞增排序，即可還原成原問卷上排列之順序

	A	B	C	D
1	編號	屬性	F	顯著性
2	1	去頭皮屑	1.74	0.13
3	4	保濕	3.75	0.00
4	7	護髮	0.87	0.51
5	10	止癢	2.03	0.08
6	13	香味	1.02	0.41
7	16	防止分岔	2.46	0.04
8	19	柔順	3.49	0.01
9	22	整體效果	2.96	0.02

STEP **11** 選取 C1:D9，按『**常用/剪貼簿/複製**』 鈕，記下所選取之內容

STEP **12** 轉回上節處理後之工作表，點選 K1，續按『**常用/剪貼簿/貼上**』 鈕，複製出各屬性檢定結果之 F 值、顯著性及標題（得確定一下，是否已正確將資料抄到適當之屬性右側）

	B	C	D	E	F	G	H	I	J	K	L
1	屬性	海倫仙度絲	飛柔	mod's hair	麗仕	多芬	其他	總計	排名	F	顯著性
2	去頭皮屑	4.27	3.64	4.00	3.40	3.80	3.81	3.87		1.74	0.13
3	保濕	4.00	3.64	4.64	3.40	4.00	3.92	4.00	3	3.75	0.00
4	護髮	3.45	3.29	3.77	3.10	3.25	3.33	3.40		0.87	0.51
5	止癢	4.05	3.46	4.27	3.40	3.90	4.03	3.94	4	2.03	0.08
6	香味	3.77	3.36	3.95	3.50	3.65	3.94	3.77		1.02	0.41
7	防止分岔	4.09	3.57	4.14	3.10	3.95	3.89	3.88	5	2.46	0.04
8	柔順	4.41	3.64	4.68	3.80	4.35	4.22	4.26	1	3.49	0.01
9	整體效果	4.00	3.43	4.50	3.80	4.15	4.11	4.06	2	2.96	0.02
10	樣本數	22	14	22	10	20	36	124			

加附註

雙按 K～M 欄右側邊框，將其調整為最適寬度。接著，以下示步驟，於顯著性之右側，加註是否小於 α=0.05：

STEP 1　於 M1 輸入『<α』字串，於 M2 輸入公式

```
=IF(L2<0.05,"*","")
```

續雙按其右下角之複製控點，將其抄到 M3:M9。可將檢定結果顯著者，於其『<α』欄加註"*"（表其＜α=0.05）

	B	C	D	E	F	G	H	I	J	K	L	M
1	屬性	海倫仙度絲	飛柔	mod's hair	麗仕	多芬	其他	總計	排名	F	顯著性	<α
2	去頭皮屑	4.27	3.64	4.00	3.40	3.80	3.81	3.87		1.74	0.13	
3	保濕	4.00	3.64	4.64	3.40	4.00	3.92	4.00	3	3.75	0.00	*
4	護髮	3.45	3.29	3.77	3.10	3.25	3.33	3.40		0.87	0.51	
5	止癢	4.05	3.46	4.27	3.40	3.90	4.03	3.94	4	2.03	0.08	
6	香味	3.77	3.36	3.95	3.50	3.65	3.94	3.77		1.02	0.41	
7	防止分岔	4.09	3.57	4.14	3.10	3.95	3.89	3.88	5	2.46	0.04	*
8	柔順	4.41	3.64	4.68	3.80	4.35	4.22	4.26	1	3.49	0.01	*
9	整體效果	4.00	3.43	4.50	3.80	4.15	4.11	4.06	2	2.96	0.02	*
10	樣本數	22	14	22	10	20	36	124				

STEP 2　續選取 B1:M10，按『**常用/剪貼簿/複製**』 鈕，記下所選取內容

STEP 3　再轉到 Word 文件，停於要插入表格之位置。按『**常用/剪貼簿/貼上**』 鈕，將選取內容複製過來

屬性	海倫仙度絲	飛柔	mod's hair	麗仕	多芬	其他	總計	排名	F	顯著性	<α
去頭皮屑	4.27	3.64	4.00	3.40	3.80	3.81	3.87		1.74	0.13	
保濕	4.00	3.64	4.64	3.40	4.00	3.92	4.00	3	3.75	0.00	*
護髮	3.45	3.29	3.77	3.10	3.25	3.33	3.40		0.87	0.51	
止癢	4.05	3.46	4.27	3.40	3.90	4.03	3.94	4	2.03	0.08	
香味	3.77	3.36	3.95	3.50	3.65	3.94	3.77		1.02	0.41	
防止分岔	4.09	3.57	4.14	3.10	3.95	3.89	3.88	5	2.46	0.04	*
柔順	4.41	3.64	4.68	3.80	4.35	4.22	4.26	1	3.49	0.01	*
整體效果	4.00	3.43	4.50	3.80	4.15	4.11	4.06	2	2.96	0.02	*
樣本數	22	14	22	10	20	36	124				

STEP **4**　最後，將表格加上框線並修飾寬度

屬性	海倫仙度絲	飛柔	mod's hair	麗仕	多芬	其他	總計	排名	F	顯著性	< α
去頭皮屑	4.27	3.64	4.00	3.40	3.80	3.81	3.87		1.74	0.13	
保濕	4.00	3.64	4.64	3.40	4.00	3.92	4.00	3	3.75	0.00	*
護髮	3.45	3.29	3.77	3.10	3.25	3.33	3.40		0.87	0.51	
止癢	4.05	3.46	4.27	3.40	3.90	4.03	3.94	4	2.03	0.08	
香味	3.77	3.36	3.95	3.50	3.65	3.94	3.77		1.02	0.41	
防止分岔	4.09	3.57	4.14	3.10	3.95	3.89	3.88	5	2.46	0.04	*
柔順	4.41	3.64	4.68	3.80	4.35	4.22	4.26	1	3.49	0.01	*
整體效果	4.00	3.43	4.50	3.80	4.15	4.11	4.06	2	2.96	0.02	*
樣本數	22	14	22	10	20	36	124				

於報告中，對 F 檢定結果顯著者詳加解釋；檢定結果不顯著者，則僅解釋其重要程度之排序即可。如：

根據調查解果，洗髮精購買考慮因素依其重要程度高低，依序為：柔順、整體效果、保濕、止癢與防止分岔。

經逐一以 F 檢定，以使用品牌分組，對其注重程度進行檢定，發現有『柔順』、『整體效果』、『保濕』與『防止分岔』等屬性之注重程度會隨使用品牌不同，而有顯著差異（α=0.05）。這些項目，均是 mod's hair、海倫仙度絲與多芬等品牌使用者的注重程度較高。

『範例\Ch10\拍賣網站.sav』內，為受訪者於拍賣網站上每次的平均交易金額，與選擇拍賣網站的考慮因素評價量表。原問卷內容為：

請問您使用拍賣網站，平均一次交易金額約多少錢

□1.~200　　□2. 201~500　　□3.501~1000　　□4.1001~

請就下列選擇拍賣網站之考慮因素勾選其重要程度：

	極不重要	不重要	普通	重要	極重要
1.過程簡易性	□	□	□	□	□
2.商品多樣性	□	□	□	□	□
3.商品資訊	□	□	□	□	□
4.商品品質	□	□	□	□	□
5.交易安全性	□	□	□	□	□
6.交易便利性	□	□	□	□	□
7.網站知名度	□	□	□	□	□
8.網站信譽	□	□	□	□	□
9.網站賦予保證	□	□	□	□	□
10.網站促銷	□	□	□	□	□
11.收費與否	□	□	□	□	□
12.使用介面	□	□	□	□	□
13.客戶服務	□	□	□	□	□

試以 α=0.05 之顯著水準，檢定選擇拍賣網站考慮因素的重要程度，是否隨其交易金額高低而存有顯著差異？

將各組均數、F 值、顯著性以及全體均數，彙總到 Word 表格，並安排其注重程度的排名：

考慮因素	1~200	201~500	501~1000	1000以上	全體	排名	F值	顯著性	<α
過程簡易性	4.07	4.31	4.50	4.13	4.27	8	1.61	0.195	
商品多樣性	4.60	4.40	4.75	4.50	4.51	4	1.34	0.268	
商品資訊	4.47	4.51	4.58	4.63	4.53	3	0.18	0.909	
商品品質	4.47	4.63	4.67	4.50	4.59	2	0.37	0.774	
交易安全性	4.53	4.69	4.92	4.63	4.69	1	1.24	0.303	
交易便利性	3.87	4.46	4.42	4.13	4.29	7	3.18	0.030	*
網站知名度	3.47	3.54	3.75	3.63	3.57	12	0.32	0.807	
網站信譽	4.00	4.40	4.58	4.50	4.36	6	1.82	0.152	
網站賦予保證	3.93	4.40	4.75	4.50	4.37	5	2.20	0.096	
網站促銷	2.87	3.09	3.58	3.88	3.21	13	3.57	0.018	*
收費與否	3.20	3.66	3.67	3.88	3.59	11	1.20	0.316	
使用介面	3.87	4.23	4.17	4.25	4.14	9	1.00	0.399	
客戶服務	4.07	4.06	4.33	3.88	4.09	10	0.58	0.627	
樣本數	15	35	12	8	70				

可看出，選擇拍賣網站的考慮因素依其重要程度高低，依序為：交易安全性、商品品質、商品資訊、商品多樣性與網站賦予保證。

經逐一以 F 檢定，以交易金額分組，對其注重程度進行檢定，發現有『交易便利性』與『網站促銷』等因素之注重程度會隨平均交易金額不同，而有顯著差異（α=0.05）。這些項目，均以交易金額 200 以下者比較不注重；交易金額較高者就比較注重。

相關 **11**

11-1 概念

　　所謂**相關**是指變項間相互發生之關聯，若僅是分析兩組資料間之相關，稱之為**簡單相關**；若是分析多組資料間之相關，則稱之為**複相關**。

　　要瞭解簡單相關，通常有二種方式，一為繪製資料散佈圖；另為計算簡單相關係數（亦即表示相關程度大小及正負之量數）。簡單相關係數之計算公式為：

$$\rho_{x,y} = \frac{\dfrac{1}{n}\displaystyle\sum_{j=1}^{n}\left(x_j - \mu_x\right)\left(x_j - \mu_y\right)}{\sigma_x \cdot \sigma_y}$$

相關係數係一介於-1 到+1 之數字

$$-1 \le \rho_{x,y} \le 1$$

其情況可有下列三種：

=0　　無關

>0　　正相關

<0　　負相關

當相關係數之絕對值小於 0.3 時，為低度相關；絕對值介於 0.3~0.7 時，即為中度相關；達 0.7~0.8 時，即為高度相關；若達 0.8 以上時，即為非常高度相關。

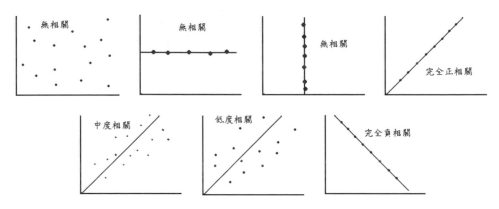

11-2 雙變數的相關係數

『範例\Ch11\廣告費與銷售量.sav』為一年度每月份之廣告費與銷售量之數字：

	月份	廣告費	銷售量
1	1	250	2600
2	2	300	2950
3	3	200	1850

可以下示步驟求得其相關係數並進行檢定，其虛無假設與對立假設為：

H$_0$: $\rho=0$（無關）

H$_1$: $\rho\neq0$（相關）

STEP **1**　執行「**分析(A)/相關 (C)/雙變異數(B)…**」

STEP **2**　選『廣告費』與『銷 售量』，按 ➡ 鈕， 將其送到右側之 『變數(V)』方塊

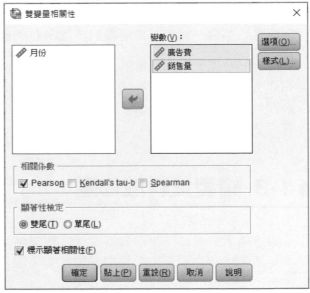

STEP **3**　　『相關係數』選「Pearson」

STEP **4**　　『顯著性檢定』選「**雙尾(T)**」

STEP **5**　　按 ▢確定▢ 鈕，獲致

相關性		廣告費	銷售量
廣告費	皮爾森 (Pearson) 相關性	1	.923**
	顯著性（雙尾）		.000
	N	12	12
銷售量	皮爾森 (Pearson) 相關性	.923**	1
	顯著性（雙尾）	.000	
	N	12	12

**. 相關性在 0.01 層級上顯著（雙尾）。

　　可算出其相關係數為 0.923，其後之兩個星號（**）表示於 α=0.01 之顯著水準下兩者顯著相關，其下之顯著性為 0.000。表示銷售量與廣告費間存有極高度之正相關，銷售量會隨廣告費遞增而明顯增加。

　　有時，會僅出現一個星號（*）而已，表於 α=0.05 之顯著水準下兩者顯著相關；若無星號則表示兩者無顯著相關。不管怎樣，其下均會顯示檢定結果之顯著性，我們也可以看它是否小於所指定之 α 值，來判斷兩變數間是否存有顯著相關。

11-3 繪製資料散佈圖

　　散佈圖通常用以探討兩數值資料之相關情況，如：廣告費與銷售量之關係、年齡與所得之關係、所得與購買能力之關係、每月所得與信用分數之關係、……。

　　在 X 軸之資料稱為**自變數**；Y 軸之資料稱為**因變數（依變數、應變數）**；利用散佈圖即可判讀出：當 X 軸資料變動後，對 Y 軸資料之影響程度。如：隨廣告費逐漸遞增，銷售量將如何變化？

　　若仍使用前文之『範例\Ch11\廣告費與銷售量.sav』，可以下示步驟來繪製其廣告費與銷售量散佈圖：

STEP **1** 執行「**圖形(G)/圖表建置器(C)...**」

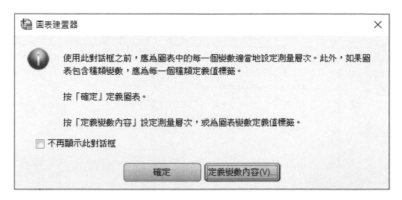

STEP **2** 按 ┌ 確定 ┐ 鈕

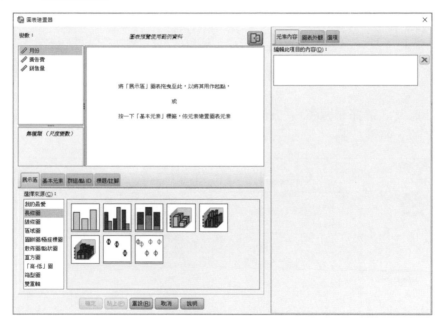

STEP **3** 於左下『展示區』標籤之『選擇來源(C)』方塊，點選「**散佈圖/點狀圖**」

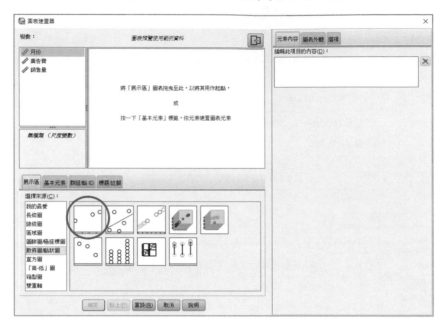

STEP **4** 拖曳『選擇來源(C)』方塊右側圖庫，第一列第一個「**簡易散佈圖**」圖示，將其拉到右上方『圖表預覽使用範例資料』方塊

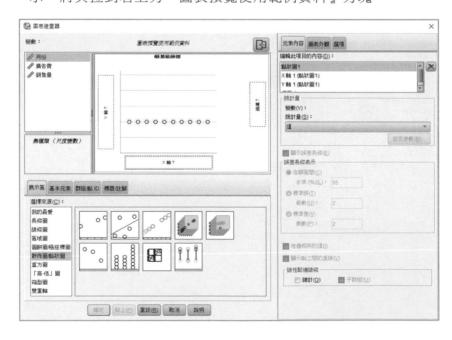

STEP **5** 拖曳左上角『變數(V)』方塊之「**廣告費**」，將其拉到『圖表預覽使用範例資料』方塊之「**X 軸?**」處

STEP **6** 拖曳左上角『變數(V)』方塊之「**銷售量**」，將其拉到『圖表預覽使用範例資料』方塊之「**Y 軸?**」處

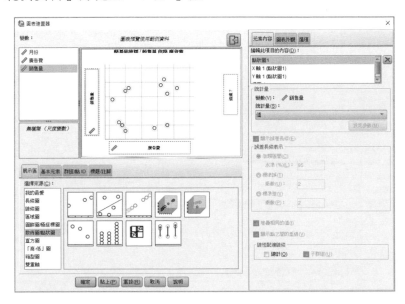

STEP **7** 選按 標題/註腳 標籤，選「**標題 1**」

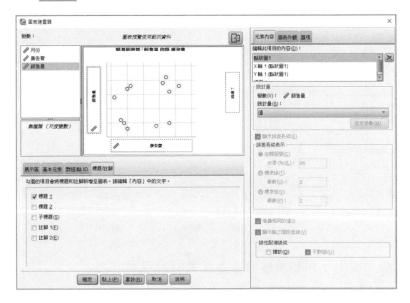

STEP **8** 續於『元素內容』對話方塊之『編輯此項目的內容(D)』處，選「**標題 1**」，於下方選「**自訂(C)**」，續輸入『**廣告費與銷售量之關係圖**』，當其大標題

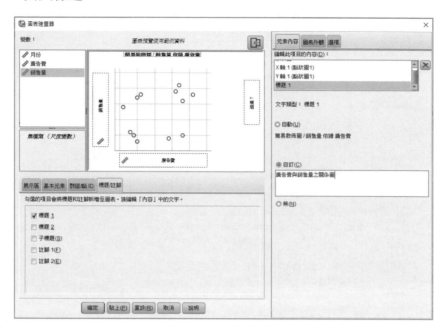

STEP **9** 按 確定 鈕，獲致

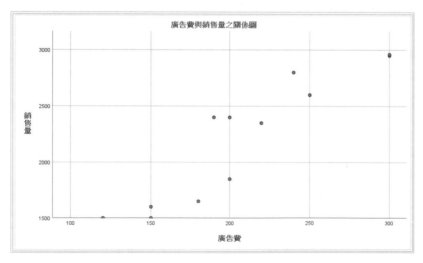

可輕易看出，銷售量會隨廣告費遞增而明顯增加。

以『範例\Ch11\成績.sav』：

	🖊 編號	🖊 國文	🖊 英文
1	1	85	67
2	2	75	82
3	3	91	88

計算其相關係數，檢定兩者是否顯著相關？（α=0.05）並繪製國文及英文成績之散佈圖。

相關性			
		國文	英文
國文	皮爾森 (Pearson) 相關性	1	.792**
	顯著性（雙尾）		.002
	N	12	12
英文	皮爾森 (Pearson) 相關性	.792**	1
	顯著性（雙尾）	.002	
	N	12	12

**. 相關性在 0.01 層級上顯著（雙尾）。

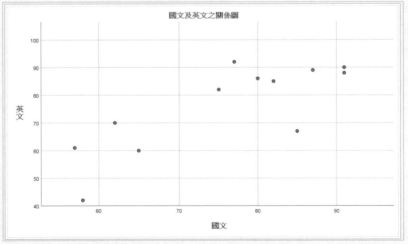

相關係數 0.792，顯著性 0.002<α=0.05，捨棄兩者無關之虛無假設，接受兩者顯著正相關。國文成績較高者，其英文成績也同樣會較高。

馬上練習

以『範例\Ch11\仰臥起坐與伏地挺身.sav』：

	編號	仰臥起坐	伏地挺身
1	1	9	12
2	2	30	40
3	3	26	32

計算其相關係數，檢定兩者是否顯著相關？（α=0.05）並繪製散佈圖，查看學童之仰臥起坐與伏地挺身個數之相關情況：

相關性

		仰臥起坐	伏地挺身
仰臥起坐	皮爾森 (Pearson) 相關性	1	.915**
	顯著性（雙尾）		.001
	N	9	9
伏地挺身	皮爾森 (Pearson) 相關性	.915**	1
	顯著性（雙尾）	.001	
	N	9	9

**. 相關性在 0.01 層級上顯著（雙尾）。

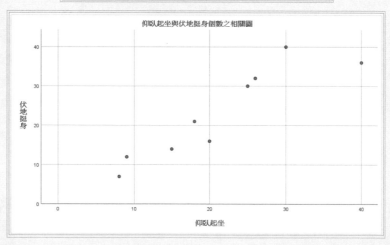

相關係數 0.915，顯著性 0.001<α=0.05，兩者顯著正相關。

11-4 多個變數之相關矩陣

「**分析(A)/相關(C)/雙變異數(B)…**」也可用於處理多個變數,用以一舉得所有變數之相關矩陣。

『範例\Ch11\汽車屬性.sav』收集到有關汽車鈑金、省油與價格之滿意度資料:(5=很滿意,1=很不滿意)

	編號	鈑金	省油	價格
1	1	4	3	2
2	2	5	2	1
3	3	4	3	3
4	4	3	4	3

可以下示步驟,求得其相關矩陣並進行檢定:

STEP **1** 執行「**分析(A)/相關(C)/雙變異數(B)…**」,選『鈑金』、『省油』與『價格』,按 ← 鈕,將其送到右側之『變數(V)』方塊

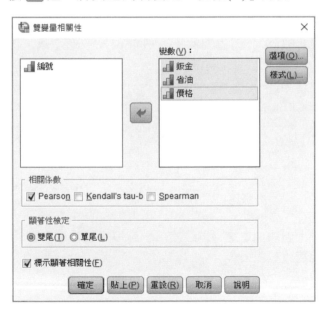

STEP **2** 『相關係數』選「Pearson」

STEP **3** 『顯著性檢定』選「**雙尾(T)**」

STEP **4** 　按 確定 鈕，即可獲致多組資料之相關係數表

相關性		鈑金	省油	價格
鈑金	皮爾森 (Pearson) 相關性	1	-.939**	-.915**
	顯著性（雙尾）		.000	.000
	N	14	14	14
省油	皮爾森 (Pearson) 相關性	-.939**	1	.835**
	顯著性（雙尾）	.000		.000
	N	14	14	14
價格	皮爾森 (Pearson) 相關性	-.915**	.835**	1
	顯著性（雙尾）	.000	.000	
	N	14	14	14

**. 相關性在 0.01 層級上顯著（雙尾）。

　　每一個檢定之顯著性均為 $0.000 < \alpha = 0.05$，顯示及其等間均有高度之相關。如，『鈑金與省油』及『鈑金與價格』之滿意度間均呈高度負相關（-0.939 與 -0.915），對鈑金越滿意對其省油與價格將越不滿意。鈑金好的車身重量大，當然較不省油，且其售價一般也比較高。另外，『省油與價格』之滿意度間則呈高度正相關（0.835），因省油的車一般價位比較低之故。

馬上練習

以『範例\Ch11\成績相關因素.sav』之內容：

	平均成績	出席率	選修學分	打工時數
1	82	.96	14	4
2	75	.80	16	8
3	68	.70	10	10
4	88	.82	12	0

求本班學生上學期之總平均成績、出席率、選修學分數與每週打工時數間之相關係數表：

相關性		平均成績	出席率	選修學分	打工時數
平均成績	皮爾森 (Pearson) 相關性	1	.485	.560	-.714[*]
	顯著性（雙尾）		.131	.073	.014
	N	11	11	11	11
出席率	皮爾森 (Pearson) 相關性	.485	1	.604[*]	-.214
	顯著性（雙尾）	.131		.049	.528
	N	11	11	11	11
選修學分	皮爾森 (Pearson) 相關性	.560	.604[*]	1	-.158
	顯著性（雙尾）	.073	.049		.644
	N	11	11	11	11
打工時數	皮爾森 (Pearson) 相關性	-.714[*]	-.214	-.158	1
	顯著性（雙尾）	.014	.528	.644	
	N	11	11	11	11

*. 相關性在 0.05 層級上顯著（雙尾）。

僅『平均成績與打工時數』呈高度負相關；『出席率與選修學分』呈高度正相關。其餘變數間均無法捨棄兩者無關之虛無假設。

馬上練習

『範例\Ch11\數位相機購買考慮因素.sav』內，有受訪者對 13 個數位相機購買考慮因素的著重程度：（極重要=5、極不重要=1）

	編號	q23_1	q23_2	q23_3	q23_4
1	101	4	4	4	4
2	102	4	4	4	4
3	103	4	4	4	3
4	104	5	5	5	5

求各屬性間之相關係數表，並解釋『價格』與其它各因素之相關情況。

11-5 偏相關

真實世界的很多情況，絕不是簡單的兩個變數就能解釋清楚。且其間各變數相互牽扯，彼此間夾雜很多相互影響力。這樣，會使得我們無法看清某兩個變數間的真正關係。偏相關就是在其他變數固定的條件下，而去檢定兩組變數間是否有關係。由於，排除了其他變數之影響，故又稱為『淨相關』。

以前文之『範例\Ch11\汽車屬性.sav』為例，執行「**分析(A)/相關(C)/雙變異數(B)…**」所求得之簡單相關矩陣為：

相關性			鈑金	省油	價格
鈑金	皮爾森 (Pearson) 相關性		1	-.939**	-.915**
	顯著性（雙尾）			.000	.000
	N		14	14	14
省油	皮爾森 (Pearson) 相關性		-.939**	1	.835**
	顯著性（雙尾）		.000		.000
	N		14	14	14
價格	皮爾森 (Pearson) 相關性		-.915**	.835**	1
	顯著性（雙尾）		.000	.000	
	N		14	14	14

**. 相關性在 0.01 層級上顯著（雙尾）。

由『省油與價格』之滿意度間呈高度正相關（0.835），我們可能會獲致一結論，較滿意其價格之車種，應該較省油。

但是，事實上，省油與鈑金間之關係，較為密切；而與價格間之關係應該沒那麼明顯！其間，可能是受了鈑金與價格間之相互關係所影響。所以，我們以下示步驟，將『鈑金』固定下來，而僅求『省油』與『價格』之偏相關，並進行檢定：

STEP **1**   開啟『範例\Ch11\汽車屬性.sav』，執行「**分析(A)/相關(C)/局部(R)…**」

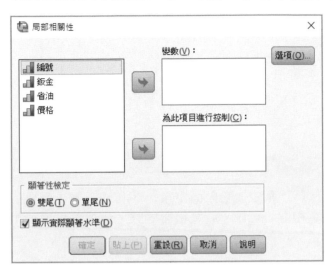

STEP **2**   選『省油』與『價格』，按 ⇨ 鈕，將其送到右上之『變數(V)』方塊

STEP **3**   選『鈑金』，按 ⇨ 鈕，將其送到右下之『為此項目進行控制(C)』方塊

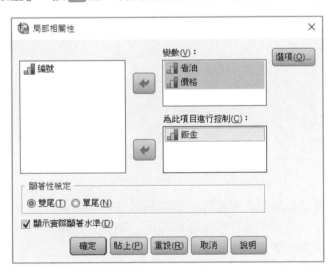

STEP **4**   『顯著性檢定』選「**雙尾(T)**」

STEP **5** 按 [確定] 鈕，即可獲致偏相關係數表

相關性			省油	價格
控制變數				
鈑金	省油	相關性	1.000	-.174
		顯著性（雙尾）	.	.571
		自由度	0	11
	價格	相關性	-.174	1.000
		顯著性（雙尾）	.571	.
		自由度	11	0

可發現，將『鈑金』變數固定後，『省油』與『價格』兩變數間，不再是顯著相關！可見，於多組變數時，僅單獨以簡單相關係數進行檢定，其結論可能是錯誤的。

馬上練習

以上一個『馬上練習』之『範例\Ch11\成績相關因素.sav』內容，將平均成績與每週打工時數固定下來，求出席率與選修學分間之偏相關：

➔ **偏相關**

相關性			出席率	選修學分
控制變數				
平均成績 & 打工時數	出席率	相關性	1.000	.416
		顯著性（雙尾）	.	.265
		自由度	0	7
	選修學分	相關性	.416	1.000
		顯著性（雙尾）	.265	.
		自由度	7	0

前文，直接以簡單相關獲致『出席率與選修學分』呈高度正相關之結論，於平均成績與每週打工時數固定下來後，求其偏相關，可發現其實『出席率與選修學分』兩者間之相關並不顯著。

迴歸 **12**

迴歸分析是以一個或一組自變數（預測變項，X_i），來預測一個數值性的應變數（因變數、被預測變項，Y）。若只有一個自變數稱為簡單迴歸；若使用一組自變數則稱為多元迴歸或複迴歸。

SPSS 的迴歸分析，可獲致很多相關之統計數字。如：求相關係數、判定係數、以 F 檢定判斷因變數與自變數間是否有迴歸關係存在、以 t 檢定判斷各迴歸係數是否不為 0、計算迴歸係數之信賴區間、計算殘差、……，甚至還可繪圖。

12-1 直線迴歸

▶▶ 含常數項的迴歸

『範例\Ch12\廣告與銷售量.sav』內有廣告費與銷售額資料：

	廣告費	銷售量
1	250	2600
2	300	2950
3	200	1850

可以下示步驟進行迴歸：

STEP **1**　　執行「**分析(A)/迴歸(R)/線性(L)...**」

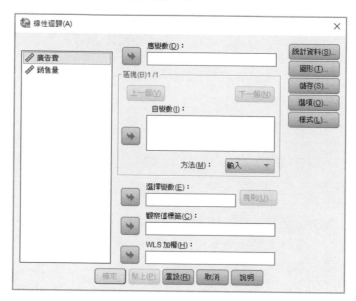

STEP **2**　　選『銷售量』，按 ⮕ 鈕，將其送到右側之『應變數(D)』方塊

STEP **3**　　選『廣告費』，按 ⮕ 鈕，將其送到右側之『自變數(I)』方塊

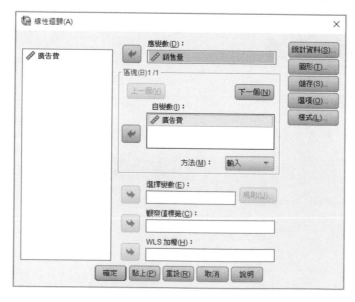

STEP **4** 於『方法(M)』處，選擇欲使用之迴歸方法

其內可供選用之迴歸方法有：

輸入	不論有幾個變數，一次全部納入迴歸函數。
逐步	一次僅挑選一個貢獻最大之變數進入迴歸函數，逐次挑選到剩下之變數皆無顯著貢獻為止。
移除	先將所有變數全部納入迴歸函數，再逐次刪除貢獻最小之變數，逐次挑選到剩下之變數皆有顯著貢獻為止。
向後法	類似移除法，只是判斷的統計資料不同而已。
向前法	類似逐步迴歸分析法，只是判斷的統計資料不同而已。

後面幾種均屬於逐步迴歸，在過去電腦速度較慢的時代，為節省處理時間，會依某判斷規則，僅選擇達到標準之變數進入迴歸函數。一旦剩下之變數均未達進入之門檻，即結束執行。（本例選「**輸入**」）

STEP **5** 按 統計資料(S) 鈕，選擇：估計值、模型配適度、R 平方變更量與敘述統計等統計資料；並選擇逐觀察值診斷之所有觀察值以求算殘差

STEP **6** 按 繼續(C) 鈕，回上一層對話方塊

STEP **7** 按 ▢確定 鈕，即可獲致迴歸結果

因其內容較多，將其拆分為幾個部份，說明其顯示結果之作用：

敘述統計			
	平均數	標準偏差	N
銷售量	2251.00	592.461	10
廣告費	213.00	61.653	10

此部份為所有變數的敘述統計，銷售量與廣告費的均數分別為 2251 與 213，各有 10 個樣本。

相關			
		銷售量	廣告費
皮爾森 (Pearson) 相關	銷售量	1.000	.950
	廣告費	.950	1.000
顯著性（單尾）	銷售量	.	.000
	廣告費	.000	.
N	銷售量	10	10
	廣告費	10	10

廣告費與銷售量之相關係數為 0.95，顯著水準達 0.000 ＜ α =0.01，兩者存有顯著之高度正相關。

選入/刪除的變數[a]			
模型	已輸入的變數	已移除的變數	方法
1	廣告費[b]	.	輸入(Enter)
a. 應變數: 銷售量			
b. 已輸入所有要求的變數。			

此部份是顯示所使用的迴歸法為**輸入**（Enter），其中有哪些變數被選入（輸入）到迴歸模式，或哪些變數是於迴歸模式中被刪除（移除）。

模型摘要[b]					
模型	R	R 平方	調整後 R 平方	標準標準誤	R 平方變更
1	.950[a]	.903	.891	195.849	.903
a. 解釋變數：（常數），廣告費					
b. 應變數: 銷售量					

此部份顯示：簡單相關係數為 0.95（R，在複迴歸模式，此部份即複相關係數）、判定係數（R 平方）為 0.903、調整後 R 平方為 0.891（在複迴歸時使用，有些統計學家認為在複迴歸模式中，增加預測變數必然會使 R 平方增大，故必須加以調整）。

判定係數即這條迴歸線可幫助資料解釋的部份，判定係數愈大，代表可解釋的部份愈大；若兩組迴歸模式之判定係數差不多，就選擇方程式較簡單之一組迴歸模式。

判定係數之公式為：

$$R^2 = \frac{\sum_{i=1}^{n}\left(\hat{Y} - \overline{Y}\right)^2}{\sum_{i=1}^{n}\left(Y - \overline{Y}\right)^2} = \frac{迴歸平方和}{總平方和}$$

迴歸平方和佔總平方和之百分比，即是這條迴歸線可幫助資料解釋的部份。由於：

總平方和 ＝ 迴歸平方和 ＋ 殘差平方和

所以，**判定係數**就變成：

$$R^2 = 1 - \frac{殘差平方和}{總平方和} = 1 - \frac{\sum_{i=1}^{n}\left(\hat{Y} - Y_i\right)^2}{\sum_{i=1}^{n}\left(Y - \overline{Y}\right)^2}$$

殘差平方和就是迴歸線無法解釋的部份，將其除以總平方和，就是這條迴歸線無法解釋部份的百分比。以 1 減去無法解釋的百分比，就是這條迴歸線可幫助資料解釋的百分比，我們稱之為**判定係數**。

變異數分析[a]					
模型		平方和	自由度	均方	F	顯著性
1	迴歸	2852236.682	1	2852236.682	74.361	.000[b]
	殘差	306853.318	8	38356.665		
	總計	3159090.000	9			

a. 應變數: 銷售量

b. 解釋變數：（常數），廣告費

此部份以變異數分析檢定，判斷應變數（Y）與自變數（X，於複迴歸中則為全部之自變數）間，是否有顯著之迴歸關係存在。判斷是否顯著，只須看顯著性是否小於所指定之 α 值即可，如本例之顯著性 0.000<α=0.05，故其結果為捨棄應變數與自變數間無迴歸關係存在之虛無假設。

係數[a]

模型		非標準化係數		標準化係數	T	顯著性
		B	標準錯誤	β		
1	（常數）	306.106	233.889		1.309	.227
	廣告費	9.131	1.059	.950	8.623	.000

a. 應變數: 銷售量

此部份以 t 檢定，判斷迴歸係數與常數項是否為 0（為 0 即無直線關係存在）。其虛無假設為迴歸係數與常數項為 0，判斷是否顯著，只須看顯著性是否小於所指定之 α 值即可，如本例之常數項（截距）為 306.106，其 t 值為 1.309，顯著性 0.227＞α=0.05，故無法捨棄其為 0 之虛無假設，迴歸方程式之常數項應為 0，故往後可將其省略。

另，本例之自變數 X（廣告費）的迴歸係數為 9.131，其 t 值為 8.623，顯著性 0.000<α=0.05，故捨棄其為 0 之虛無假設，迴歸方程式之自變數 X 的係數不為 0，自變數與應變數間存有直線關係。

逐觀察值診斷[a]

觀察值數目	標準殘差	銷售量	預測值	殘差
1	.057	2600	2588.85	11.155
2	-.487	2950	3045.39	-95.393
3	-1.441	1850	2132.30	-282.298
4	-.897	1500	1675.75	-175.750
5	1.367	2400	2132.30	267.702
6	1.544	2800	2497.54	302.464
7	-.436	2960	3045.39	-85.393
8	-.387	1600	1675.75	-75.750
9	.501	1500	1401.82	98.179
10	.179	2350	2314.92	35.083

a. 應變數: 銷售量

此部份為於求得迴歸方程式：

```
y = 9.131x + 306.106
```

將各觀察值之 X（廣告費）代入方程式。以求其預測之銷售量（萬），並計算預測結果與原實際銷售量間之殘差（將兩者相減即可求得，如觀察值 1 之廣告費為 250 萬，代入方程式所求得之預測銷售量為 2588.85 萬，以原實際銷售量 2600 萬減去預測結果，即為殘差 11.155 萬）。

若是判定係數不是很高，研究者於此應判斷是否有殘差很大之特異樣本（Outlier，偏離樣本）。若有，可將其排除後再重算一次迴歸，可求得更適當之迴歸方程式。但問題是殘差應小於多少才好，並無一定標準，仍全憑研究者自行判斷！本例之判定係數為 0.903，相當不錯。所以，就不必再進行此一處理過程。

殘差統計量[a]

	最小值	最大值	平均數	標準偏差	N
預測值	1401.82	3045.39	2251.00	562.952	10
殘差	-282.298	302.464	.000	184.648	10
標準預測值	-1.508	1.411	.000	1.000	10
標準殘差	-1.441	1.544	.000	.943	10

a. 應變數：銷售量

此部份為前面之銷售量與殘差的敘述統計資料。

由於，本例之常數項為 306.106，其 t 值為 1.309，顯著性 $0.227 > \alpha = 0.05$，故無法捨棄其為 0 之虛無假設，迴歸方程式之常數項應為 0，故往後可將其省略。所以，往後可僅取：

```
y = 9.131x
```

作為迴歸方程式；或重新進行一次不含常數項的迴歸，重算其迴歸方程式。其中，又以後者較為合理！

▶▶ 不含常數項的迴歸

要重新進行一次不含常數項的迴歸，可於過程中，按 選項(O)... 鈕，將「**在方程式中併入常數(I)**」之設定取消：

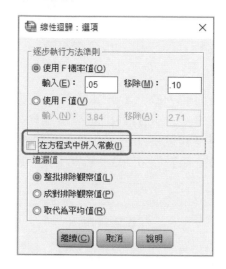

後續之作法完全相同。其新的結果為：

模型	R	R 平方[b]	調整後 R 平方
1	.997[a]	.993	.992

a. 解釋變數：廣告費

b. 針對透過原點的迴歸（無截距模型），R 平方與平方比較。

c. 應變數: 銷售量

d. 透過原點的線性迴歸

判定係數（R 平方）0.993，新的迴歸方程式將不含常數項，其結果為：

```
y = 10.467x
```

係數[a,b]

模型		非標準化係數		標準化係數		
		B	標準錯誤	β	T	顯著性
1	廣告費	10.467	.291	.997	35.936	.000

a. 應變數: 銷售量

b. 透過原點的線性迴歸

以『範例\Ch12\存放款.sav』之內容：

	分行	存款餘額	放款餘額
1	1	65	52
2	2	102	85
3	3	42	37

求存款對放款之迴歸方程式：

模型摘要

模型	R	R 平方	調整後 R 平方	標準標準誤
1	.998[a]	.995	.995	2.284

a. 解釋變數：（常數），存款餘額

判定係數（R 平方）為 0.995，即存款餘額的變異可解釋 99.5%的放款餘額差異。

變異數分析[a]

模型		平方和	自由度	均方	F	顯著性
1	迴歸	8966.358	1	8966.358	1718.419	.000[b]
	殘差	41.742	8	5.218		
	總計	9008.100	9			

a. 應變數: 放款餘額

b. 解釋變數：（常數），存款餘額

變異數分析檢定之顯著性 0.000<α=0.05，故其結果為捨棄應變數與自變數間無迴歸關係存在之虛無假設。

係數[a]

模型		非標準化係數		標準化係數		
		B	標準錯誤	β	T	顯著性
1	（常數）	-2.928	1.806		-1.621	.144
	存款餘額	.890	.021	.998	41.454	.000

a. 應變數: 放款餘額

常數項為-2.928，其 t 值為-1.621，顯著性 0.144＞α=0.05，故無法捨棄其為 0 之虛無假設，迴歸方程式之常數項應為 0，故往後可將其省略。

自變數『存款餘額』的迴歸係數為 0.890，其 t 值為 41.454，顯著性 0.000<α=0.05，故捨棄其為 0 之虛無假設，迴歸方程式之自變數的係數不為 0，自變數與應變數間存有直線關係。迴歸方程式為：

> 放款餘額=0.8901×存款餘額 −2.9276

由於，常數項（截距）之檢定結果，無法捨棄其為 0 之虛無假設。故亦可僅取用：

> 放款餘額=0.8901×存款餘額

本來，可再重新進行一次不含常數項的迴歸。但由於本例之判定係數（R 平方）為 0.995 已相當高，故就不再重新進行一次不含常數項的迴歸。

馬上練習

『範例\Ch12\中古車售價.sav』內，收集了某一廠牌同一車型中古車之車齡及其售價（萬）資料；

	車齡	價格
1	1	56.0
2	2	48.5
3	3	42.0

求中古車車齡對其售價之迴歸方程式：

模型摘要

模型	R	R 平方	調整後 R 平方	標準標準誤
1	.993[a]	.987	.985	1.8048

a. 解釋變數：（常數），車齡

判定係數（R 平方）為 0.987，表整個迴歸模式之解釋力很強，即車齡的變異可解釋 98.7%的售價差異。

變異數分析[a]					
模型		平方和	自由度	均方	F	顯著性
1	迴歸	1908.007	1	1908.007	585.768	.000[b]
	殘差	26.058	8	3.257		
	總計	1934.065	9			

a. 應變數: 價格

b. 解釋變數: (常數),車齡

變異數分析檢定之顯著水準 0.000<α=0.05,捨棄應變數與自變數間無迴歸關係存在之虛無假設。

係數[a]						
模型		非標準化係數		標準化係數		
		B	標準錯誤	β	T	顯著性
1	(常數)	57.800	1.233		46.881	.000
	車齡	-4.809	.199	-.993	-24.203	.000

a. 應變數: 價格

常數項為 57.8,其 t 值為 46.881,顯著性 0.000<α=0.05,故捨棄其為 0 之虛無假設。

車齡的迴歸係數為-4.809,其 t 值為-24.203,顯著性 0.000<α=0.05,故捨棄其為 0 之虛無假設,迴歸方程式之自變數的係數不為 0,自變數與應變數間存有直線關係。

其迴歸方程式為:

```
y = -4.809x + 57.8
```

即

```
中古車車價 = -4.809×車齡 + 57.8
```

取得迴歸方程式後,即可用以預測不同車齡之售價。假定,要求當車齡為 6.5 年時,其售價應為多少?僅須將 6.5 代入其迴歸方程式之 x:

```
y = -4.809×(6.5) + 57.8
```

即

```
中古車車價 = -4.809×6.5 + 57.8=26.54
```

可求得其中古車車價為 26.54 萬。

12-2 求迴歸並繪圖

前面，以「**分析(A)/迴歸(R)/線性(L)…**」進行迴歸分析，並無法同時繪出資料的散佈圖及其迴歸線。但以「**分析(A)/迴歸(R)/曲線估計(C)…**」則可。

假定，仍以『範例\Ch12\中古車售價.sav』之某廠牌同一車型中古車之車齡及售價（萬）資料進行處理。其步驟為：

STEP **1**　執行「**分析(A)/迴歸(R)/曲線估計(C)…**」

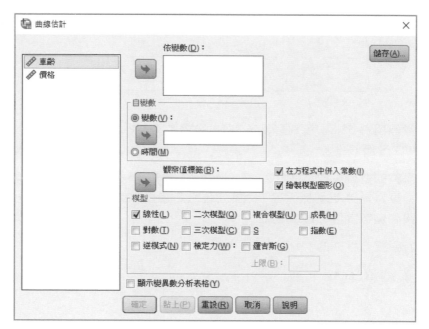

STEP **2**　選『價格』，按 ➡ 鈕，將其送到右側之『**依變數(D)**』方塊

STEP **3**　選『車齡』，按 ➡ 鈕，將其送到右側之『**自變數**』方塊之「**變數(V)**」處

STEP **4**　確定已選「**在方程式中併入常數(I)**」（若不知是否該選此項，可於有初步結果後，再視情況改變）

STEP **5**　確定已選「**繪製模型圖形(O)**」（可同時繪出資料的散佈圖及其迴歸線）

STEP **6** 於『模型』方塊，選擇欲使用之迴歸模式（若不知道應使用何者，可多選幾個，再判斷何者較佳。本例選「**線性(L)**」）

STEP **7** 加選「**顯示變異數分析表格(Y)**」

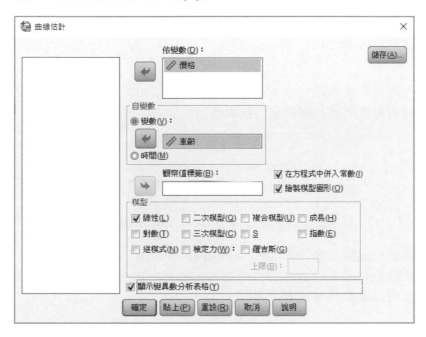

STEP **8** 按 確定 鈕，獲致

模型描述

模型名稱		MOD_1
應變數	1	價格
方程式	1	線性
自變數		車齡
常數		已併入
其值在圖中標註為觀察的變數		未指定

表其應變數為『價格』、自變數為『車齡』，使用『線性』模式進行分析。

模型摘要

模型	R	R 平方	調整後 R 平方	標準標準誤
1	.993[a]	.987	.985	1.8048
a. 解釋變數：（常數），車齡				

判定係數（R 平方）為 0.987。

變異數分析

	平方和	自由度	均方	F	顯著性
迴歸	1908.007	1	1908.007	585.768	.000
殘差	26.058	8	3.257		
總計	1934.065	9			

自變數為 車齡。

本部份即變異數分析表，檢定之顯著性 $0.000 < \alpha = 0.05$，應捨棄應變數與自變數間無迴歸關係存在之虛無假設。

係數

	非標準化係數		標準化係數		
	B	標準誤	β	T	顯著性
車齡	-4.809	.199	-.993	-24.203	.000
（常數）	57.800	1.233		46.881	.000

車齡的迴歸係數為 -4.809，其 t 值為 -24.203，顯著性 $0.000 < \alpha = 0.05$，故捨棄其為 0 之虛無假設，迴歸方程式之自變數的係數不為 0，自變數與因變數間存有直線關係。

常數項為 57.8，其 t 值為 46.881，顯著性 $0.000 < \alpha = 0.05$，故捨棄其為 0 之虛無假設。其迴歸方程式為：

```
y = -4.809x + 57.8
```

最後，還可同時繪出觀察值資料及其迴歸線：

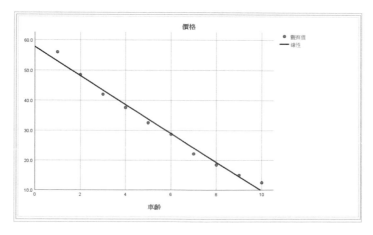

12-3 非線性迴歸

▶▶ 二次曲線模式

有些資料間並不是單純的直線關係,如『範例\Ch12\年齡與所得.sav』之資料:

	年齡	每月所得
1	15	8000
2	20	10000
3	25	15000

以「**分析(A)/迴歸(R)/線性(L)…**」線性模式求其迴歸方程式:

模型摘要

模型	R	R 平方	調整後 R 平方	標準標準誤
1	.010[a]	.000	-.083	14474.029

a. 解釋變數:(常數),年齡

變異數分析[a]

模型		平方和	自由度	均方	F	顯著性
1	迴歸	252222.527	1	252222.527	.001	.973[b]
	殘差	2513970099	12	209497508.2		
	總計	2514222321	13			

a. 應變數: 每月所得

b. 解釋變數:(常數),年齡

判定係數(R 平方)為 0.000,根本不具任何解釋力,且變異數分析檢定之顯著性 $0.973 > \alpha = 0.05$,無法捨棄應變數與自變數間無迴歸關係存在之虛無假設。

但若以下示步驟,將其類型改成二次曲線模式,其結果就完全不同:

STEP **1** 執行「**分析(A)/迴歸(R)/曲線估計(C)…**」

STEP **2** 選『**每月所得**』,按 ➡ 鈕,將其送到右側之『**依變數(D)**』方塊

STEP **3** 選『年齡』，按 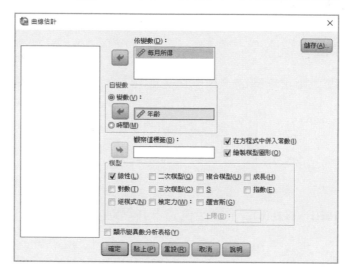 鈕，將其送到右側之『自變數』方塊之「**變數(V)**」處

STEP **4** 確定已選「**在方程式中併入常數(I)**」（等有初步結果，再視情況看是否應取消此設定）

STEP **5** 確定已選「**繪製模型圖形(O)**」

STEP **6** 於『模式』方塊，選擇欲使用之迴歸模式（若不知道應使用何者，可多選幾個，再判斷何者較佳。本例選「**二次模型(Q)**」）

STEP **7** 加選「**顯示變異數分析表格(Y)**」

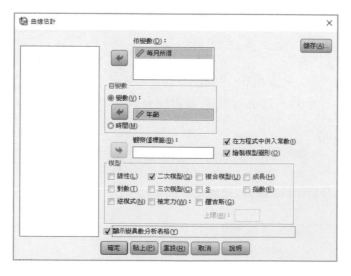

按 確定 鈕，獲致

二次

模型摘要

R	R 平方	調整後 R 平方	估計標準誤
.933	.870	.847	5444.755

自變數為 年齡。

表其使用二次曲線模式，判定係數（R 平方）為 0.870，就明顯較一次式之線性模式具解釋能力。

變異數分析

	平方和	自由度	均方	F	顯著性
迴歸	2188123380	2	1094061690	36.905	.000
殘差	326098941.6	11	29645358.33		
總計	2514222321	13			

自變數為 年齡。

變異數分析檢定之顯著性 $0.000 < \alpha = 0.05$，應捨棄應變數與自變數間無迴歸關係存在之虛無假設。

係數

	非標準化係數		標準化係數		
	B	標準誤	β	T	顯著性
年齡	3287.152	390.151	4.944	8.425	.000
年齡 ** 2	-34.672	4.036	-5.041	-8.591	.000
（常數）	-38529.904	8344.212		-4.618	.001

年齡的迴歸係數為 3287.152，其 t 值為 8.425，顯著性 $0.000 < \alpha = 0.05$，故捨棄其為 0 之虛無假設。

『年齡**2』表其為年齡平方項，其迴歸係數為-34.672（因為二次曲線模式故有一個變數為平方項），其 t 值為-8.591，顯著性 $0.000 < \alpha = 0.05$，故捨棄其為 0 之虛無假設。

常數項為-38529.904，其 t 值為-4.618，顯著性 $0.001 < \alpha = 0.05$，故捨棄其為 0 之虛無假設。

12

迴歸

迴歸方程式為：

$$y = -34.672x^2 + 3287.152x - 38529.904$$

（x 為『年齡』）

最後，還可同時繪出資料觀察值及其二次的曲線迴歸線：

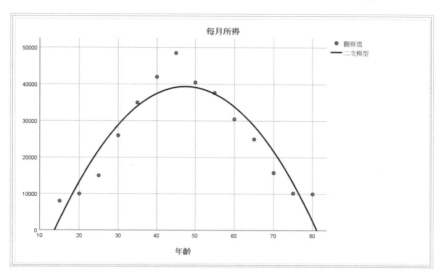

馬上練習

以『範例\Ch12\成就動機 x 成績.sav』之內容：

	🖉 成就動機	🖉 成績
1	15	38
2	20	40
3	25	45

檢視應以一次線性或二次曲線較為合適？求成就動機對成績之迴歸方程式並繪製其散佈圖與迴歸線。

線性

模型摘要

R	R 平方	調整後 R 平方	估計標準誤
.661	.437	.380	12.934

自變數為 成就動機。

二次

模型摘要

R	R 平方	調整後 R 平方	估計標準誤
.956	.913	.894	5.351

自變數為 成就動機。

一次式時，判定係數 R 平方為 0.437；二次式時，判定係數 R 平方為 0.913，故應選擇二次式之迴歸方程式：

變異數分析				
	平方和	自由度	均方	F	顯著性
迴歸	2711.195	2	1355.597	47.339	.000
殘差	257.722	9	28.636		
總計	2968.917	11			

自變數為 成就動機。

係數					
	非標準化係數		標準化係數		
	B	標準誤	β	T	顯著性
成就動機	4.103	.506	4.503	8.109	.000
成就動機 ** 2	-.041	.006	-3.903	-7.030	.000
（常數）	-22.799	9.744		-2.340	.044

『成就動機』、『成就動機**2』與常數等三項內容之 t 檢定顯著性均＜α=0.05。故為其方程式為：

$$y = -0.041x^2 + 4.103x - 22.799$$

（x 為『成就動機』）

其圖表為：

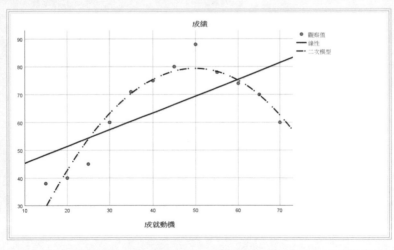

▶▶ 對數模式

「**分析(A)/迴歸(R)/曲線估計(C)...**」可求算之迴歸種類很多,包括:直線、二次曲線模式、三次曲線模式、對數模式、指數模式、……等。如,『**範例\Ch12\樹木直徑與高度.sav**』為樹木直徑與其高度之資料:

	直徑_吋	高度_呎
1	.9	17
2	1.2	25
3	2.9	32

以「**分析(A)/迴歸(R)/曲線估計(C)...**」,一次要求計算出『**線性**』、『**二次模型**』與『**對數**』之迴歸結果:

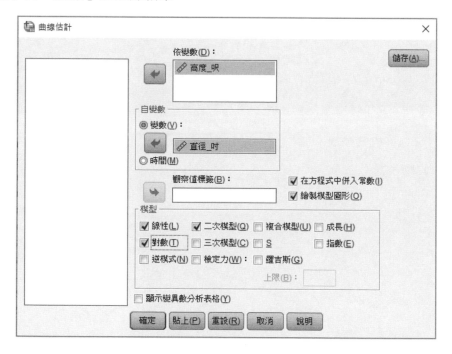

其結果為:

線性

模型摘要

R	R 平方	調整後 R 平方	估計標準誤
.822	.675	.639	14.300

自變數為 直徑_吋。

對數

模型摘要

R	R 平方	調整後 R 平方	估計標準誤
.962	.926	.917	6.837

自變數為 直徑_吋。

二次

模型摘要

R	R 平方	調整後 R 平方	估計標準誤
.941	.886	.857	8.988

自變數為 直徑_吋。

　　直線模式之判定係數(R 平方)僅為 0.675、二次模型之判定係數為 0.886；而對數模式之判定係數則高達 0.926，就很明顯的較具解釋力。故以對數模式進行後續之分析：

變異數分析

	平方和	自由度	均方	F	顯著性
迴歸	5240.961	1	5240.961	112.126	.000
殘差	420.675	9	46.742		
總計	5661.636	10			

自變數為 直徑_吋。

係數

	非標準化係數		標準化係數		
	B	標準誤	β	T	顯著性
ln(直徑_吋)	21.512	2.032	.962	10.589	.000
（常數）	19.478	3.843		5.069	.001

　　其迴歸方程式為：

```
y = 21.512Ln(x) + 19.478
```

x 為『直徑_吋』，所獲致之圖形為：

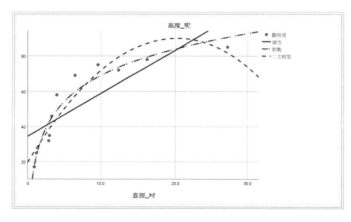

 馬上練習

依『範例\Ch12\迴歸資料.sav』：

	✐ x	✐ y
1	100	22
2	200	21
3	250	20

以直線、二次曲線與對數模式判斷何者之迴歸效果較佳？

線性

模型摘要

R	R 平方	調整後 R 平方	估計標準誤
.864	.747	.705	2.845

自變數為 x。

對數

模型摘要

R	R 平方	調整後 R 平方	估計標準誤
.933	.870	.849	2.038

自變數為 x。

二次

模型摘要

R	R 平方	調整後 R 平方	估計標準誤
.949	.902	.862	1.945

自變數為 x。

以二次曲線模式之迴歸效果較佳，其判定係數（R 平方）為 0.902。迴歸結果為：

變異數分析

	平方和	自由度	均方	F	顯著性
迴歸	173.093	2	86.547	22.888	.003
殘差	18.907	5	3.781		
總計	192.000	7			

自變數為 x。

係數

	非標準化係數		標準化係數		
	B	標準誤	β	T	顯著性
x	-.026	.006	-2.496	-4.165	.009
x ** 2	9.981E-6	.000	1.678	2.801	.038
（常數）	24.969	1.781		14.017	.000

迴歸方程式為：

```
y = 9.981E-6x² − 0.026x + 24.969
```

12-4 複迴歸

現實中，很多狀況並非簡單之單一變數即可以解釋清楚。如銷售量並非完全決定於廣告費而已，產品品質、售價、銷售人員、……等，亦均有其重要性。又如，銀行計算客戶之信用分數，亦不會只決定於每月所得而已，動產、不動產，甚或年齡、性別、教育程度、……等，亦均有可能影響其信用分數。故於迴歸中，同時使用多個自變數以預測某一因變數的情況已越來越多。這種同時使用多個自變數之迴歸，即稱為**複迴歸**（multiple regression）或**多元迴歸**。

▶▶ 中古車車價之實例

『範例\Ch12\中古車車價.sav』為同一廠牌同型中古車之車齡、里程數（萬公里）及其價格（萬）資料：

	🖉 車齡	🖉 里程數	🖉 價格
1	1	1.5	61
2	2	1.8	57
3	3	4.6	42

可以下示步驟進行複迴歸分析：

STEP **1**　執行「**分析(A)/迴歸(R)/線性(L)…**」

STEP **2**　選『萬[價格]』，按 ⇒ 鈕，將其送到右側之『應變數(D)』方塊

STEP **3**　選『車齡』與『萬公里[里程數]』兩變數，按 ⇒ 鈕，將其送到右側之『自變數(I)』方塊

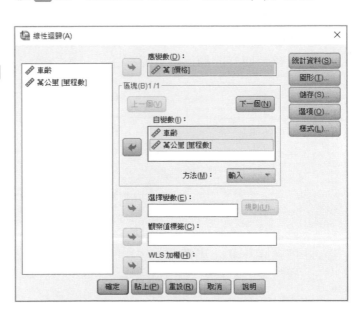

STEP **4** 於『方法(M)』處，選擇欲使用之迴歸方法（本例選「**輸入**」）

STEP **5** 按 [繼續(C)] 鈕，回上一層對話方塊

STEP **6** 按 [確定] 鈕，即可獲致迴歸結果

模型摘要				
模型	R	R 平方	調整後 R 平方	標準標準誤
1	.972[a]	.944	.928	4.693
a. 解釋變數：（常數），萬公里, 車齡				

此結果之複相關係數（R）為 0.972，判定係數（R 平方）為 0.944、調整後 R 平方為 0.928。顯示整組迴歸方程式可解釋價格差異之程度相當高。

變異數分析[a]					
模型		平方和	自由度	均方	F	顯著性
1	迴歸	2599.444	2	1299.722	59.018	.000[b]
	殘差	154.156	7	22.022		
	總計	2753.600	9			
a. 應變數: 萬					
b. 解釋變數：（常數），萬公里, 車齡					

變異數分析表中之 F 檢定的顯著性 0.000<α=0.05，故其結果為捨棄因變數與自變數間無迴歸關係存在之虛無假設。顯示價格與車齡及里程數整體間有明顯迴歸關係存在。

係數[a]						
		非標準化係數		標準化係數		
模型		B	標準錯誤	β	T	顯著性
1	（常數）	62.647	3.207		19.534	.000
	車齡	-5.374	1.216	-.930	-4.419	.003
	萬公里	-.229	1.059	-.046	-.216	.835
a. 應變數: 萬						

最後之 t 檢定結果中，常數項為 62.647，其顯著性 0.000<α=0.05，故捨棄其為 0 之虛無假設，迴歸方程式之常數項不應為 0，故不可將其省略。

『車齡』自變數的迴歸係數為-5.374，其顯著性 0.003<α=0.05，故捨棄其為 0 之虛無假設，車齡與價格間存有直線關係。由其係數為負值，顯示車齡與價格間之關係為一負相關，車齡愈大售價愈低。

另一個自變數『萬公里』（里程數）的迴歸係數為-0.229，其顯著水性 0.835>α=0.05，故無法捨棄其為 0 之虛無假設，里程數與價格間並無直線關係。故可將此一係數自迴歸方程式中排除掉。（少掉一個變數，即可省去蒐集其資料之時間與成本）函數為：

$y = -5.374X_1 + 62.647$
（價格＝-5.374×車齡＋62.647）

若捨棄『萬公里』（里程數）變數，而僅以『車齡』與『價格』再重新進行一次迴歸。其結果為：

模型摘要

模型	R	R 平方	調整後 R 平方	標準標準誤
1	.971[a]	.944	.937	4.404

a. 解釋變數：（常數），車齡

變異數分析[a]

模型		平方和	自由度	均方	F	顯著性
1	迴歸	2598.412	1	2598.412	133.949	.000[b]
	殘差	155.188	8	19.398		
	總計	2753.600	9			

a. 應變數: 萬
b. 解釋變數：（常數），車齡

係數[a]

模型		非標準化係數		標準化係數		
		B	標準錯誤	β	T	顯著性
1	（常數）	62.667	3.009		20.828	.000
	車齡	-5.612	.485	-.971	-11.574	.000

a. 應變數: 萬

最後之迴歸方程式為：

$y = -5.612X_1 + 62.667$
（價格 = -5.612×車齡 +62.667）

比較是否捨棄『萬公里』（里程數）之迴歸結果，可發現兩次之判定係數（R 平方）均為 0.944；兩次之迴歸方程式：

$$y = -5.374X_1 + 62.647 \quad 與 \quad y = -5.612X_1 + 62.667$$

其差異固定為：

$$-0.238X_1 + 0.02$$

若您是中古車商，想預估中古車的回收價格，應選第二次的迴歸方程式，當車齡逐步遞增，車價將降低得更多，會較節省回收成本。反之，若是想預估中古車的出售價格，則應選第一次的迴歸方程式，當車齡逐步遞增，車價降低的幅度會比較少！

▶▶ 信用分數之實例

再舉一個複迴歸之例子，假定『範例\Ch12\信用分數.sav』，係銀行為核發信用卡，而蒐集了申請人之每月總收入（萬）、不動產（百萬）、動產（百萬）、每月房貸（萬）與扶養支出費用（萬）等資料，並以主管之經驗，主觀的給予一信用分數（1~100）：

	總收入	不動產	動產	每月房貸	扶養支出	信用分數
1	6.5	12.0	3.0	2.0	2.0	82
2	7.2	8.0	2.0	.0	2.0	86
3	3.8	.0	1.0	.0	1.0	70

為使評估信用分數能有一套公式，免得老是要主管抽空評分。擬以複迴歸來求得一迴歸方程式，其處理步驟為：

STEP **1**　執行「**分析(A)/迴歸(R)/線性(L)…**」

STEP **2**　選『信用分數』，按 🔁 鈕，將其送到右側之『應變數(D)』方塊

STEP **3**　選『總收入』、『不動產』、『動產』、『每月房貸』與『扶養支出』，按 🔁 鈕，將其送到右側之『自變數(I)』方塊

STEP **4**　於『方法(M)』處，選擇欲使用之迴歸方法（本例選「**輸入**」）

STEP **5**　按 繼續(C) 鈕，回上一層對話方塊

STEP **6**　按 確定 鈕，即可獲致迴歸結果

模型摘要

模型	R	R 平方	調整後 R 平方	標準標準誤
1	.991[a]	.982	.937	2.179

a. 解釋變數：（常數），扶養支出，每月房貸,總收入,不動產,動產

此結果之複相關係數（R）為 0.991，判定係數（R 平方）為 0.982、調整後 R 平方為 0.937。顯示整組迴歸方程式可解釋信用分數差異之程度相當高。

變異數分析[a]

模型		平方和	自由度	均方	F	顯著性
1	迴歸	520.001	5	104.000	21.897	.044[b]
	殘差	9.499	2	4.750		
	總計	529.500	7			

a. 應變數: 信用分數
b. 解釋變數：（常數），扶養支出，每月房貸,總收入,不動產,動產

變異數分析表中之 F 檢定的顯著性 0.044<α=0.05，故其結果為捨棄因變數與自變數間無迴歸關係存在之虛無假設。顯示每月總收入、不動產、動產、每月房貸、扶養支出與信用分數整體間，有明顯迴歸關係存在。

		非標準化係數		標準化係數		
模型		B	標準錯誤	β	T	顯著性
1	（常數）	57.076	4.950		11.530	.007
	總收入	5.351	.995	1.262	5.375	.033
	不動產	.704	.930	.470	.757	.528
	動產	-4.962	5.445	-.637	-.911	.458
	每月房貸	-.090	1.716	-.012	-.052	.963
	扶養支出	-2.499	1.705	-.203	-1.466	.280

係數[a]

a. 應變數: 信用分數

最後之 t 檢定結果中，常數項為 57.076，其顯著性 0.007<α=0.05，故捨棄其為 0 之虛無假設，迴歸方程式之常數項不應為 0，故不可將其省略。

所有五個自變數中，僅『總收入』之顯著性為 0.033<α=0.05，可捨棄其為 0 之虛無假設，表示每月總收入與信用分數間存有直線關係。其係數為 5.351，顯示每月總收入與信用分數間之關係為正相關，收入愈高信用分數愈高。

其餘之『不動產』、『動產』、『每月房貸』與『扶養支出』等四個變數之顯著性均大於 α=0.05，故無法捨棄其為 0 之虛無假設，顯示信用分數與這些變數間並無顯著之直線關係。故可將這些變數之係數自迴歸方程式中排除掉。其迴歸方程式為：

```
y = 5.351X₁ + 57.076
（信用分數＝5.351×總收入＋57.076）
```

若您是撰寫研究報告，不考慮到以後的預測問題，只想解釋變數的重要性及其相關性，可僅以此結果進行後續說明：每月總收入與信用分數間之關係為正相關，收入愈高信用分數愈高，其餘變數與信用分數之相關性均不顯著，對預測信用分數的貢獻不高。

若是考慮到以後的預測問題，因為以後僅需收集信用卡申請者的『總收入』而已。故得另以『總收入』與『信用分數』兩欄之資料重新進行一次迴歸。其結果為：

模型摘要

模型	R	R 平方	調整後 R 平方	標準標準誤
1	.974[a]	.949	.940	2.122

a. 解釋變數：（常數），總收入

變異數分析[a]

模型		平方和	自由度	均方	F	顯著性
1	迴歸	502.489	1	502.489	111.618	.000[b]
	殘差	27.011	6	4.502		
	總計	529.500	7			

a. 應變數: 信用分數
b. 解釋變數：（常數），總收入

係數[a]

模型		非標準化係數		標準化係數	T	顯著性
		B	標準錯誤	β		
1	（常數）	55.198	2.218		24.887	.000
	總收入	4.131	.391	.974	10.565	.000

a. 應變數: 信用分數

所以，最後之迴歸方程式應為：

$$y = 4.131X_1 + 55.198$$
（信用分數＝4.131×總收入＋55.198）

老師為找出學生出席率高低之主要原因，以問卷調查蒐集了受測者對影響出席率之因素的同意程度之資料（5=非常同意，1=非常不同意），存於『範例\Ch12\上課出席率.sav』：

	✎ 是否點名	✎ 成績高低	✎ 上課內容	✎ 上課時段	✎ 出席率
1	2	3	5	2	.95
2	1	5	3	4	.65
3	3	3	5	2	1.00

試以複迴歸求出席率高低之迴歸方程式。

模型摘要

模型	R	R 平方	調整後 R 平方	標準標準誤
1	.984[a]	.968	.936	.03982

a. 解釋變數：（常數），上課時段,是否點名,成績高低,上課內容

變異數分析[a]

模型		平方和	自由度	均方	F	顯著性
1	迴歸	.193	4	.048	30.353	.003[b]
	殘差	.006	4	.002		
	總計	.199	8			

a. 應變數: 出席率

b. 解釋變數：（常數），上課時段,是否點名,成績高低,上課內容

係數[a]

模型		非標準化係數		標準化係數		
		B	標準錯誤	β	T	顯著性
1	（常數）	.479	.099		4.863	.008
	是否點名	.026	.021	.118	1.256	.277
	成績高低	.013	.016	.080	.817	.460
	上課內容	.100	.014	.740	7.011	.002
	上課時段	-.057	.016	-.369	-3.519	.024

a. 應變數: 出席率

由於，t 檢定之結果僅『常數』、『上課內容』與『上課時段』之顯著性<0.05，故其迴歸方程式為：

出席率 = 0.479 + 0.100 * 上課內容-0.057 * 上課時段

顯示：若欲提升學生的出席率，主要是提高上課內容對學生的滿意程度；其次，就是把課程調到較佳的時段。

若僅以『上課內容』、『上課時段』與『出席率』等三欄之資料，重新進行一次迴歸。其結果為：

模型摘要

模型	R	R 平方	調整後 R 平方	標準標準誤
1	.975[a]	.952	.935	.04007

a. 解釋變數：（常數），上課時段, 上課內容

變異數分析[a]

模型		平方和	自由度	均方	F	顯著性
1	迴歸	.189	2	.095	58.935	.000[b]
	殘差	.010	6	.002		
	總計	.199	8			

a. 應變數: 出席率

b. 解釋變數：（常數），上課時段, 上課內容

係數[a]

模型		非標準化係數		標準化係數		
		B	標準錯誤	β	T	顯著性
1	（常數）	.550	.083		6.609	.001
	上課內容	.103	.014	.760	7.467	.000
	上課時段	-.055	.016	-.351	-3.450	.014

a. 應變數: 出席率

出席率 = 0.550 + 0.103*上課內容 – 0.055*上課時段

結論還是一樣，只是係數略有不同而已！（其實，老師為了瞭解影響出席率之因素的目的，於第一次的迴歸就已經達成了，沒有多大必要進行第二次的迴歸）

因素分析 13

13-1 概念

　　因素（因子）分析是用來縮減變數維度（dimension）的技術，其主要目的在將原有很多變數（維度）之資料，縮減成較少的維度數，但又能保持原資料所提供之大部份資訊。

　　將變數之數目變少後，於後續之研究報告中，將較容易進行解釋或繪圖。且還可以拿來進行各種檢定，或拿來作為後階段判別（區別）分析、集群分析、……之依據。故而，因素分析結果，通常並不是整個報告之最終分析結果；而只是一個中間過程，用以濃縮產生後階段分析所需之變數而已。

　　在對變數進行因素分析之前，應先進行 KMO（Kaiser-Meyer-Olkin）取樣適當性檢定及巴氏球形檢定（Bartlett Test of Sphericity），以確定資料的分析效果及是否適合進行因素分析。KMO 值越高，表示進行因素分析的效果越好，其值在 0.9 以上表示效果極佳，0.8～0.9 表示是有價值的，0.7～0.8 是中度的，0.6～0.7 是不好也不壞，0.5～0.6 是不太好的，若值在 0.5 以下，就表示其效果是無法接受的。而巴氏球形檢定則是在檢定資料是否適合進行因素分析。

　　於變數中擷取因素的方法有：主成份、未加權最小平方法、概化最小平方法、最大概率法、……。但以主成份最為簡單，最常被選用。

至於，應縮減為幾個因素？H Kaiser 所倡之方法為依以能解釋之變異數（特徵值、固有值）達 1.0 為選取標準，自動判斷應縮減為幾個因素，這應是最常被選用之判斷方法。

而 R. Cattell 則認為當變數少於 20 時，H Kaiser 法所擷取之因素會過少；但於當變數多於於 50 時，H Kaiser 法所擷取之因素會過多。故提倡使用『陡坡法』（scree test，碎石坡），它將每一因素能解釋之變異數安排於縱軸；橫軸為各因素。將各因素解釋之變異數連成一線，會成一逐漸遞減之線條。最後，將陡降後趨於平坦之因素捨棄不用，因為其等可解釋之變異太少。不過，最後還是得由研究者主觀判斷，以決定應縮減為幾個因素。

由於，因素分析的結果一般很難加以解釋。因此，得將各因素軸加以旋轉。常用的因素轉軸方法為『直交轉軸』（orthogonal rotation）與『斜交轉軸』（oblique rotation），前者讓各軸均維持於 90 度的關係，各軸互相獨立；後者則否。何者為佳？也是研究者個人偏好的問題。

『直交轉軸』分為：四方最大法（quartimax）與最大變異法（varimax）。其中，以『最大變異法』所轉軸後的因素結構較為簡單，應是最廣為使用的轉軸方法。『斜交轉軸』又分為：四方最小法（quartimin）、共變異最小法（covarimin）、……等多種。

13-2 申請信用卡考慮因數之因素分析

假定，將訪者對申請信用卡考慮因數的注重程度（極重要=5、極不重要=1），輸入於『範例\Ch13\申請信用卡考慮因素.sav』：

	編號	q1	q3_1	q5	q6_01	q6_02	q6_03	q6_04
1	1	2	0	0	4	4	3	3
2	2	2	0	0	5	4	2	2
3	3	2	0	0	3	4	4	3

原問卷內容為：

Q6. 請就下列申請信用卡之考慮變數勾選其重要程度

	極重要	重要	普通	不重要	極不重要
1)年費	☐	☐	☐	☐	☐
2)循環利息	☐	☐	☐	☐	☐
3)信用額度	☐	☐	☐	☐	☐
4)可貸款	☐	☐	☐	☐	☐
5)可預借現金	☐	☐	☐	☐	☐
6)是否全球通行	☐	☐	☐	☐	☐
7)是否受商店歡迎	☐	☐	☐	☐	☐
8)失卡風險負擔	☐	☐	☐	☐	☐
9)24 小時免付費專線	☐	☐	☐	☐	☐
10)道路救援服務	☐	☐	☐	☐	☐
11)旅遊保險	☐	☐	☐	☐	☐
12)發卡銀行知名度	☐	☐	☐	☐	☐
13)專業形象	☐	☐	☐	☐	☐
14)卡片設計美觀	☐	☐	☐	☐	☐
15)贈品	☐	☐	☐	☐	☐

擬將其 15 項變數，以因素分析之主成份分析，進行濃縮以擷取較少數的主成份因素，達成縮減變數個數之目的。

13-3 擷取主成份

以因素分析之主成份分析，進行擷取主成份之處理步驟為：

STEP **1**　開啟『範例\Ch13\申請信用卡考慮因素.sav』

STEP **2**　　執行「**分析(A)/維度縮減(D)/因數(F)...**」

STEP **3**　　左側選取『年費[q6_01]』～『贈品[q6_15]』等 15 個變數,按 [→] 鈕,將其送到右側之『變數(V)』方塊

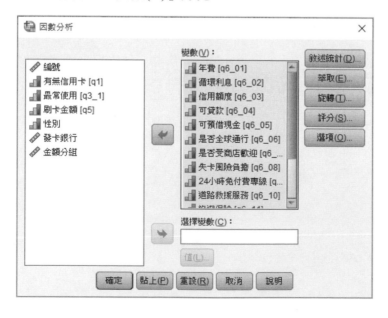

STEP **4** 按 敘述統計(D)... 鈕

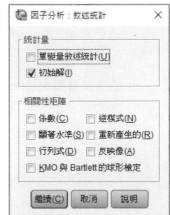

STEP **5** 選「**KMO 與 Bartlett 的球形檢定**」，用以確定資料的分析效果及是否適合進行因素分析

STEP **6** 按 繼續(C) 鈕，回步驟 3 上層對話方塊

STEP **7** 按 萃取(E)... 鈕

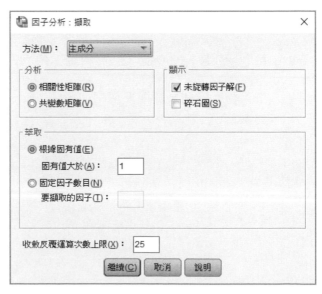

『方法(M)』處，有多種擷取方法可供選用，本例選最常用之「**主成分**」：

『萃取』處，可自行決定應縮減為幾個因素；或依「**根據固有值(E)**」大於 1 之標準，自動判斷應縮減為幾個因素。為比較另一種『陡坡法』（碎石圖）的結果如何，本例同時選用「**根據固有值(E)**」與「**碎石圖(S)**」（純為比較之用，實際分析時，可不用選「**碎石圖(S)**」）：

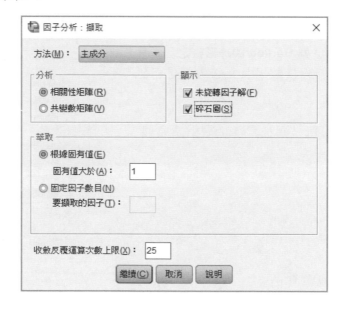

STEP **8** 按 [繼續(C)] 鈕，回步驟 3 上層對話方塊

STEP **9** 按 [旋轉(T)...] 鈕，選擇要使用何種因素轉軸法

本例選「**最大變異(V)**」（varimax）：

「**收斂反覆運算次數上限(X)**」處是在設定轉軸幾次後，若未收斂即自動結束。

STEP **10** 按 繼續(C) 鈕，回上一層對話方塊

STEP **11** 按 評分(S)... 鈕

本例選「**儲存成變數(S)**」及「**顯示因子評分係數矩陣(D)**」：

可將各受訪者對各變數之評價代入因素矩陣（函數），計算出因素分數，另存於此檔案的最後，供後續之分析使用，達到縮減變數之目的。其名稱將依因素個數，依序為：FAC1_1、FAC2_1、……。最後之 1 代表是第一個因素分析。（於實際分析，可不選「**顯示因子評分係數矩陣(D)**」）

STEP **12** 按 [繼續(C)] 鈕,回上一層對話方塊

STEP **13** 最後,按 [確定] 鈕,獲致

KMO 與 Bartlett 檢定

Kaiser-Meyer-Olkin 取樣適切性量數。		.644
Bartlett 的球形檢定	近似卡方檢定	448.733
	自由度	105
	顯著性	.000

本部份是在進行 KMO 取樣適當性檢定及巴氏球形檢定,KMO=0.644 介於 0.6〜0.7 表示分析效果不好也不壞,巴氏球形檢定值 448.73,顯著性=0.000＜α=0.01,顯示資料非常適合進行因素分析。

解說總變異量

成分	初始固有值			擷取平方和負荷量		
	總計	變異的 %	累加 %	總計	變異的 %	累加 %
1	3.643	24.289	24.289	3.643	24.289	24.289
2	2.330	15.535	39.824	2.330	15.535	39.824
3	1.607	10.716	50.540	1.607	10.716	50.540
4	1.277	8.513	59.053	1.277	8.513	59.053
5	1.194	7.959	67.012	1.194	7.959	67.012
6	.962	6.411	73.423			
7	.780	5.200	78.623			
8	.643	4.286	82.910			
9	.625	4.165	87.074			
10	.491	3.274	90.348			
11	.420	2.798	93.147			
12	.343	2.284	95.431			
13	.263	1.754	97.185			
14	.230	1.535	98.720			
15	.192	1.280	100.000			

擷取方法:主成分分析。

本部份表示依固有值(特徵值)大於 1 之標準,將 15 個變數濃縮為 5 個因素(主成份)。這 5 個因素中,第 1 個可解釋全部變異之 24.289%、第 2 個可解釋全部變異之 15.535%、……、第 5 個可解釋全部變異之 7.959%,五個因素共可解釋全部變異之 67.012%。可解釋全部變異之百分比,係由第一個因素開始逐漸遞減,也就是說越前面之因素越重要。

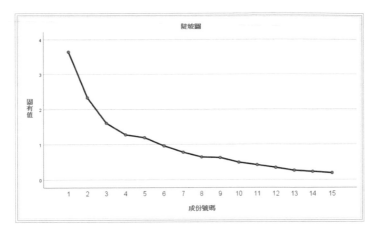

若以此陡坡圖來決定因素個數，發現固有值漸趨於平緩是在因素（成份號碼）4 左右，故應選擇四個因素。不過，就是因為沒一個明確的判定標準，故使得 H Kaiser 所倡之固有值（特徵值）應達 1 為選取標準，會最常被選用為判斷因素個數之方法。

成分矩陣[a]					
	成分				
	1	2	3	4	5
年費	.181	.060	.473	.422	-.268
循環利息	.343	-.323	.031	.665	.020
信用額度	.449	-.392	.228	.166	-.443
可貸款	.320	-.611	.508	-.159	.108
可預借現金	.408	-.636	.392	-.270	.114
是否全球通行	.667	.077	-.302	.188	-.051
是否受商店歡迎	.564	-.184	-.455	.312	.199
失卡風險負擔	.540	-.059	-.382	.136	.157
24小時免付費專線	.720	.147	.155	-.079	.324
道路救援服務	.671	.008	.036	-.395	.375
旅遊保險	.611	.405	-.177	-.158	-.048
發卡銀行知名度	.582	.383	.157	-.174	-.495
專業形象	.529	.512	.083	-.142	-.317
卡片設計美觀	-.084	.652	.428	.133	.235
贈品	.037	.476	.452	.353	.430

擷取方法：主成分分析。

a. 已擷取 5 個成分。

這是未轉軸前的成份矩陣（元件矩陣），一般很難加以解釋。因此，得將各因素軸加以旋轉。本例是以「**最大變異(V)**」進行轉軸，轉軸後之結果為：

旋轉成分矩陣[a]

	成分				
	1	2	3	4	5
年費	.155	-.080	.059	.250	.643
循環利息	-.212	.497	.098	.049	.602
信用額度	.221	.116	.349	-.302	.597
可貸款	-.095	-.031	.839	-.071	.227
可預借現金	-.030	.052	.874	-.170	.118
是否全球通行	.373	.648	.000	-.061	.130
是否受商店歡迎	-.003	.823	.043	-.111	.070
失卡風險負擔	.138	.674	.056	-.080	-.035
24小時免付費專線	.399	.455	.429	.346	-.071
道路救援服務	.372	.400	.557	.140	-.346
旅遊保險	.649	.382	-.011	.087	-.146
發卡銀行知名度	.860	.022	.049	-.020	.204
專業形象	.799	.088	-.049	.128	.069
卡片設計美觀	.184	-.220	-.163	.761	-.011
贈品	-.006	.014	-.030	.853	.114

擷取方法：主成分分析。
轉軸方法：使用 Kaiser 正規化的最大變異法。
a. 在 10 反覆運算中收斂旋轉。

通常，我們得將此表轉入 Excel 或 Word 稍加整理，對於每一因素中因素負荷量較高者（絕對值 0.45 或 0.5 以上），稍加標示以利進行說明。（應如何加以解釋，留待後文說明）

13-4 存成新變數作為後階段之資料

由於，我們曾選「**儲存成變數(S)**」及「**顯示因子評分係數矩陣(D)**」，除了顯示因素（成份）評分係數矩陣外：

成分評分係數矩陣

	成分				
	1	2	3	4	5
年費	.056	-.084	-.026	.134	.470
循環利息	-.208	.267	-.065	.097	.414
信用額度	.120	-.060	.071	-.196	.396
可貸款	-.063	-.105	.424	.026	.066
可預借現金	-.032	-.080	.437	-.039	-.021
是否全球通行	.080	.260	-.106	-.051	.073
是否受商店歡迎	-.137	.414	-.085	-.015	.017
失卡風險負擔	-.043	.315	-.052	-.023	-.057
24小時免付費專線	.055	.141	.199	.228	-.124
道路救援服務	.076	.100	.293	.107	-.340
旅遊保險	.248	.093	-.048	-.011	-.122
發卡銀行知名度	.434	-.159	-.034	-.130	.144
專業形象	.373	-.088	-.064	-.029	.053
卡片設計美觀	.032	-.080	-.013	.437	.016
贈品	-.124	.062	.032	.547	.082

擷取方法：主成分分析。
轉軸方法：使用 Kaiser 正規化的最大變異法。
成分評分。

SPSS 還會將原變數代入因素分數係數矩陣，每一位受訪者會計算出五個因素分數，另存於此檔案的最後，供後續之分析使用，達到縮減變數之目的。其名稱將依因素個數，依序為：FAC1_1、FAC2_1、……、FAC5_1：（當然也允許重新命名）

	金額分組	FAC1_1	FAC2_1	FAC3_1	FAC4_1	FAC5_1
1	1.00	-1.31671	.08774	-1.23157	.33366	.10629
2	1.00	-.99184	.31164	-1.51945	.71763	-.21895
3	1.00	-.97443	-.96883	-.59977	.19515	.42576
4	1.00	-.53243	-1.25731	.84023	.62180	.01750

13-5 於報告中的寫法

對於因素分析之結果，於報告中之寫法可為：

為了探討受訪者對申請信用卡重要考慮因素，本研究設計了：『年費』、『循環利息』、『信用額度』、『可貸款』、『可預借現金』、『是否全球通行』、『是否受商店歡迎』、『失『卡風險負擔』、『24 小時免付費專線』、『道路救援服務』、『旅遊保險』、『發卡銀行知名度』、『專業形象』、『卡片設計美觀』與『贈品』等 15 個變數，以量表蒐集各受訪者對每一變數之注重程度（極重要=5、極不重要=1）。

將所獲得之資料，先經過 KMO 取樣適當性檢定及巴氏球形檢定，KMO=0.644、巴氏球形檢定值 448.73，顯著性=0.000，結果顯示資料應該是適合進行因素分析。

通過檢定之後，續以因素分析中的主成份分析來擷取共同因素，依據固有值大過 1 作為選取共同因素個數的原則，結果共選取五個主要因素，總計可解釋全部變異之 67.012%。

再經過最大變異數轉軸法（varimax），對選出的因素進行轉軸，使各因素之代表意義更明顯且更易於解釋，其結果詳表 13-1 與 13-2。（網底部份為因素荷量絕對值大於 0.45 者）

表 13-1　申請信用卡重要考慮因素主成份分析轉軸後之成份矩陣

屬性	成份1	成份2	成份3	成份4	成份5
年費	0.155	-0.080	0.059	0.250	0.643
循環利息	-0.212	0.497	0.098	0.049	0.602
信用額度	0.221	0.116	0.349	-0.302	0.597
可貸款	-0.095	-0.031	0.839	-0.071	0.227
可預借現金	-0.030	0.052	0.874	-0.170	0.118
是否全球通行	0.373	0.648	0.000	-0.061	0.130
是否受商店歡迎	-0.003	0.823	0.043	-0.110	0.070
失卡風險負擔	0.138	0.674	0.056	-0.080	-0.035
24小時免付費專線	0.399	0.455	0.429	0.346	-0.071
道路救援服務	0.372	0.400	0.557	0.140	-0.346
旅遊保險	0.649	0.382	-0.011	0.087	-0.146
發卡銀行知名度	0.860	0.022	0.049	-0.020	0.204
專業形象	0.799	0.088	-0.049	0.128	0.069
卡片設計美觀	0.184	-0.220	-0.163	0.761	-0.011
贈品	-0.006	0.014	-0.029	0.853	0.114

表 13-2　申請信用卡重要考慮因素主成份分析之結果

因素/變數名稱	因素負荷量	固有值	解釋變異量
因素一、知名與專業因素			
發卡銀行知名度	0.860		
專業形象	0.799	3.643	24.289%
旅遊保險	0.649		
因素二、功能因素			
是否受商店歡迎	0.823		
失卡風險負擔	0.674		
是否全球通行	0.648	2.330	15.535%
循環利息	0.497		
24 小時免付費專線	0.455		
因素三、信貸因素			
可預借現金	0.874		
可貸款	0.839	1.607	10.716%
道路救援服務	0.557		
因素四、促銷因素			
贈品	0.853	1.277	8.513%
卡片設計美觀	0.761		
因素五、費用因素			
年費	0.643		
循環利息	0.602	1.194	7.959%
信用額度	0.597		

　　因素一主要是由『發卡銀行知名度』、『專業形象』與『旅遊保險』等三個相關程度較高的變數所構成，其因素負荷量介於 0.65 至 0.85 之間，固有值為 3.643，可解釋變異量為 24.29% 。由於，前二者之因素負荷量較高，故將此因素命名為『知名與專業因素』。

　　因素二主要是由『是否受商店歡迎』、『失卡風險負擔』、『是否全球通行』、『循環利息』與『24 小時免付費專線』等五個相關程度較高的變數所構成，其因素負荷量介於 0.46 至 0.82 之間，固有值為 2.33，可解釋變異量為 15.535% 。由於，這幾個變數均與信用卡之功能有關，故將此因素命名為『功能因素』。

　　因素三主要是由『可預借現金』、『可貸款』與『道路救援服務』等三個相關程度較高的變數所構成，其因素負荷量介於 0.56 至 0.87 之間，固有值為 1.607，可解釋變異量為 10.706% 。由於，前二者之因素負荷量較高，故將此因素命名為『信貸因素』。

因素四主要是由『贈品』與『卡片設計美觀』兩個相關程度較高的變數所構成，故將此因素命名為『促銷因素』。其因素負荷量介於 0.76 至 0.85 之間，固有值為 1.277，可解釋變異量為 8.513% 。

因素五主要是由『年費』、『循環利息』與『信用額度』等三個相關程度較高的變數所構成，其因素負荷量介於 0.60 至 0.64 之間，固有值為 1.194，可解釋變異量為 7.959% 。由於，前二者之因素負荷量較高，故將此因素命名為『費用因素』。

13-6 整理轉軸後成份矩陣的技巧

要整理如『表 13-1　申請信用卡重要考慮因素主成份分析轉軸後之成份矩陣』之表格內容，若靠自己逐一輸入或以眼睛來進行判斷是否超過 0.45，可說事倍功半，不僅耗時，還可能會錯誤百出。最便捷之方式，還是轉入 Excel 進行整理、排序、安排格式、……，再轉回到 Word 來撰寫報告。

其處理步驟為：

STEP 1　於『旋轉成分矩陣』上，單按滑鼠右鍵，續選取「**複製**」，記下矩陣之內容

STEP **2** 轉到 Excel，停於 B1，按『**常用/剪貼簿/貼上**』 之下拉鈕，選按『**貼上選項/符合目的格式設定(M)**』 鈕，將內容轉為不含任何格式之普通文字，貼到 Excel

	A	B	C	D	E	F	G
1		旋轉成分矩陣a					
2		成分					
3			1	2	3	4	5
4		年費	0.155	-0.08	0.059	0.25	0.643
5		循環利息	-0.212	0.497	0.098	0.049	0.602
6		信用額度	0.221	0.116	0.349	-0.302	0.597
7		可貸款	-0.095	-0.031	0.839	-0.071	0.227
8		可預借現	-0.03	0.052	0.874	-0.17	0.118
9		是否全球	0.373	0.648	0	-0.061	0.13
10		是否受商	-0.003	0.823	0.043	-0.111	0.07
11		失卡風險	0.138	0.674	0.056	-0.08	-0.035
12		24小時免	0.399	0.455	0.429	0.346	-0.071
13		道路救援	0.372	0.4	0.557	0.14	-0.346
14		旅遊保險	0.649	0.382	-0.011	0.087	-0.146
15		發卡銀行	0.86	0.022	0.049	-0.02	0.204
16		專業形象	0.799	0.088	-0.049	0.128	0.069
17		卡片設計	0.184	-0.22	-0.163	0.761	-0.011
18		贈品	-0.006	0.014	-0.03	0.853	0.114
19		擷取方法：主成分分析。					
20		轉軸方法：使用 Kaiser 正規化的最大變異法。					
21		a 在 10 反覆運算中收斂旋轉。					

STEP **3** 刪除第 1、2 列及底端的最後三列

	A	B	C	D	E	F	G
1			1	2	3	4	5
2		年費	0.155	-0.08	0.059	0.25	0.643
3		循環利息	-0.212	0.497	0.098	0.049	0.602
4		信用額度	0.221	0.116	0.349	-0.302	0.597
5		可貸款	-0.095	-0.031	0.839	-0.071	0.227
6		可預借現	-0.03	0.052	0.874	-0.17	0.118
7		是否全球	0.373	0.648	0	-0.061	0.13
8		是否受商	-0.003	0.823	0.043	-0.111	0.07
9		失卡風險	0.138	0.674	0.056	-0.08	-0.035
10		24小時免	0.399	0.455	0.429	0.346	-0.071
11		道路救援	0.372	0.4	0.557	0.14	-0.346
12		旅遊保險	0.649	0.382	-0.011	0.087	-0.146
13		發卡銀行	0.86	0.022	0.049	-0.02	0.204
14		專業形象	0.799	0.088	-0.049	0.128	0.069
15		卡片設計	0.184	-0.22	-0.163	0.761	-0.011
16		贈品	-0.006	0.014	-0.03	0.853	0.114
17							

STEP **4** 選取 C2:G16，按『**常用/數值/增加小數位數**』 鈕，續按『**常用/數值/減少小數位數**』 鈕，將其調整為 3 位小數

STEP **5** 雙按各欄標題按鈕右側框邊，將其等調整為最適欄寬

	A	B	C	D	E	F	G
1			1	2	3	4	5
2		年費	0.155	-0.080	0.059	0.250	0.643
3		循環利息	-0.212	0.497	0.098	0.049	0.602
4		信用額度	0.221	0.116	0.349	-0.302	0.597
5		可貸款	-0.095	-0.031	0.839	-0.071	0.227
6		可預借現金	-0.030	0.052	0.874	-0.170	0.118
7		是否全球通行	0.373	0.648	0.000	-0.061	0.130
8		是否受商店歡迎	-0.003	0.823	0.043	-0.111	0.070
9		失卡風險負擔	0.138	0.674	0.056	-0.080	-0.035
10		24小時免付費專線	0.399	0.455	0.429	0.346	-0.071
11		道路救援服務	0.372	0.400	0.557	0.140	-0.346
12		旅遊保險	0.649	0.382	-0.011	0.087	-0.146
13		發卡銀行知名度	0.860	0.022	0.049	-0.020	0.204
14		專業形象	0.799	0.088	-0.049	0.128	0.069
15		卡片設計美觀	0.184	-0.220	-0.163	0.761	-0.011
16		贈品	-0.006	0.014	-0.030	0.853	0.114

STEP **6** 於 C1 輸入『成份 1』字串，拖曳其右下角之複製控點，往右拉到 G1，可拉出『成份 1』～『成份 5』字串

	A	B	C	D	E	F	G
1			成份1	成份2	成份3	成份4	成份5
2		年費	0.155	-0.080	0.059	0.250	0.643

STEP **7** 於 B1 輸入『屬性』字串，A1 輸入『編號』字串，A2 輸入數字 1，A3 輸入數字 2

	A	B
1	編號	屬性
2	1	年費
3	2	循環利息
4		信用額度

STEP **8** 選取 A2:A3

STEP **9** 雙按 A3 右下角之複製控點，將數字遞增填滿到 A16。這些數字是為了要記住各屬性之原排列順序，以利於經過各種排序後，仍能還原為原順序

	A	B	C	D	E	F	G
14	13	專業形象	0.799	0.088	-0.049	0.128	0.069
15	14	卡片設計美觀	0.184	-0.220	-0.163	0.761	-0.011
16	15	贈品	-0.006	0.014	-0.030	0.853	0.114

STEP **10** 雙按 A 欄標題框邊,將其調整為最適寬度

STEP **11** 點按『成份 1』欄之任一格,按『**資料/排序與篩選/最大到最小**』 ↓ 鈕,可將整個表格資料依『成份 1』遞減排序,可讓主成份因素負荷量較高者排於前面

	A 編號	B 屬性	C 成份1	D 成份2	E 成份3	F 成份4	G 成份5
2	12	發卡銀行知名度	0.860	0.022	0.049	-0.020	0.204
3	13	專業形象	0.799	0.088	-0.049	0.128	0.069
4	11	旅遊保險	0.649	0.382	-0.011	0.087	-0.146
5	9	24小時免付費專線	0.399	0.455	0.429	0.346	-0.071
6	6	是否全球通行	0.373	0.648	0.000	-0.061	0.130

STEP **12** 選取主成份因素負荷量超過 0.45 之儲存格,續按『**常用/字型/填滿色彩**』 鈕,將其填滿顏色,標示出網底,以利判讀(若有負值超過 -0.45 者,也應標示出來)

	A 編號	B 屬性	C 成份1	D 成份2	E 成份3	F 成份4	G 成份5
2	12	發卡銀行知名度	0.860	0.022	0.049	-0.020	0.204
3	13	專業形象	0.799	0.088	-0.049	0.128	0.069
4	11	旅遊保險	0.649	0.382	-0.011	0.087	-0.146
5	9	24小時免付費專線	0.399	0.455	0.429	0.346	-0.071

STEP **13** 重複前述兩個步驟,將『成份 2』~『成份 5』內,主成份值超過 0.45 之儲存格,均標示出網底

	A 編號	B 屬性	C 成份1	D 成份2	E 成份3	F 成份4	G 成份5
2	1	年費	0.155	-0.080	0.059	0.250	0.643
3	2	循環利息	-0.212	0.497	0.098	0.049	0.602
4	3	信用額度	0.221	0.116	0.349	-0.302	0.597
5	4	可貸款	-0.095	-0.031	0.839	-0.071	0.227
6	12	發卡銀行知名度	0.860	0.022	0.049	-0.020	0.204
7	6	是否全球通行	0.373	0.648	0.000	-0.061	0.130
8	5	可預借現金	-0.030	0.052	0.874	-0.170	0.118
9	15	贈品	-0.006	0.014	-0.030	0.853	0.114
10	7	是否受商店歡迎	-0.003	0.823	0.043	-0.111	0.070
11	13	專業形象	0.799	0.088	-0.049	0.128	0.069
12	14	卡片設計美觀	0.184	-0.220	-0.163	0.761	-0.011
13	8	失卡風險負擔	0.138	0.674	0.056	-0.080	-0.035
14	9	24小時免付費專線	0.399	0.455	0.429	0.346	-0.071
15	11	旅遊保險	0.649	0.382	-0.011	0.087	-0.146
16	10	道路救援服務	0.372	0.400	0.557	0.140	-0.346

STEP **14**　點按『編號』欄之任一格，再按『**資料/排序與篩選/最小到最大**』 $\frac{A}{Z}\downarrow$ 鈕，可將整個表格資料依『編號』遞增排序，即可還原成原問卷上排列之順序

	A	B	C	D	E	F	G
1	編號	屬性	成份1	成份2	成份3	成份4	成份5
2	1	年費	0.155	-0.080	0.059	0.250	0.643
3	2	循環利息	-0.212	0.497	0.098	0.049	0.602
4	3	信用額度	0.221	0.116	0.349	-0.302	0.597
5	4	可貸款	-0.095	-0.031	0.839	-0.071	0.227
6	5	可預借現金	-0.030	0.052	0.874	-0.170	0.118
7	6	是否全球通行	0.373	0.648	0.000	-0.061	0.130
8	7	是否受商店歡迎	-0.003	0.823	0.043	-0.111	0.070
9	8	失卡風險負擔	0.138	0.674	0.056	-0.080	-0.035
10	9	24小時免付費專線	0.399	0.455	0.429	0.346	-0.071
11	10	道路救援服務	0.372	0.400	0.557	0.140	-0.346
12	11	旅遊保險	0.649	0.382	-0.011	0.087	-0.146
13	12	發卡銀行知名度	0.860	0.022	0.049	-0.020	0.204
14	13	專業形象	0.799	0.088	-0.049	0.128	0.069
15	14	卡片設計美觀	0.184	-0.220	-0.163	0.761	-0.011
16	15	贈品	-0.006	0.014	-0.030	0.853	0.114

STEP **15**　安排格線、字體，標題字加粗，修飾一下表格，即可完成表格之建表工作

	A	B	C	D	E	F	G
1	**編號**	**屬性**	**成份1**	**成份2**	**成份3**	**成份4**	**成份5**
2	1	年費	0.155	-0.080	0.059	0.250	0.643
3	2	循環利息	-0.212	0.497	0.098	0.049	0.602
4	3	信用額度	0.221	0.116	0.349	-0.302	0.597
5	4	可貸款	-0.095	-0.031	0.839	-0.071	0.227
6	5	可預借現金	-0.030	0.052	0.874	-0.170	0.118

只須再將整個表格選取，按『**常用/剪貼簿/複製**』 鈕；轉回 Word，續按『**常用/剪貼簿/貼上**』 鈕，即可將其取回到 Word 文件中。

此一技巧也可運用到建立『表 13-2 申請信用卡重要考慮因素主成份分析之結果』的表格內容，於遞減排序後，可順利取得主成份因素負荷量（絕對值）超過 0.45 者之係數內容及其對應屬性。

13-7 對擷取之主成份進行分析

因素分析之結果，通常並不是整個報告之最終分析結果；只是一個中間過程，用以濃縮產生後階段分析所需之變數而已。

由於，曾設定「**儲存成變數(S)**」，故 SPSS 會將原變數代入未轉軸前的成份矩陣，每一位受訪者會計算出五個因素分數，另存於此檔案的最後，供後續之分析使用。

假定，要針對上階段所獲致之因素分數，以『有無信用卡[q1]』分組進行 T 檢定，看受訪者對各因素之著重程度，是否會隨有無信用卡而有顯著差異，可以下示步驟進行：

STEP 1 續前例，轉入『變數視圖』，於『標籤』處，為每一個因素加上中文註解

	名稱	類型	寬度	小數	標籤
22	金額分組	數值	8	2	
23	FAC1_1	數值	11	5	知名與專業
24	FAC2_1	數值	11	5	功能
25	FAC3_1	數值	11	5	信貸
26	FAC4_1	數值	11	5	促銷
27	FAC5_1	數值	11	5	費用

STEP 2 執行「**分析(A)/比較平均數 (M)/獨立樣本 T 檢定…**」

STEP **3** 選『知名與專業[FAC1_1]』、『功能[FAC2_1]』、『信貸[FAC3_1]』、『促銷[FAC4_1]』與『費用[FAC5_1]』等五個因素

STEP **4** 按 鈕,將其送到右側之『檢定變數(T)』方塊

STEP 5 左側選『有無信用卡[q1]』

STEP 6 按 ➡ 鈕，將其送到右側之『分組變數(G)』方塊。其後括號內會顯示兩個問號，等待定義組別

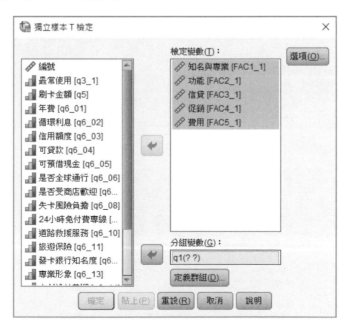

STEP **7** 按 定義群組(D)... 鈕，於『組別 1』與『組別 2』處，
分別輸入 1、2

STEP **8** 按 繼續(C) 鈕，回上一層對話方塊。『q1』後括
號內會顯示 1 與 2

STEP **9** 按 確定 鈕，獲致

群組統計量			
	有無信用卡	N	平均值
知名與專業	有	36	.0469504
	無	56	-.0301824
功能	有	36	-.2233907
	無	56	.1436083
信貸	有	36	-.0674297
	無	56	.0433477
促銷	有	36	.2928888
	無	56	-.1882857
費用	有	36	-.0587596
	無	56	.0377740

獨立樣本檢定

		變異數等式的 Levene 檢定				平
		F	顯著性	t	自由度	顯著性（雙尾）
知名與專業	採用相等變異數	.003	.955	.359	90	.720
	不採用相等變異數			.347	66.188	.730
功能	採用相等變異數	.444	.507	-1.737	90	.086
	不採用相等變異數			-1.718	72.090	.090
信貸	採用相等變異數	.146	.703	-.516	90	.607
	不採用相等變異數			-.525	78.813	.601
促銷	採用相等變異數	3.770	.055	2.305	90	.023
	不採用相等變異數			2.408	84.744	.018
費用	採用相等變異數	3.124	.081	-.450	90	.654
	不採用相等變異數			-.429	62.928	.670

於整體分析時，我們尚需要各組及全體受訪者對各屬性之評價均數。故續以下示步驟求得：

STEP **1** 執行「**分析(A)/報告(P)/觀察值摘要(M)…**」

STEP **2** 選『知名與專業[FAC1_1]』、『功能[FAC2_1]』、『信貸[FAC3_1]』、『促銷[FAC4_1]』與『費用[FAC5_1]』等五個因素，按 ➡ 鈕，將其送到右側之『變數(V)』方塊

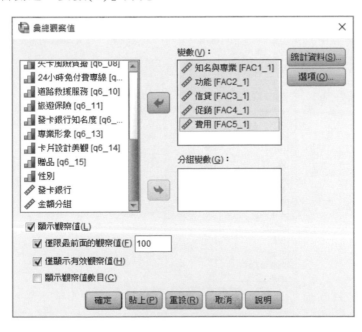

STEP **3** 取消「**顯示觀察值(L)**」，不擬逐筆顯示觀察值

STEP **4** 於左側，選取『有無信用卡[q1]』變數，按 鈕，將其送到右側之『分組變數(G)』方塊

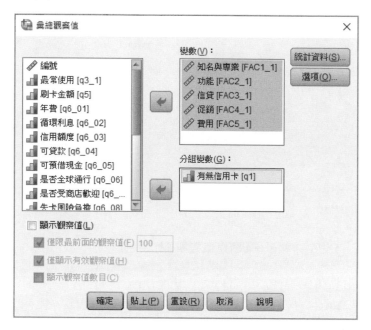

STEP **5** 按 統計資料(S)... 鈕，於『統計量(S)』處選擇所要之統計資料，按 鈕，將其送到右側之『資料格統計量(C)』方塊。本例僅選「**平均值**」

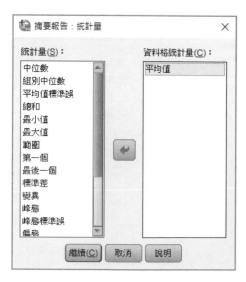

STEP <u>6</u>　按 [繼續(C)] 鈕，回上一層對話方塊

STEP <u>7</u>　按 [確定] 鈕，獲致

觀察值摘要					
平均值					
有無信用卡	知名與專業	功能	信貸	促銷	費用
有	.0469504	-.2233907	-.0674297	.2928888	-.0587596
無	-.0301824	.1436083	.0433477	-.1882857	.0377740
總計	.0000000	.0000000	.0000000	.0000000	.0000000

然後，以第九章『轉入 Word 撰寫報告』所述之操作方式，針對分析結果，逐一將每一個變數之均數、適當之 T 值、顯著性彙總到 Word 表格：

因素	均數		T值	顯著性	<α
	有	無			
知名與專業	0.047	-0.030	0.36	0.36	
功能	-0.223	0.144	-1.74	0.04	*
信貸	-0.067	0.043	-0.52	0.30	
促銷	0.293	-0.188	2.31	0.01	*
費用	-0.059	0.038	-0.45	0.33	
樣本數	36	56			

由於，是在檢定有＞無或有＜無，故僅取其『顯著性（雙尾）』除以 2 之單尾顯著性。檢定結果顯著者，於其『＜α』欄加註"*"（表其＜α=0.05），並於報告中對其詳加解釋。如：

經逐一以 T 檢定依性別分組對其注重程度進行檢定，發現有『功能』與『促銷』兩因素之注重程度，會隨是否有信用卡不同，而有顯著差異(α=0.05)。

就『功能』因素言，無信用卡者明顯較有信用卡者重視此一因素。這可能是未持卡者對信用卡功能不甚了解，有點恐懼感所致。

就『促銷』因素言，有信用卡者明顯較無信用卡者重視此一因素。這顯示，很多人是因為有贈品等促銷活動，而申請信用卡。

所以，發卡銀行若要擴大持卡者數量，應對信用卡的功能多加解釋，消除未持卡者的恐懼感；當然，贈品等促銷活動是絕對免不了的啦！

13-8 洗髮精購買考慮因素的主成份分析

　　假定，將訪者對：價格、去頭皮屑、保濕、熱油護髮、防止掉髮、止癢、避免抗藥性、天然成分、香味、防止分岔、柔順、整體綜合效果、包裝、口碑、方便購買、知名度、流行與廣告促銷等，十八項洗髮精購買考慮因素的注重程度（極重要=5、極不重要=1），輸入於『範例\Ch13\洗髮精購買考慮因素.sav』，十八項購買考慮因素分別以 q15_1～q15_18 為變數名稱：

	🖉 編號	🖉 使用品牌	🖉 q15_1	🖉 q15_2	🖉 q15_3	🖉 q15_4	🖉 q15_5
1	1	10	3	4	5	3	3
2	2	0	3	3	3	3	3
3	3	0	4	3	3	3	3

　　擬將其等以因素分析之主成份分析進行濃縮，以擷取較少數的主成份，達成縮減變數各數之目的。其處理步驟為：

STEP **1**　　開啟『範例\Ch13\洗髮精購買考慮因素.sav』

STEP **2**　　執行「**分析(A)/維度縮減(D)/因數(F)…**」

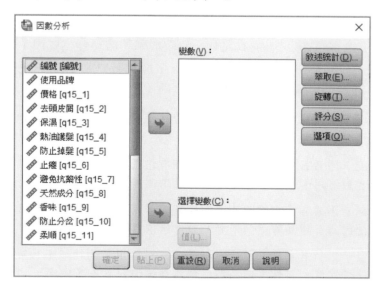

STEP 3 左側選取『價格[q15_1]』~『廣告促銷[q15_18]』等 18 個變數，按 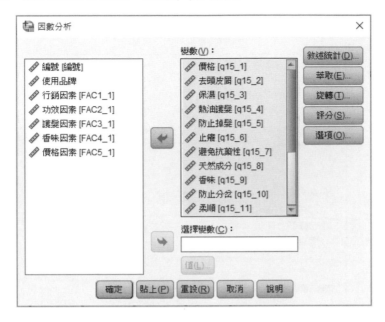 鈕，將其送到右側之『變數(V)』方塊

STEP 4 按 [敘述統計(D)...] 鈕，選「KMO 與 Bartlett 的球形檢定」

STEP 5　按 繼續(C) 鈕

STEP 6　按 萃取(E)... 鈕，本例選「**主成分**」方法與以「**根據固有值(E)**」大於 1 為
　　　　萃取標準

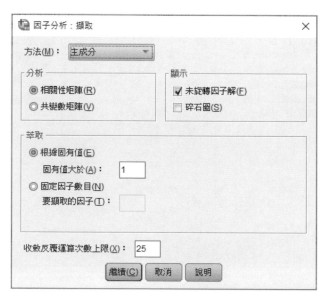

STEP 7　按 繼續(C) 鈕，回上一層對話方塊

STEP 8　按 旋轉(T)... 鈕，選擇要使用「**最
　　　　大變異(V)**」因素轉軸法，並顯示
　　　　「**旋轉解(R)**」

STEP **9**　按 繼續(C) 鈕，回上一層對話方塊

STEP **10**　按 評分(S)... 鈕，選「**儲存成變數 (S)**」，擬儲存所計算出因素分數，供後續之分析使用

STEP **11**　按 繼續(C) 鈕，回上一層對話方塊

STEP **12**　最後，按 確定 鈕，獲致

KMO 與 Bartlett 檢定

Kaiser-Meyer-Olkin 取樣適切性量數。		.816
Bartlett 的球形檢定	近似卡方檢定	1743.962
	自由度	153
	顯著性	.000

本部份是在進行 KMO 取樣適當性檢定及巴氏球形檢定，KMO= 0.816>0.8 表示因素分析抽取共同因素的效果是有價值的，巴氏球形檢定值 1743.96，顯著性 =0.000 ＜ α=0.01，顯示資料是非常適合進行因素分析。

本部份表示依固有值大於 1 之標準，將 18 個變數濃縮為 5 個因素（主成份），這 5 個因素共可解釋全部變異之 62.212%。

解說總變異量

成分	初始固有值			擷取平方和負荷量		
	總計	變異的 %	累加 %	總計	變異的 %	累加 %
1	4.931	27.392	27.392	4.931	27.392	27.392
2	2.425	13.471	40.863	2.425	13.471	40.863
3	1.590	8.836	49.699	1.590	8.836	49.699
4	1.154	6.411	56.109	1.154	6.411	56.109
5	1.099	6.103	62.212	1.099	6.103	62.212
6	.862	4.789	67.002			
7	.790	4.388	71.390			
8	.700	3.889	75.279			
9	.633	3.518	78.796			
10	.570	3.167	81.964			
11	.547	3.036	85.000			
12	.530	2.945	87.945			
13	.447	2.484	90.429			
14	.411	2.284	92.712			
15	.383	2.127	94.839			
16	.364	2.021	96.860			
17	.291	1.617	98.477			
18	.274	1.523	100.000			

將各因素以最大變異法進行轉軸後之結果為：

將其結果彙總於表 13-3 與 13-4。（網底部份為因素荷量絕對值大於 0.45 者）

旋轉成分矩陣[a]

	成分				
	1	2	3	4	5
價格	.216	.093	.049	-.023	.851
去頭皮屑	.040	.663	.267	-.071	.154
保濕	.048	.128	.748	.240	.170
熱油護髮	.180	.203	.711	-.089	-.109
防止掉髮	.103	.766	.138	-.101	-.105
止癢	-.012	.748	.213	.109	.180
避免抗藥性	.009	.695	.020	.345	-.027
天然成分	.104	.535	.010	.582	-.008
香味	.210	-.011	.213	.647	-.192
防止分岔	.173	.243	.703	.183	-.173
柔順	-.039	.073	.689	.398	.310
整體綜合效果	.018	.140	.374	.505	.241
包裝	.610	.033	.144	.341	-.092
口碑	.481	-.015	.170	.555	.170
方便購買	.589	.250	-.115	.221	.275
知名度	.734	-.015	.116	.181	.130
流行	.854	.070	.035	-.039	-.142
廣告促銷	.769	-.010	.140	-.057	.217

擷取方法：主成分分析。
轉軸方法：使用 Kaiser 正規化的最大變異法。
a. 在 10 反覆運算中收斂旋轉。

表 13-3　洗髮精購買考慮因素主成份分析轉軸後之成份矩陣

變數	因素 1	因素 2	因素 3	因素 4	因素 5
價格	0.216	0.093	0.049	-0.023	0.851
去頭皮屑	0.040	0.663	0.267	-0.071	0.154
保濕	0.048	0.128	0.748	0.240	0.170
熱油護髮	0.181	0.203	0.711	-0.089	-0.109
防止掉髮	0.103	0.766	0.138	-0.101	-0.105
止癢	-0.012	0.748	0.213	0.109	0.180
避免抗藥性	0.009	0.695	0.020	0.345	-0.027
天然成分	0.104	0.535	0.010	0.582	-0.008
香味	0.210	-0.011	0.213	0.647	-0.192
防止分岔	0.173	0.243	0.703	0.183	-0.173
柔順	-0.039	0.073	0.689	0.398	0.310
整體綜合效果	0.018	0.139	0.374	0.505	0.241
包裝	0.610	0.033	0.144	0.341	-0.092
口碑	0.481	-0.015	0.170	0.555	0.170
方便購買	0.589	0.250	-0.115	0.221	0.275
知名度	0.734	-0.015	0.116	0.181	0.130
流行	0.854	0.070	0.034	-0.039	-0.142
廣告促銷	0.769	-0.010	0.140	-0.057	0.217

表 13-4　洗髮精購買考慮因素主成份分析之結果

因素/變數名稱	因素負荷量	特徵值	解釋變異量
因素一、行銷因素			
流行	0.854		
廣告促銷	0.769		
知名度	0.734	4.93	27.39%
包裝	0.610		
方便購買	0.589		
口碑	0.481		
因素二、功效因素			
防止掉髮	0.766		
止癢	0.748	2.43	13.47%
避免抗藥性	0.695		
去頭皮屑	0.663		
天然成分	0.535		
因素三、護髮因素			
保濕	0.748		
熱油護髮	0.711	1.59	8.84%
防止分岔	0.703		
柔順	0.689		
因素四、香味因素			
香味	0.647		
天然成分	0.582	1.15	6.41%
口碑	0.555		
整體綜合效果	0.505		
因素五、價格因素		1.10	6.10%
價格	0.851		

因素一主要是由『流行』、『廣告促銷』、『知名度』、『包裝』、『方便購買』與『口碑』等六個相關程度較高的變數所構成,故將此因素命名為『行銷因素』。其因素負荷量介於 0.48 至 0.85 之間,固有值(特徵值)為 4.93,可解釋變異量為 27.39%。

因素二主要是由『防止掉髮』、『止癢』、『避免抗藥性』、『去頭皮屑』、與『天然成分』等五個相關程度較高的變數所構成,故將此因素命名為『功效因素』。其因素負荷量介於 0.53 至 0.76 之間,固有值(特徵值)為 2.43,可解釋變異量為 13.47%。

因素三主要是由『保濕』、『熱油護髮』、『防止分岔』與『柔順』等四個相關程度較高的變數所構成,故將此因素命名為『護髮因素』。其因素負荷量介於 0.68 至 0.75 之間,固有值(特徵值)為 1.59,可解釋變異量為 8.84%。

因素四主要是由『香味』、『天然成分』、『口碑』與『整體綜合效果』等四個相關程度較高的變數所構成,故將此因素命名為『香味』。其因素負荷量介於 0.55 至 0.65 之間,固有值(特徵值)為 1.15,可解釋變異量為 6.41%。

因素五僅『價格』變數之因素負荷量超過 0.45,固有值(特徵值)為 1.1,可解釋變異量為 6.1%,故將此因素命名為『價格因素』。

13-9 比較各品牌洗髮精購買考慮因素

於將洗髮精購買考慮因素，經主成份分析，並將其因素分數儲存為：FAC1_1、FAC2_1、……、FAC5_1 後。若要以 α=0.05 之顯著水準，檢定濃縮後之購買考慮因素的重要程度，是否隨其使用品牌不同而存有顯著差異。

品牌部分的原問卷內容為：

2. 請問您最常使用的品牌為何？(單選)

　□1.海倫仙度絲　　□2.飛柔　　　□3.mod's hair　□4.沙宣

　□5.麗仕　　　　　□6.花王　　　□7.多芬　　　　□8.絲逸歡

　□9.潘婷　　　　　□10.其他 _____

可以下示步驟進行：

STEP **1**　　轉入『變數視圖』，為各因素加上註解文字

	名稱	類型	寬度	小數	標籤
20	q15_18	數值	8	0	廣告促銷
21	FAC1_1	數值	11	5	行銷因素
22	FAC2_1	數值	11	5	功效因素
23	FAC3_1	數值	11	5	護髮因素
24	FAC4_1	數值	11	5	香味因素
25	FAC5_1	數值	11	5	價格因素

STEP **2**　　執行「**分析(A)/比較平均數(M)/單因數變異數分析(O)…**」

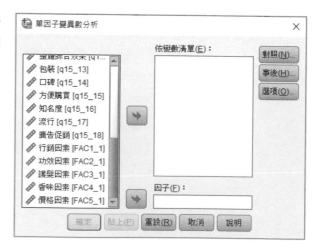

STEP **3**   於左側，以滑鼠拖曳選取『行銷因素[FAC1_1]』～『價格因素[FAC5_1]』，
按 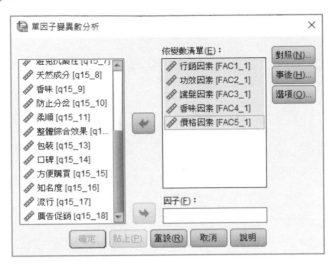 鈕，將其送到右側之『依變數清單(E)』方塊

STEP **4**   選『使用品牌』，按 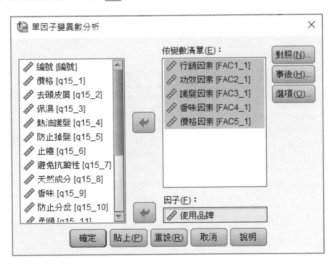 鈕，將其送到右側之『因子(F)』方塊

STEP **5**　按 選項(O)... 鈕，選擇要取得「**敘述統計(D)**」

STEP **6**　按 繼續(C) 鈕，回上一層對話方塊

STEP **7**　按 確定 鈕結束，即可獲致其等之敘述統計資料及單因子變異數分析表

		N	平均值
行銷因素	海倫仙度絲	21	-.2634257
	飛柔	13	.0311349
	mod's hair	22	-.2004975
	麗仕	10	.1106711
	多芬	20	-.2680105
	其他	36	-.0605621
	總計	122	-.1309169
功效因素	海倫仙度絲	21	.4435311
	飛柔	13	.0003305
	mod's hair	22	.1742601
	麗仕	10	-.2918889
	多芬	20	.3417168
	其他	36	.0077134
	總計	122	.1421746
護髮因素	海倫仙度絲	21	.1517790
	飛柔	13	-.1035164
	mod's hair	22	.6981787
	麗仕	10	-.5606604
	多芬	20	-.0180471
	其他	36	.0571919
	總計	122	.1089585

香味因素	海倫仙度絲	21	.0656583
	飛柔	13	-.7075954
	mod's hair	22	.3973996
	麗仕	10	-.1728976
	多芬	20	.2602858
	其他	36	.2121783
	總計	122	.0986724
價格因素	海倫仙度絲	21	-.1042291
	飛柔	13	-.6425283
	mod's hair	22	.0995738
	麗仕	10	.0149132
	多芬	20	.0418581
	其他	36	-.0698516
	總計	122	-.0809788

變異數分析

		平方和	自由度	均方	F	顯著性
行銷因素	群組之間	1.954	5	.391	.355	.878
	群組內	127.612	116	1.100		
	總計	129.566	121			
功效因素	群組之間	5.523	5	1.105	1.032	.402
	群組內	124.132	116	1.070		
	總計	129.654	121			
護髮因素	群組之間	13.166	5	2.633	3.060	.012
	群組內	99.817	116	.860		
	總計	112.983	121			
香味因素	群組之間	12.161	5	2.432	2.225	.056
	群組內	126.791	116	1.093		
	總計	138.951	121			
價格因素	群組之間	5.226	5	1.045	.918	.472
	群組內	132.025	116	1.138		
	總計	137.251	121			

於整體分析時，我們尚需要各組及全體受訪者對各屬性之評價均數。
故續以下示步驟求得：（雖然前面已求得各屬性之評價均數，但此法
較方便建表）

STEP **8** 執行「**分析(A)/報告(P)/觀察值摘要(M)…**」

STEP **9** 於左側,以拖曳滑鼠一次選取『行銷因素[FAC1_1]』～『價格因素[FAC5_1]』等變數,按 ⬅ 鈕,將其送到右側之『變數(V)』方塊

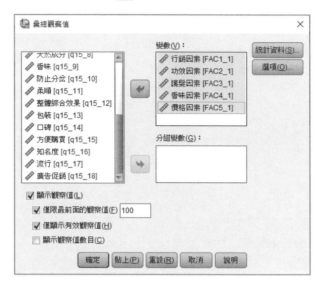

STEP **10** 取消「**顯示觀察值(L)**」,不擬逐筆顯示觀察值

STEP **11** 於左側,選取『使用品牌』變數,按 ➡ 鈕,將其送到右側之『分組變數(G)』方塊

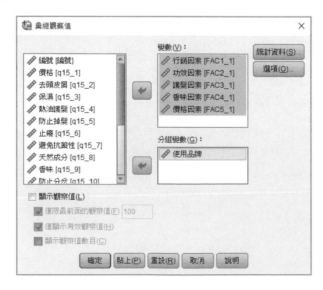

STEP **12** 按 統計資料(S)... 鈕，於『統計量(S)』處選擇所要之統計資料，按 ⬇ 鈕，將其送到右側之『資料格統計量(C)』方塊。本例僅選「**平均值**」

STEP **13** 按 繼續(C) 鈕，回上一層對話方塊

STEP **14** 按 確定 鈕，獲致

觀察值摘要

平均值

使用品牌	行銷因素	功效因素	護髮因素	香味因素	價格因素
海倫仙度絲	-.2634257	.4435311	.1517790	.0656583	-.1042291
飛柔	.0311349	.0003305	-.1035164	-.7075954	-.6425283
mod's hair	-.2004975	.1742601	.6981787	.3973996	.0995738
麗仕	.1106711	-.2918889	-.5606604	-.1728976	.0149132
多芬	-.2680105	.3417168	-.0180471	.2602858	.0418581
其他	-.0605621	.0077134	.0571919	.2121783	-.0698516
總計	-.1309169	.1421746	.1089585	.0986724	-.0809788

然後，針對分析結果，依照第十章『轉入 Word 撰寫報告』所述之方法，逐一將各組均數、F 值、顯著性以及全體均數彙總到 Word 表格，並安排其注重程度的排名：

考慮因素	海倫仙度絲	飛柔	mod's hair	麗仕	多芬	其他	全體	排名	F 值	顯著性	<α
行銷因素	-0.26	0.03	-0.20	0.11	-0.27	-0.06	-0.13	5	0.36	0.88	
功效因素	0.44	0.00	0.17	-0.29	0.34	0.01	0.14	1	1.03	0.40	
護髮因素	0.15	-0.10	0.70	-0.56	-0.02	0.06	0.11	2	3.06	0.01	*
香味因素	0.07	-0.71	0.40	-0.17	0.26	0.21	0.10	3	2.22	0.06	
價格因素	-0.10	-0.64	0.10	0.01	0.04	-0.07	-0.08	4	0.92	0.47	
樣本數	22	14	22	10	20	36	124				

F 檢定結果顯著者，於『<α』欄加註"*"（表其<α=0.05），並於報告中對其詳加解釋；檢定結果不顯著者，則僅解釋其重要程度之排序即可。如：

根據調查結果，洗髮精購買考慮因素依其重要程度高低，依序為：功效因素、護髮因素、香味因素、價格因素與行銷因素。

經逐一以 F 檢定，依使用品牌分組，對其注重程度進行檢定，發現只有『護髮因素』之注重程度會隨使用品牌不同，而有顯著差異（α=0.05）。這些項目以 mod's hair 與海倫仙度絲等品牌使用者的注重程度較高。

信度 14

14-1 概念

在進行過因素分析或設計妥一套評價量表後，為瞭解問卷的可靠性及有效性。通常，得再進行信度分析。一個量表的信度（可靠度）越高，代表量表之穩定性越高。於量表中，常用的信度檢定方法為『Cronbach's α』與『折半信度』。若要估計內部一致性，前者優於後者，且使用頻率也最高。『折半信度』則將量表任取一半求算信度，因為折半之方式很多，其估計值亦可能不同，較受批評，故而較少被採用。

『Cronbach's α』係數，到底要多少才能被接受，各方之說法不太相同。一般言，全體量表之總信度應在 0.7 以上；各因素之內部一致性，則至少得高過 0.6。否則，就應該重新修訂研究工具。

14-2 內部一致性

假定，欲求算前章之『洗髮精購買考慮因素』的：價格、去頭皮屑、保濕、熱油護髮、防止掉髮、止癢、避免抗藥性、天然成分、香味、防止分岔、柔順、整體綜合效果、包裝、口碑、方便購買、知名度、流行與廣告促銷等，十八項洗髮精購買考慮因素的量表總信度；及因素分析後各因素的內部一致性。

先將前章之執行結果轉存到『範例\Ch14\洗髮精購買考慮因素.sav』：

	✐ 編號	✐ 使用品牌	✐ 價格	✐ 去頭皮屑	✐ 保濕	✐ 熱油護髮
1	1	10	3	4	5	3
2	2	0	3	3	3	3
3	3	0	4	3	3	3

然後，以下示步驟求量表的總信度：

STEP **1**　開啟『範例\Ch14\洗髮精購買考慮因素.sav』

STEP **2**　執行「**分析(A)/比例(A)/信度分析(R)…**」

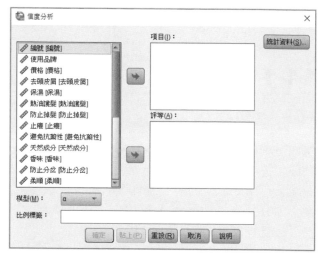

STEP **3**　左側選取『價格』～『廣告促銷』等18個變數，按 ➡ 鈕，將其送到右側之『項目(I)』方塊

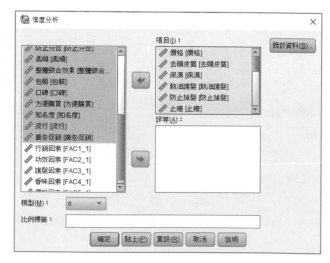

STEP **4** 左下角『模型(M)』處，選「α」以求
算 Cronbach's α 係數

STEP **5** 按 統計資料(S)... 鈕

STEP **6** 於『此項目的敘述統計』方塊選「**刪除**
項目後的比例(A)」，可針對每一個變數，
計算若是刪除該變數後，其總信度將變
成何值？

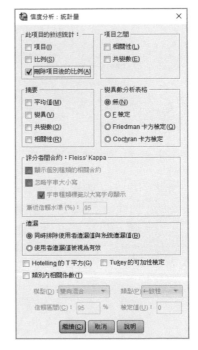

STEP **7** 按 「繼續(C)」 鈕，回上一層對話方塊

STEP **8** 按 「確定」 鈕，獲致

可靠性統計量	
Cronbach's Alpha	項目數
.838	18

可看到這 18 個變數之量表總信度 Cronbach's Alpha 係數為 0.838，表示其信度水準算是相當好的。

項目整體統計量

	比例平均值（如果項目已刪除）	比例變異（如果項目已刪除）	更正後項目總計相關性	Cronbach's Alpha（如果項目已刪除）
價格	61.16	73.871	.256	.840
去頭皮屑	60.89	71.940	.397	.832
保濕	60.73	70.088	.510	.826
熱油護髮	61.19	71.309	.411	.831
防止掉髮	61.12	71.979	.351	.835
止癢	60.87	70.882	.468	.828
避免抗藥性	61.00	71.330	.411	.831
天然成分	60.89	71.318	.486	.828
香味	60.95	72.483	.370	.833
防止分岔	60.88	70.127	.525	.826
柔順	60.47	71.038	.499	.827
整體綜合效果	60.60	72.228	.436	.830
包裝	61.54	70.640	.460	.829
口碑	60.91	70.908	.519	.826
方便購買	61.05	71.459	.446	.830
知名度	61.26	71.283	.467	.829
流行	61.64	71.888	.386	.833
廣告促銷	61.41	71.644	.415	.831

每一個變數之最右側『Cronbach's Alpha(如果項目已刪除)』欄，是針對每一個變數，計算若是刪除該變數後，其總信度將變成何值。可發現，僅有若刪除『價格』，其總信度將變為 0.840；以及若刪除『防止掉髮』，其總信度將變為 0.835，這兩者的總信度將超過原來之 0.838。不過，其超過之幅度相當有限，故就不將其刪除。

接著，來計算各因素之內部一致性。其操作之方式相同，只差於步驟 3 選取之變數項目不同而已。進行重選之前，以 Ctrl + A 鍵，先將原於『項目(I)』方塊之變數全部選取，續按 ◄ 鈕將其移出，即可進行重選。

以因素一『行銷因素』為例，其內主要包含：流行、廣告促銷、知名度、包裝、方便購買、口碑等六個變數，故於步驟 3 僅選取這六個變數進行求算信度即可：

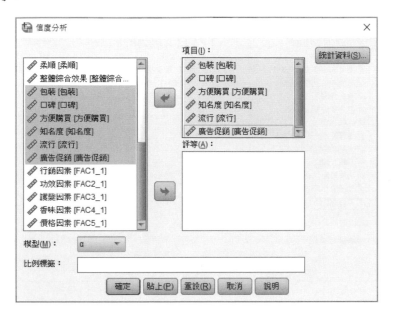

所求得之結果為：

可靠性統計量

Cronbach's Alpha	項目數
.812	6

項目整體統計量

	比例平均值（如果項目已刪除）	比例變異（如果項目已刪除）	更正後項目總計相關性	Cronbach's Alpha（如果項目已刪除）
包裝	16.85	11.990	.536	.792
口碑	16.21	12.683	.523	.793
方便購買	16.35	12.501	.509	.796
知名度	16.56	11.899	.630	.770
流行	16.93	11.447	.635	.768
廣告促銷	16.71	11.764	.609	.774

其內部一致性 Cronbach's Alpha 為 0.812，由最右側『Cronbach's Alpha(如果項目已刪除)』欄，可發現沒有一項超過 0.812，表示這些項目均不用刪除。

仿此，計算出其餘各因素之信度。因素二『功效因素』主要包含：防止掉髮、止癢、避免抗藥性、去頭皮屑、天然成分。

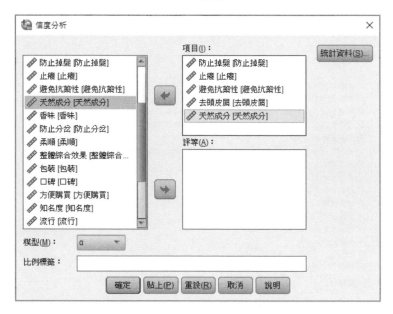

其信度分析結果為：

可靠性統計量	
Cronbach's Alpha	項目數
.770	5

項目整體統計量

	比例平均值（如果項目已刪除）	比例變異（如果項目已刪除）	更正後項目總計相關性	Cronbach's Alpha（如果項目已刪除）
防止掉髮	14.85	8.135	.526	.735
止癢	14.60	8.013	.641	.694
避免抗藥性	14.73	8.165	.561	.721
去頭皮屑	14.62	8.639	.505	.741
天然成分	14.62	9.088	.480	.748

其內部一致性 Cronbach's Alpha 為 0.770，由最右側『Cronbach's Alpha(如果項目已刪除)』欄，可發現沒有一項超過 0.770，表示這些項目均不用刪除。

因素三『護髮因素』主要包含：保濕、熱油護髮、防止分岔、柔順。

其信度分析結果為：

可靠性統計量

Cronbach's Alpha	項目數
.775	4

項目整體統計量

	比例平均值（如果項目已刪除）	比例變異（如果項目已刪除）	更正後項目總計相關性	Cronbach's Alpha（如果項目已刪除）
保濕	11.33	5.060	.638	.688
熱油護髮	11.78	5.418	.500	.764
防止分岔	11.47	5.290	.592	.713
柔順	11.06	5.519	.590	.716

其內部一致性 Cronbach's Alpha 為 0.775，由最右側『Cronbach's Alpha(如果項目已刪除)』欄，可發現沒有一項超過 0.775，表示這些項目均不用刪除。

因素四『香味因素』主要包含：香味、天然成分、口碑、整體綜合效果。

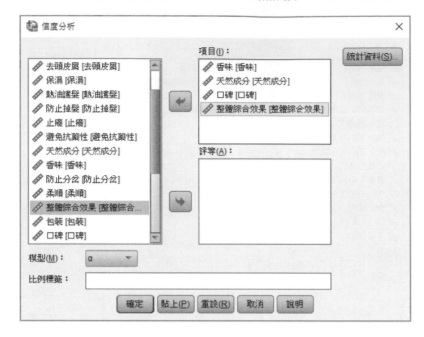

其信度分析結果為：

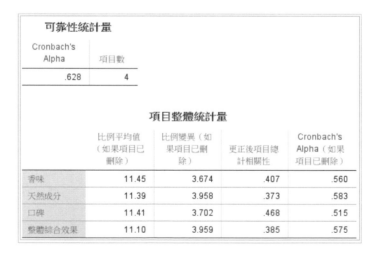

可靠性統計量

Cronbach's Alpha	項目數
.628	4

項目整體統計量

	比例平均值（如果項目已刪除）	比例變異（如果項目已刪除）	更正後項目總計相關性	Cronbach's Alpha（如果項目已刪除）
香味	11.45	3.674	.407	.560
天然成分	11.39	3.958	.373	.583
口碑	11.41	3.702	.468	.515
整體綜合效果	11.10	3.959	.385	.575

其內部一致性 Cronbach's Alpha 為 0.628，由最右側『Cronbach's Alpha(如果項目已刪除)』欄，可發現沒有一項超過 0.628，表示這些項目均不用刪除。

因素五『價格因素』主要僅含一個價格變數，並無須求算內部一致性。

以上各因素之信度係數，最低為 0.628，最高達 0.812 表示各因素之內部主要變數都頗為一致，表示前章以主成份因數分析縮減『洗髮精購買考慮因素』的效果還不錯。

針對前章『範例\Ch13\申請信用卡考慮因素.sav』之因素分析結果，進行信度分析：

Cronbach's Alpha	項目數
.707	15

項目整體統計量

	比例平均值（如果項目已刪除）	比例變異（如果項目已刪除）	更正後項目總計相關性	Cronbach's Alpha（如果項目已刪除）
年費	54.34	28.204	.196	.706
循環利息	54.22	27.776	.255	.699
信用額度	54.75	27.640	.331	.691
可貸款	55.48	27.483	.257	.699
可預借現金	55.50	26.802	.280	.698
是否全球通行	54.04	26.613	.457	.677
是否受商店歡迎	54.12	27.733	.324	.691
失卡風險負擔	53.75	28.585	.332	.693
24小時免付費專線	54.20	25.522	.624	.659
道路救援服務	54.87	25.433	.490	.669
旅遊保險	54.27	26.728	.390	.683
發卡銀行知名度	54.58	26.555	.457	.677
專業形象	54.47	27.263	.400	.684
卡片設計美觀	54.96	29.954	-.006	.733
贈品	55.16	28.314	.126	.720

全體變數之總信度為：0.707。

14

信度

因素一主要是由『發卡銀行知名度』（q6_12）、『專業形象』（q6_13）
與『旅遊保險』（q6_11）等三個相關程度較高的變數所構成，其內部
一致性 Cronbach's Alpha 為 0.730，可考慮將『旅遊保險』（q6_11）排
除，其內部一致性 Cronbach's Alpha 將提高為 0.791：

可靠性統計量

Cronbach's Alpha	項目數
.730	3

項目整體統計量

	比例平均值（如果項目已刪除）	比例變異（如果項目已刪除）	更正後項目總計相關性	Cronbach's Alpha（如果項目已刪除）
發卡銀行知名度	8.22	1.667	.629	.548
專業形象	8.11	1.812	.612	.579
旅遊保險	7.91	1.839	.435	.791

因素二主要是由『是否受商店歡迎』（q6_07）、『失卡風險負擔』
（q6_08）、『是否全球通行』（q6_06）、『循環利息』（q6_02）與
『24 小時免付費專線』（q6_09）等五個相關程度較高的變數所構成，
其內部一致性 Cronbach's Alpha 為 0.682，可考慮將『循環利息』（q6_
02）排除，其內部一致性 Cronbach's Alpha 將提高為 0.701：

可靠性統計量

Cronbach's Alpha	項目數
.682	5

項目整體統計量

	比例平均值（如果項目已刪除）	比例變異（如果項目已刪除）	更正後項目總計相關性	Cronbach's Alpha（如果項目已刪除）
是否受商店歡迎	17.71	3.660	.607	.552
失卡風險負擔	17.34	4.599	.443	.638
是否全球通行	17.63	3.840	.500	.602
循環利息	17.80	4.137	.303	.701
24小時免付費專線	17.78	4.172	.387	.653

因素三主要是由『可預借現金』（q6_05）、『可貸款』（q6_04）與『道路救援服務』（q6_10）等三個相關程度較高的變數所構成，其內部一致性 Cronbach's Alpha 為 0.699，可考慮將『道路救援服務』（q6_10）排除，其內部一致性 Cronbach's Alpha 將提高為 0.811：

可靠性統計量

Cronbach's Alpha	項目數
.699	3

項目整體統計量

	比例平均值（如果項目已刪除）	比例變異（如果項目已刪除）	更正後項目總計相關性	Cronbach's Alpha（如果項目已刪除）
可預借現金	6.61	2.065	.671	.383
可貸款	6.59	2.553	.572	.538
道路救援服務	5.98	3.142	.334	.811

因素四主要是由『贈品』（q6_15）與『卡片設計美觀』（q6_14）兩個相關程度較高的變數所構成，其內部一致性 Cronbach's Alpha 為 0.668：

可靠性統計量

Cronbach's Alpha	項目數
.668	2

項目整體統計量

	比例平均值（如果項目已刪除）	比例變異（如果項目已刪除）	更正後項目總計相關性	Cronbach's Alpha（如果項目已刪除）
卡片設計美觀	3.32	1.075	.504	.
贈品	3.52	.890	.504	.

因素五主要是由『年費』（q6_01）、『循環利息』（q6_02）與『信用額度』（q6_03）等三個相關程度較高的變數所構成，其內部一致性 Cronbach's Alpha 為 0.473：

可靠性統計量

Cronbach's Alpha	項目數
.473	3

項目整體統計量

	比例平均值（如果項目已刪除）	比例變異（如果項目已刪除）	更正後項目總計相關性	Cronbach's Alpha（如果項目已刪除）
年費	7.99	1.637	.258	.444
循環利息	7.87	1.565	.322	.324
信用額度	8.40	1.804	.309	.356

以上各因素之信度係數，最低為 0.473，最高為 0.730，各因素之內部主要變數一致性並不高，表示前章以主成份分析縮減『申請信用卡考慮因素』變數的效果不甚理想。（前章求得之 KMO=0.644 介於 0.6～0.7，就已表示其分析效果不好也不壞）

判別分析

15

15-1 概念

判別分析（discriminate analysis）也有人稱為『區別分析』，其觀念類似迴歸分析，均是以一組自變數來預測一個依變數。只不過**迴歸分析之依變數，為連續性之數值資料**（如：所得、信用分數、出席率、銷售量、……等）；**而判別分析之依變數（分組變數），則為不連續性之間斷資料**（如：是否購買、及格否、是否使用、使用品牌、購買廠牌、……）。

判別分析主要目的在計算一組「預測變數」（自變數）的線性組合（判別函數），對依變數加以分類，並檢查其再分組的正確性。

判別分析的基本假設之一為：每一個群體的共變異矩陣必須大致相等，否則，其判別函數將受到扭曲。故於分析中，得以 Box's M 來檢定各群體的共變異矩陣是否相等。

SPSS 提供有兩種判別分析方法：

● **使用全部變數**：一次就將全部變數投入於判別函數之中。

● **使用逐步分析方法**：一次僅引入一個區別能力較強之變數，直至其餘變數均未達某一標準為止。不過，已進入判別函數之變數，於分析中，由於交互影響，若發現其區別能力未達某一標準，亦可能會被排除出來。

至於，求算判別函數之方法，SPSS 使用英國著名統計學家 R. A. Fisher 所提出之方法，重點在使組間變異對組內變異之比值為最大。其結果有：

- **Fisher's 判別係數**：內還分為未標準化與標準化，此法會為每一組產生一條判別函數，用以計算區別分數，還可以將其儲存供後續分析之用。

- **正準判別函數(典型判別函數)**：此法產生之判別函數個數恆比組別數少1，有 K 組將只有 K-1 條正準判別函數(canonical discriminate function)，且其判別能力永遠是第一條最大，然後依序遞減。

標準化後之判別函數的係數，即其重要性，係數絕對值越大者，其重要性越高。

15-2 以原始資料進行分析

假定，將訪者是否擁有信用卡？及對申請信用卡考慮因數的注重程度（極重要=5、極不重要=1），輸入於『範例\Ch15\申請信用卡考慮因素.sav』：

	編號	q1	q3_1	q5	q6_01	q6_02	q6_03	q6_04	q6_05
1	1	2	0	0	4	4	3	3	2
2	2	2	0	0	5	4	2	2	2
3	3	2	0	0	3	4	4	3	2

原問卷內容為：

Q1. 請問您現在是否持有信用卡？

　　□1.有　　□2.無

Q6. 請就下列申請信用卡之考慮變數勾選其重要程度。

	極重要	重要	普通	不重要	極不重要
1)年費	☐	☐	☐	☐	☐
2)循環利息	☐	☐	☐	☐	☐
3)信用額度	☐	☐	☐	☐	☐
4)可貸款	☐	☐	☐	☐	☐
5)可預借現金	☐	☐	☐	☐	☐
6)是否全球通行	☐	☐	☐	☐	☐
7)是否受商店歡迎	☐	☐	☐	☐	☐
8)失卡風險負擔	☐	☐	☐	☐	☐
9)24 小時免付費專線	☐	☐	☐	☐	☐
10)道路救援服務	☐	☐	☐	☐	☐
11)旅遊保險	☐	☐	☐	☐	☐
12)發卡銀行知名度	☐	☐	☐	☐	☐
13)專業形象	☐	☐	☐	☐	☐
14)卡片設計美觀	☐	☐	☐	☐	☐
15)贈品	☐	☐	☐	☐	☐

擬依其對 15 項申請因素之著重程度為自變數，受訪者是否擁有信用卡為依變數（分組變數），以判別分析進行分析，用以找出何者才是決定受訪者是否擁有信用卡之主要區別變數？

其處理步驟為：

STEP **1**　開啟『範例\Ch15\申請信用卡考慮因素.sav』

STEP **2**　執行「**分析(A)/分類(F)/判別(D)...**」，左側選取『有無信用卡[q1]』變數，按 ▣ 鈕，將其送到右側之『**分組變數(G)**』方塊

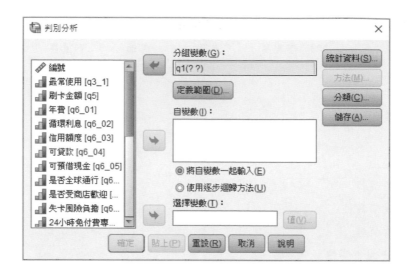

STEP **3** 按 定義範圍(D) 鈕，於『最小值(N)』輸入 1（有信
用卡），『最大值(X)』輸入 2（無信用卡），
定義組別的上下限（SPSS 除可處理兩組的判
別分析外；亦可處理兩組以上的判別分析）

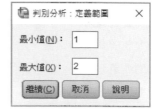

STEP **4** 按 繼續(C) 鈕，回上一層對話方塊。『分組變數(G)』方塊處，q1 後之括
號內會有剛剛所輸入之組別的上下限

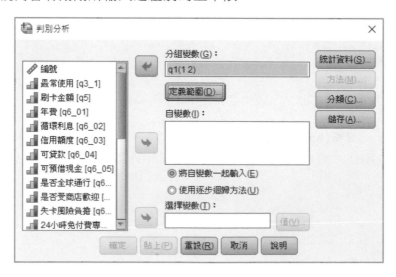

STEP **5** 左側選取『年費[q6_01]』～『贈品[q6_15]』等 15 個變數，按 ➡ 鈕，
將其送到右側之『自變數(I)』方塊

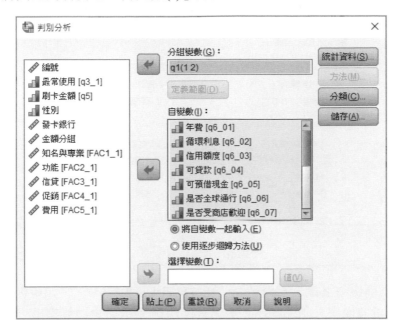

STEP **6** 選擇「**將自變數一起輸入(E)**」，擬一次就將全部變數納入到判別函數（若
變數太多，可選「**使用逐步迴歸方法(U)**」，逐步選用判別能力較強之變
數。但其最後之整體判別能力，會較全體變數均投入時來得弱一點！）

STEP **7** 按 統計資料(S)... 鈕，選擇求算「Box's
M(B)」(Box's M 共變異數相等性
檢定)統計資料，以檢定各組共變
異數之相等性

對於『判別函數係數』，SPSS 預
設求算標準化後之正準判別函數
(典型區別函數)，若要一併求算未
標準化正準判別函數，得加選「**未
標準化(U)**」。選「Fisher's(F)」可
求算標準化 Fisher's 判別函數，若
要一併求算未標準化 Fisher's 判別函數，仍得加選「**未標準化(U)**」。

STEP **8** 按 繼續(C) 鈕，回上一層對話方塊

STEP **9** 按 分類(C)... 鈕，選「**從組群大小計算(C)**」與「**摘要表(U)**」

```
判別分析：分類                                            ×

┌─ 事前機率 ──────────────┐  ┌─ 使用共變數矩陣 ────────┐
│  ○ 所有群組相等(A)        │  │  ◉ 群組內(W)             │
│  ◉ 從群組大小計算(C)      │  │  ○ 單獨群組(P)           │
└──────────────────────────┘  └──────────────────────────┘

┌─ 顯示 ──────────────────┐  ┌─ 圖形 ──────────────────┐
│  ☐ 逐觀察值的結果(E)      │  │  ☐ 合併的群組(O)         │
│    ☐ 僅限最前面的觀察值(L)：[    ] │  ☐ 單獨群組(S)         │
│  ☑ 摘要表(U)             │  │  ☐ 地域對映圖(T)         │
│  ☐ 留一分類(V)           │  │                          │
└──────────────────────────┘  └──────────────────────────┘

☐ 將遺漏值取代為平均值(R)

        [繼續(C)]  [取消]  [說明]
```

『事前機率』處，預設值為「**所有群組大小均等(A)**」，如組數為 2 則各組事前機率分別為 50%；本例有信用卡者明顯少於無信用卡者（36 與 56），故選「**從組群大小計算(C)**」（36/92 與 56/92）。

『顯示』處，選「**摘要表(U)**」，可列出一交叉表（混淆矩陣，confusion matrix），比較原組別與經過判別函數預測所指派之組別的正確率如何。正確率越高，表判別函數之判別能力越好。

STEP **10** 按 繼續(C) 鈕，回上一層對話方塊

STEP **11** 按 確定 鈕，獲致分析結果

本部份是以 Box's M 統計資料檢定兩組之共變異數矩陣是否具有同質性（homogeneity）。Box's M 統計資料為 160.743、F 值 1.085、自由度（120,17533）、顯著性 $0.249 > \alpha = 0.05$，得接受兩組之共變異數矩陣相等之虛無假設。所以，本例之資料符合判別分析之假設要求。

檢定結果

Box's M		160.743
F	近似值	1.085
	df1	120
	df2	17533.505
	顯著性	.249

檢定相等母群共變數矩陣的虛無假設。

Wilks' Lambda (λ)				
函數的檢定	Wilks' Lambda (λ)	卡方檢定	自由度	顯著性
1	.712	28.060	15	.021

本部份是以 Wilks' Lambda 值檢定整組判別函數的判別能力，Wilks' Lambda 值 0.712、卡方值 28.06、自由度 15、顯著性 $0.021 < \alpha = 0.05$，判別能力達顯著水準，效果不錯。

標準化正準判別函數係數	
	函數 1
年費	.354
循環利息	-.674
信用額度	.326
可貸款	-.531
可預借現金	.344
是否全球通行	.553
是否受商店歡迎	-.534
失卡風險負擔	.192
24小時免付費專線	.082
道路救援服務	.060
旅遊保險	-.279
發卡銀行知名度	-.485
專業形象	.014
卡片設計美觀	.347
贈品	.318

本部份是標準化後之正準判別函數(典型區別函數)，其函數個數恆比組別數少 1，有 2 組將只有 1 條區別函數。其係數即其重要性，係數絕對值越大者，其重要性越高。正值部份以『是否全球通行』最高（0.553），其次為『年費』（0.354）、『卡片設計美觀』（0.347）、『可預借現金』（0.344）、『信用額度』（0.326）與『贈品』（0.318）等幾個變數；負值部份以『循環利息』（-0.674）、『是否受商店歡迎』（-0.534）、『可貸款』（-0.531）與『發卡銀行知名度』（-0.485）等幾個變數之係數的絕對值較大，這幾個將是重要區別變數。

群組重心的函數	
	函數
有無信用卡	1
有	.785
無	-.505
以群組平均值求值的非標準化正準判別函數	

本部份是『有信用卡』、『無信用卡』者兩組樣本之判別分數的均數（重心），有信用卡者之重心為 0.785 之正值，故前面標準化後之正準判別函數係數為正且較大者：『是否全球通行』（0.553）、『年費』（0.354）、『卡片設計美觀』（0.347）、『可預借現金』（0.344）、『信用額度』（0.326）與『贈品』（0.318）等幾個變數，就是決定受

訪者擁有信用卡的主要判別變數,愈注重這幾個變數之受訪者,愈可能會擁有信用卡。

無信用卡者之重心為-0.505 之負值,故前面標準化後之正準判別函數係數為負且較大者:『循環利息』(-0.674)、『是否受商店歡迎』(-0.534)、『可貸款』(-0.531)與『發卡銀行知名度』(-0.485)等幾個變數,就是決定受訪者無信用卡的主要判別變數,愈注重這幾個變數之受訪者,愈不可能申請信用卡。

分類結果[a]

		有無信用卡	預測的群組成員資格		
			有	無	總計
原始	計數	有	21	15	36
		無	9	47	56
	%	有	58.3	41.7	100.0
		無	16.1	83.9	100.0

a. 73.9% 個原始分組觀察值已正確地分類。

本部份指出原為『有』信用卡者 36 人,經判別函數指派為『有』信用卡者有 21 人;原為『無』信用卡者 56 人,經判別函數指派為『無』信用卡者有 47 人。故此一判別函數的正確判別率為 73.9%((21+47)/(36+56)=68/92)。本例為兩組,若無函數正確判別率為 50%;有了本判別函數可提高為 73.9%,效果還算不錯!

15-3 以擷取後之主成分進行分析

判別分析之自變數,也可以使用主成份分析後之因素分數。這樣將因為使用之變數變少,處理較快也較容易解釋;但這樣會使得判別能力較相對的變弱!

底下,即以第十三章針對選擇信用卡的考慮因素之主成份分析結果:『知名與專業』、『功能』、『信貸』、『促銷』與『費用』等五個主成份因素,為判別分析之自變數(變數由 15 個縮減為 5 個),以受訪者是否擁有信用卡為依變數(分組變數),利用判別分析進行分析,用以找出何者才是決定受訪者是否擁有信用卡之主要區別變數。

其處理步驟同於前文,只差所選取之自變數為『知名與專業[FAC1_1]』、『功能[FAC2_1]』、『信貸[FAC3_1]』、『促銷[FAC4_1]』與『費用[FAC5_1]』等五個因素而已:

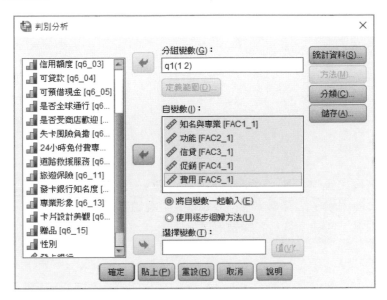

其分析結果為:

檢定結果

Box's M		13.021
F	近似值	.812
	df1	15
	df2	22335.473
	顯著性	.665

檢定相等母群共變數矩陣的虛無假設。

Box's M 為 13.021、F 值 0.812、自由度(15,22335)、顯著性 0.665>α=0.05,得接受兩組之共變異數矩陣相等之虛無假設。所以,本例之因素分數資料符合進行判別分析之假設要求。

Wilks' Lambda (λ)

函數的檢定	Wilks' Lambda (λ)	卡方檢定	自由度	顯著性
1	.905	8.717	5	.121

Wilks' Lambda 值 0.905、卡方值 8.717、自由度 5、顯著性 0.121>α=0.05，判別能力未達顯著水準，整組判別函數的區別能力效果不算很好。

標準化正準判別函數係數	
	函數
	1
知名與專業	-.129
功能	.605
信貸	.185
促銷	-.783
費用	.162

標準化後之正準判別函數(典型判別函數)，正值部份以『功能因素』之係數最高（0.605）；負值部份以『促銷因素』（-0.783）之係數較大。

群組重心的函數	
	函數
有無信用卡	1
有	-.399
無	.257
以群組平均值求值的非標準化正準判別函數	

無信用卡者的重心為 0.257 之正值，由於『功能因素』係數為正且較高（0.605），故而愈注重此一因素（是否受商店歡迎、失卡風險負擔、是否全球通行、循環利息、24 小時免付費專線）之受訪者，愈不可能會申請信用卡。

有信用卡者的重心為-0.399 之負值，由於『促銷因素』之係數為負且係數較高（-0.783），故愈注重此因素（贈品、卡片設計美觀）之受訪者，愈可能會擁有信用卡。

分類結果[a]				
		預測的群組成員資格		
	有無信用卡	有	無	總計
原始　計數	有	16	20	36
	無	5	51	56
%	有	44.4	55.6	100.0
	無	8.9	91.1	100.0
a. 72.8% 個原始分組觀察值已正確地分類。				

原為『有』信用卡者 36 人，經判別函數預測指派為『有』信用卡者有 16 人；原為『無』信用卡者 56 人，經判別函數指派為『無』信用卡者有 51 人。故此一判別函數的正確判別率為 72.8%（(16+51)/(36+56)＝67/92）。本例為兩組，若無函數正確判別率為 50%；有了本判別函數可提高為 72.8%，效果還算不錯！

15-4 多組別的判別分析

前面兩例，其處理對象為兩組（有/無信用卡）。而事實上，判別分析也可以用來進行兩組以上之多組判別。假定，收集到『蜜妮』、『Uno』、『資生堂』與『露得清』等四種廠牌洗面乳的使用者，於『抗痘』、『去油』、『美白』、『保濕』、『去角質』、『緊緻毛孔』與『卸妝』等幾個屬性上之評價（極滿意=5、極不滿意=1），輸入於『範例\Ch15\洗面乳廠牌及評價.sav』：

	廠牌	抗痘	去油	美白	保濕	去角質	緊緻毛孔	卸妝
1	3	3	1	5	5	5	5	5
2	4	3	5	5	3	4	5	5
3	3	3	3	5	5	5	4	5

擬利用判別分析找出，何者才是決定受訪者使用某一廠牌洗面乳之主要區別變數。

其處理步驟同於前文，只差於按 定義範圍(C)... 鈕定義『分組變數(G)』時，得將範圍安排為多組。本例有四組，於『最小值(N)』輸入 1，『最大值(X)』輸入 4：

判別分析：定義範圍　✕

最小值(N)：　1

最大值(X)：　4

繼續(C)　　取消　　說明

其餘之操作步驟均同。本例之分組變數為『廠牌』，自變數為：『抗痘』、『去油』、『美白』、『保濕』、『去角質』、『緊緻毛孔』與『卸妝』等幾個屬性上之評價：

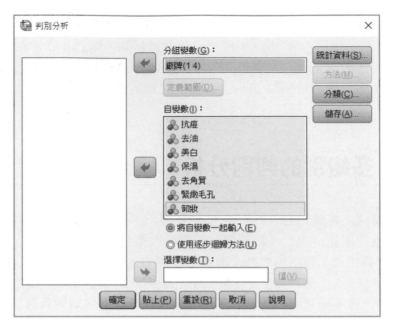

最後之分析結果為：

Box's M 為 141.076、F 值 1.013、自由度（84,2118）、顯著性 0.447>α=0.05，得接受各組共變異數矩陣相等之虛無假設。所以，本例評價資料符合進行判別分析之假設要求。

檢定結果		
Box's M		141.076
F	近似值	1.013
	df1	84
	df2	2118.763
	顯著性	.447
檢定相等母群共變數矩陣的虛無假設。		

由於有四組資料，應該有三條（總組數－1）判別函數，且其判別能力會逐條遞減，第一條最高，餘依序遞減。一條判別函數，僅是線而已，難免有所不足，故第二條是在補強第一條之不足。有了第二條判別函數，就可構成一個平面，若還有不足，再使用第三條來補強。於多組時，均依此類推⋯⋯。

Wilks' Lambda (λ)				
函數的檢定	Wilks' Lambda (λ)	卡方檢定	自由度	顯著性
1 至 3	.270	45.158	21	.002
2 至 3	.560	20.031	12	.067
3	.767	9.140	5	.104

第一條判別函數之 Wilks' Lambda 值 0.27、卡方值 45.158、自由度 21、顯著性 0.002＜α=0.05，達顯著水準，其區別能力效果很好。但第二與三條判別函數之顯著性分別為 0.067 與.0104，均未達顯著水準，且其區別能力也依序遞減。

標準化正準判別函數係數			
	函數		
	1	2	3
抗痘	-.266	1.001	.542
去油	-.045	-.467	.035
美白	.603	-.758	.944
保濕	.527	.787	-.884
去角質	-.309	-.488	.181
緊緻毛孔	.032	.130	.214
卸妝	.186	.457	-.324

標準化後之正準判別函數(典型判別函數)，第一條函數正值部份以『美白』與『保濕』之係數較高（0.603 與 0.527）；負值部份以『去角質』之係數較大（-0.309）。第二條函數正值部份以『抗痘』係數較高（1.001）；負值部份以『美白』之係數較大（-0.758）。第三條之區別能力不強，故省略。

群組重心的函數			
	函數		
廠牌	1	2	3
蜜妮	-.454	.460	.545
Uno	-1.436	-.172	-.722
資生堂	1.307	.327	-.420
露得清	.433	-1.082	.345
以群組平均值求值的非標準化正準判別函數			

由於第三條判別函數之區別能力較弱，故僅取第一、二條判別函數進行後續說明，『蜜妮』之重心為(-.454,0.460)、『Uno』之重心為(-1.436,-0.172)、『資生堂』之重心為(1.307,0.327)、『露得清』之重心為(0.433,-1.082)。

若僅取第一、二條判別函數之較重要變數（係數最高者）為橫軸與縱軸，並將各品牌之重心標示出來。可大概繪出下圖，就可以很清楚看出，各品牌之洗面乳，在哪一個屬性上之評價項目較受使用者肯定：

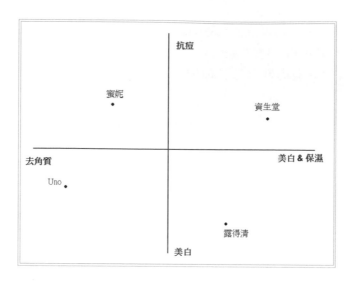

利用第一條函數，可區別出『資生堂』與『Uno』之使用者，『資生堂』使用者較滿意『美白』與『保濕』；『Uno』使用者較滿意其『去角質』。

但光憑第一條判別函數，恐仍無法明顯判別出『蜜妮』與『露得清』之使用者，所以，再以第二條判別函數進行判別，可看出『蜜妮』使用者較滿意其『抗痘』；『露得清』使用者較滿意其『美白』。

分類結果[a]

			預測的群組成員資格				
		廠牌	蜜妮	Uno	資生堂	露得清	總計
原始	計數	蜜妮	10	1	3	0	14
		Uno	1	7	0	0	8
		資生堂	1	1	8	1	11
		露得清	2	1	1	4	8
	%	蜜妮	71.4	7.1	21.4	.0	100.0
		Uno	12.5	87.5	.0	.0	100.0
		資生堂	9.1	9.1	72.7	9.1	100.0
		露得清	25.0	12.5	12.5	50.0	100.0
a. 70.7% 個原始分組觀察值已正確地分類。							

最後之摘要表，可看出原為『蜜妮』使用者，經判別函數預測指派為『蜜妮』者有 10 人；原為『Uno』使用者，經判別函數指派為『Uno』者有 7 人；原為『資生堂』使用者，經判別函數指派為『資生堂』者有 8 人；原為『露得清』使用者，經判別函數指派為『露得清』者有 4 人。故整組判別函數的正確判別率為 70.7%（(10+7+8+4)/(14+8+11+8)＝29/41）。本例為四組，若無函數，正確判別率約為 25%；有了本組判別函數，可提高為 70.7%，效果相當好！

集群分析 16

16-1 概念

集群分析之目的，在將事物按其特性分成幾個集群，使同一集群內之事物具有高度相似性（homogeneity）；不同集群之事物則具有高度之異質性（heterogeneity）。

對於衡量相似性，有使用距離（如：歐幾里德距離、馬氏距離、……）或使用配合係數與相似比。

對於建立集群的方法，可分為：

- **階層式集群法（hierarchical method）**

  此法先將每一事物當成一個點，計算每一點間之距離（或相適度），將最接近的兩個點其合併成一個群體，少了一個點之後，再重新計算每一點間之距離（或相適度），再將最接近的兩個點其合併成一個群體。如此，逐次縮減點數，直至所有點均合併成一個群體為止。

  階層式集群法最大的缺點就是執行速度較慢，因為要計算的距離太多了！

  常見之方法為連鎖法（linkage method），又分為使用最小距離的單一連鎖法（simple linkage）、使用最大距離的完全連鎖法（complete linkage）、使用平均距離的平均連鎖法（average linkage，或稱重心連

鎖法）。這幾個方法的最大問題是，沒有一個適當的衡量標準！無法決定應分為幾群才是最恰當，通常，是由研究者主觀判定。

還有一種是最小變異法（minimum variance method），是 J. E. Ward 所提出，故又稱之為華德法（Ward's method）。此法先將每一事物均視為一個群體，然後將各群體依序合併，合併之順序全視合併後集群組內總變異之大小而定。凡使組內總變異產生最小增量之事物即優先合併，愈早合併之事物表其相似性愈高。這個方法是利用何時使總變異產生最大增量來決定應分為幾群才是最恰當，由於有一個明確的判斷方法，故較常被使用！

- **非階層式集群法**（non-hierarchical method）

    最常被用的方法為 K 平均數法（K-means method），K 即其組數。假定有 K 組，就得先安排 K 個種子點（seed point），然後依下示步驟處理：

    1. 將原始事物分為 K 個群體

    2. 計算某一事物點到各集群重心之距離，將其分配到最接近之群體

    3. 重新計算增加及減少事物點之集群的重心

    4. 重覆上兩個步驟，直至各事物點不必重新分配到其他集群為止

    此法最大的優點是執行速度較快；但最大的問題在如何決定其 K（組數），以及如何安排其種子點。通常是以隨機方式安排，如果不小心將種子點安排的太接近，很可能使各群之差異變得不明顯。

- **兩階段集群法**（two-stage clustering approach）

    由 M. Anderberg 提出，以階層式集群法（最好是華德法或平均連鎖法）取得集群數目，計算出各群之重心。再以各群之重心為種子點，投入 K 平均數法進行重新分群。

    要解釋集群分析之處理步驟及過程，最好是不要有太多樣本點及變數。如此，才能繪出圖形並判讀其樹狀結構圖。所以，我們先以一個簡單之實例進行解說，然後再以正常之問卷調查結果來進行分析。

    於十三章，我們曾針對『範例\Ch13\洗髮精購買考慮因素.sav』，將訪者對：價格、去頭皮屑、保濕、熱油護髮、防止掉髮、止癢、避免抗

藥性、天然成分、香味、防止分岔、柔順、整體綜合效果、包裝、口碑、方便購買、知名度、流行與廣告促銷等，十八項洗髮精購買考慮因素的注重程度，以主成份分析濃縮成：『行銷因素』、『功效因素』、『護髮因素』、『香味因素』與『價格因素』等五個主成份因素。

隨後，我們也曾以單因子變異數分析，檢定濃縮後之主成份因素的重要程度，是否隨其使用品牌不同而存有顯著差異。在當時可取得各品牌的因素分數之均數（詳第十三章）：

		N	平均值
行銷因素	海倫仙度絲	21	-.2634257
	飛柔	13	.0311349
	mod's hair	22	-.2004975
	麗仕	10	.1106711
	多芬	20	-.2680105
	其他	36	-.0605621
	總計	122	-.1309169
功效因素	海倫仙度絲	21	.4435311
	飛柔	13	.0003305
	mod's hair	22	.1742601
	麗仕	10	-.2918889
	多芬	20	.3417168
	其他	36	.0077134
	總計	122	.1421746
護髮因素	海倫仙度絲	21	.1517790
	飛柔	13	-.1035164
	mod's hair	22	.6981787
	麗仕	10	-.5606604
	多芬	20	-.0180471
	其他	36	.0571919
	總計	122	.1089585

		N	平均值
香味因素	海倫仙度絲	21	.0656583
	飛柔	13	-.7075954
	mod's hair	22	.3973996
	麗仕	10	-.1728976
	多芬	20	.2602858
	其他	36	.2121783
	總計	122	.0986724
價格因素	海倫仙度絲	21	-.1042291
	飛柔	13	-.6425283
	mod's hair	22	.0995738
	麗仕	10	.0149132
	多芬	20	.0418581
	其他	36	-.0698516
	總計	122	-.0809788

茲將其資料輸入於『範例\Ch16\洗髮精品牌集群分析.sav』，並以這組資料來進行下文之各種集群分析：

	品牌	行銷因素	功效因素	護髮因素	香味因素	價格因素
1	海倫仙度絲	-.26343	.44353	.15178	.06566	-.10423
2	飛柔	.03113	.00033	-.10352	-.70760	-.64253
3	mod's hair	-.20050	.17426	.69818	.39740	.09957
4	麗仕	.11067	-.29189	-.56066	-.17290	.01491
5	多芬	-.26801	.34172	-.01805	.26029	.04186
6	其他	-.06056	.00771	.05719	.21218	-.06985

16-2 階層式集群分析

▶▶ 最近鄰法

SPSS 之『最近鄰法』（最近鄰接項）集群分析，即是使用最小距離之單一連鎖法（simple linkage）。其處理步驟為：

STEP **1**　開啟『範例\Ch16\洗髮精品牌集群分析.sav』

STEP **2**　執行「**分析(A)/分類 (Y)/階層式集群分析 (H)…**」

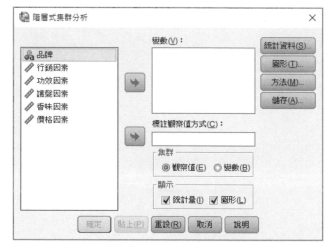

STEP **3**　於左側選取『行銷因素』與『功效因素』，按 ➡ 鈕，將其送到右側之『變數(V)』方塊（本來應選取『行銷因素』～『價格因素』等五個因素，但為了方便解釋與繪圖，故僅選兩個變數）

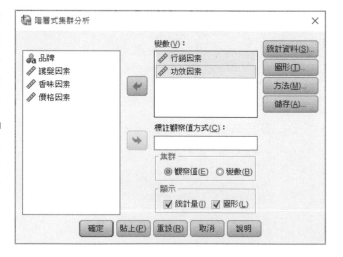

STEP 4 於左側選取『品牌』，按 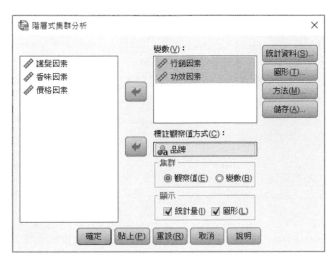 鈕，將其送到右側之『標註觀察值方式(C)』
方塊（此項並非必須，若無此資料，將會依序顯示其列號，如第一筆
資料，其編號為 1）

STEP 5 『集群』處，選「**觀察值(E)**」

STEP 6 『顯示』處，選「**統計量(I)**」與「**圖形(L)**」

STEP 7 按 統計資料(S)... 鈕

STEP **8** 選「**凝聚排程(A)**」，希望看到集群的每一步驟（若樣本很多，其實也可以不要此一內容，否則也只是浪費報表而已）

STEP **9** 『集群成員資格』處，可選「**解範圍(R)**」，要求列出分為幾群時，其內各包括哪些樣本點（本例選 2~5 群）

（其實，這也不重要，等確定要分為幾群後，再要求將其分群結果儲存起來即可）

STEP **10** 按 繼續(C) 鈕，回上一層對話方塊

STEP **11** 按 圖形(T)... 鈕

STEP 12 選「**樹狀圖(D)**」（木圖較容易判讀），方向改為「**水平(H)**」（本例仍選有「**冰柱**」，純是為了看一下它有多麼不容易判讀而以已。往後，可考慮選「**無(N)**」將其取消）

STEP 13 按 繼續(C) 鈕，回上一層對話方塊

STEP 14 按 方法(M)... 鈕

STEP **15** 　『集群方法(M)』處，選「**最近鄰接項**」；『測量/區間(N)』處，選「**平方 Euclidean 距離**」（歐基里德直線距離平方）

STEP **16** 　按 繼續(C) 鈕，回上一層對話方塊

STEP **17** 　若確定要分為幾群，可按 儲存(A)... 鈕，選擇要將分群結果儲存下來

會於各樣本之最後增加新欄位，並於每列標示該樣本係分在第幾群。本例先不儲存，等確定要分為幾群後，再重作一次，並要求將其分群結果儲存起來即可（選「**單一解(S)**」並輸入集群數）。

STEP **18** 　按 繼續(C) 鈕，回上一層對話方塊

觀察值處理摘要[a,b]

		觀察值			
有效		遺漏		總計	
N	百分比	N	百分比	N	百分比
6	100.0	0	.0	6	100.0

a. 平方 Euclidean 距離 已用

b. 單一鏈結

本部份說明其觀察值個數與使用之方法。

單一鏈結

凝聚排程

階段	結合的集群			階段集群首次出現		下一個階段
	集群 1	集群 2	係數	集群 1	集群 2	
1	2	6	.008	0	0	4
2	1	5	.010	0	0	3
3	1	3	.033	2	0	4
4	1	2	.047	3	1	5
5	1	4	.092	4	0	0

本部份標示其群數凝聚順序（過程），如：第一階段將第 2 個觀察值（飛柔）與第 6 個觀察值（其他）合併為一群（代碼為 2）。其後『下一階段』欄處之 4，表本群（代碼為 2）下一個步驟將跳到第四階段。

第二階段，將第 1 個觀察值（海倫仙度絲）與第 5 個觀察值（多芬）合併為一群。其後『下一階段』欄處之 3，表本群（代碼為 1）下一個步驟將跳到第三階段。

第三階段，將代碼為 1 之群（內含第 1、5 個觀察值，海倫仙度絲與多芬），與第 3 個觀察值（mod's hair）合併為一群。其後之『下一階段』欄處之 4，表本群（代碼為 1）下一個步驟將跳到第四階段。

第四階段，將代碼為 1 之群（內含第 1、3、5 個觀察值，海倫仙度絲、mod's hair 與多芬），與代碼為 2 之群（內含第 2、6 個觀察值，飛柔與其他）合併為一群。其後之『下一階段』欄處之 5，表本群（代碼為 1）下一個步驟將跳到第五階段。

16

集群分析

　　最後，第五階段，將代碼為 1 之群（內含第 1、2、3、5、6 個觀察值，海倫仙度絲、飛柔、mod's hair、多芬與其他）與第 4 個觀察值（麗仕）合併為一群。至此，全部觀察值合為一群，即結束集群。

　　這樣的判讀報表，並不容易，若樣本很多，更加困難。故我們通常並不會要求印出此一內容，免得浪費報表！

集群成員資格

觀察值	5 集群	4 集群	3 集群	2 集群
1:海倫仙度絲	1	1	1	1
2:飛柔	2	2	2	1
3:mod's hair	3	3	1	1
4:麗仕	4	4	3	2
5:多芬	5	1	1	1
6:其他	2	2	2	1

　　此部份是顯示，分為幾群時，各觀察值是被分到第幾群？如，『3 集群』時，第 1 群內含第 1、3、5 個觀察值（海倫仙度絲、mod's hair 與多芬）；第 2 群為第 2、6 個觀察值（飛柔與其他）；第 3 群為第 4 個觀察值（麗仕）。

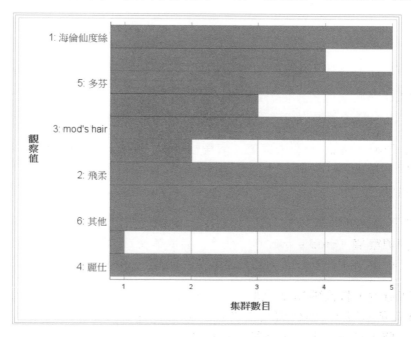

此是水平之冰柱圖，較不容易判讀。如：『集群數目』為 5 時，是將第 6 與第 2 個觀察值（其他與飛柔）合併為一群，其餘各觀察值（mod's hair、多芬、海倫仙度絲、麗仕），分別獨立為一群。

『集群數目』為 4 時，是將第 1 與第 5 個觀察值（多芬與海倫仙度絲）合併為一群，上階段之其他與飛柔為一群，其餘各觀察值（mod's hair、麗仕），分別獨立為一群。

『集群數目』為 3 時，是將第 1、5 與第 3 個觀察值（多芬、海倫仙度絲與 mod's hair）合併為一群，其他與飛柔為一群，麗仕則仍獨立為一群。

『集群數目』為 2 時，第一群為第 6、2 個觀察值（其他與飛柔）、第二群為第 3、5、1 個觀察值（mod's hair、多芬與海倫仙度絲）。

『集群數目』為 1 時，是將第 6、2、3、5、1 個觀察值（其他、飛柔、多芬與海倫仙度絲）與第 4 個觀察值（麗仕）合併為一群。

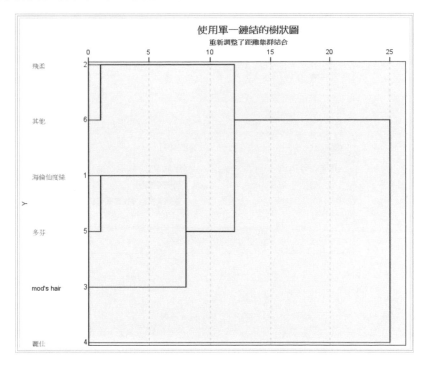

此是集群的樹狀圖，較容易判讀（但樣本數若很多，實也不易判讀）。其橫軸是距離，以距離 10 向下拉一條線，恰可分為三群，第 1 群為第 2、6 個觀察值（飛柔與其他）；第 2 群內含第 1、5、3 個觀察值（海倫仙度絲、多

芬與 mod's hair）；第 3 群為第 4 個觀察值（麗仕）。以距離 15 向下拉一條線，恰可分為二群，第 1 群為第 2、6、1、5、3 個觀察值（飛柔、其他、海倫仙度絲、多芬與 mod's hair）；第 2 群為第 4 個觀察值（麗仕）。

問題來了，到底應分為幾群才是最恰當？並無一個適當的衡量標準，通常是由研究者主觀判定。其判斷原則是：**群數不要太多，群內樣本不可太少**。

▶▶ 重心集群法

SPSS 之『重心集群法』集群分析（重心形成集群），即是使用平均距離的平均連鎖法（average linkage，或稱重心連鎖法）。其處理步驟同於前文之『最近鄰法』，只差於步驟 15，得選「**重心形成集群**」之『集群方法』而已：

茲僅列出其集群的樹狀圖：

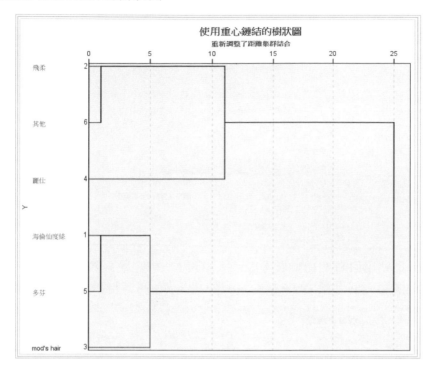

可發現，本例若分為兩群，其結果並不同於使用『最近鄰法』。以距離 15 向下拉一條線，恰可分為兩群，第 1 群為第 2、6、4 個觀察值（飛柔、其他與麗仕）。第 2 群內含第 1、5、3 個觀察值（海倫仙度絲、多芬與 mod's hair）

但若分為三群，以距離 10 向下拉一條線，則其分群結果同於使用『最近鄰法』。第 1 群為第 2、6 個觀察值（飛柔與其他），第 2 群為第 4 個觀察值（麗仕），第 3 群內含第 1、5、3 個觀察值（海倫仙度絲、多芬與 mod's hair）。

問題還是一樣，到底應分為幾群才是最恰當？

▶▶ 華德法

SPSS 之『Ward's 法』集群分析，即是使用最小變異法（minimum variance method），是由 J. E. Ward 所提出，故又稱之為**華德法**（Ward's method）。其處理步驟同於前文之『最近鄰法』，只差於步驟 15，得選「**Ward's 方法**」之『集群方法』而已：

16

集群分析

此法是利用何時使總變異產生最大增量,來決定應分為幾群才是最恰當。由於有一個明確的判斷方法,故較常被使用!如,將其群數凝聚順序(過程):

Ward 鏈結

凝聚排程

階段	結合的集群		係數	階段集群首次出現		下一個階段
	集群 1	集群 2		集群 1	集群 2	
1	2	6	.004	0	0	4
2	1	5	.009	0	0	3
3	1	3	.044	2	0	5
4	2	4	.113	1	0	5
5	1	2	.481	3	4	0

整理成下表:(遞增量是將前後兩階段之係數相減)

階段	群數	係數	遞增量	最大值
1	5	0.004		
2	4	0.009	0.005	
3	3	0.044	0.035	
4	2	0.113	0.069	
5	1	0.481	0.368	**

可發現其總變異的最大遞增量，是在群數為 2 變為 1 時，故應以分為 2 群時，最為恰當。

其集群的樹狀圖為：

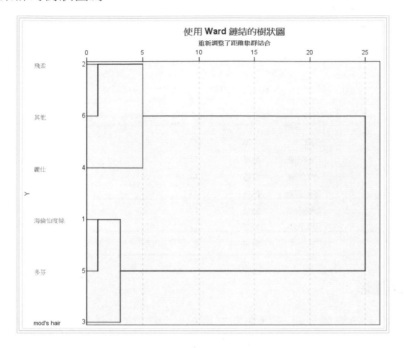

可發現，本例之分群結果完全同於『重心集群化』。以分為兩群為例，以距離 10 向下拉一條線，恰可分為兩群，第 1 群為第 2、6、4 個觀察值（飛柔、其他與麗仕）。第 2 群內含第 1、5、3 個觀察值（海倫仙度絲、多芬與 mod's hair）。（亦可由橫軸距離間隔最大處，向下拉一垂直線，即是最適當之分群數）

由於，已確定要分為 2 群，故再重新執行一次，過程中加按 儲存(A)... 鈕，選擇要將分群為 2 時之結果儲存下來。選「**單一解 (S)**」並輸入集群數 2：

會於各樣本之最後增加新欄位（CLU2_1），並於每列標示該樣本係分在第幾群：

	🔒 品牌	🔗 行銷因素	🔗 功效因素	🔗 護髮因素	🔗 香味因素	🔗 價格因素	🔗 CLU2_1
1	海倫仙度絲	-.26343	.44353	.15178	.06566	-.10423	1
2	飛柔	.03113	.00033	-.10352	-.70760	-.64253	2
3	mod's hair	-.20050	.17426	.69818	.39740	.09957	1
4	麗仕	.11067	-.29189	-.56066	-.17290	.01491	2
5	多芬	-.26801	.34172	-.01805	.26029	.04186	1
6	其他	-.06056	.00771	.05719	.21218	-.06985	2

	名稱	類型	寬度	小數	標籤
1	品牌	字串	15	0	
2	行銷因素	數值	13	5	
3	功效因素	數值	12	5	
4	護髮因素	數值	13	5	
5	香味因素	數值	13	5	
6	價格因素	數值	12	5	
7	CLU2_1	數值	8	0	Ward Method

▶▶ 繪製圖形

若只有兩個變數，就可以繪製其圖形。將可更容易看出各觀察值之樣本點位置，並檢查集群結果。若將『範例\Ch16\洗髮精品牌集群分析.sav』之資料轉到 Excel，存於『範例\Ch16\洗髮精品牌集群分析.xlsx』：

	A	B	C	D	E	F
1	品牌	行銷因素	功效因素	護髮因素	香味因素	價格因素
2	海倫仙度絲	-0.2634	0.4435	0.1518	0.0657	-0.1042
3	飛柔	0.0312	0.0004	-0.1037	-0.7076	-0.6425
4	mod's hair	-0.2005	0.1743	0.6982	0.3973	0.0995
5	麗仕	0.1106	-0.2919	-0.5607	-0.1729	0.0150
6	多芬	-0.2680	0.3417	-0.0180	0.2603	0.0419
7	其他	-0.0606	0.0077	0.0572	0.2122	-0.0699

利用其繪圖功能，可繪出如下之集群結果（XY 圖）：

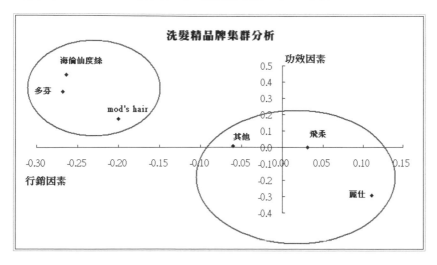

將更容易比較出各品牌之優勢為何？左上角海倫仙度絲、多芬與 mod's hair 等三品牌係以功能因素（『防止掉髮』、『止癢』、『避免抗藥性』、『去頭皮屑』、與『天然成分』）取勝；右下角飛柔、其他與麗仕等三品牌，係以行銷因素（『流行』、『廣告促銷』、『知名度』、『包裝』、『方便購買』與『口碑』）取勝。

若將『範例\Ch16\洗髮精品牌集群分析.sav』，以下示步驟進行繪圖，亦可繪出其資料點的散佈圖：

STEP 1　　執行「**圖形(G)/圖表建置器(C)…**」

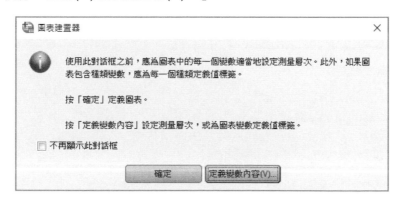

STEP **2** 按 ▢確定▢ 鈕

STEP **3** 於左下『展示區』標籤之『選擇來源(C)』方塊，點選「**散佈圖/點狀圖**」

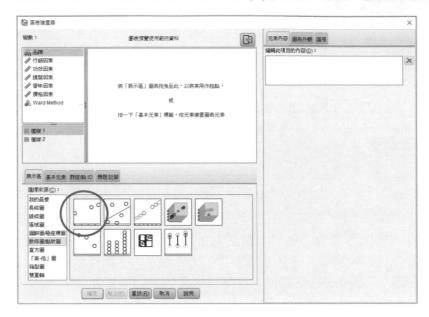

STEP **4** 拖曳『選擇來源(C)』方塊右側圖庫，第一列第一個「**簡易散佈圖**」圖示，將其拉到中間上方『圖表預覽使用範例資料』方塊

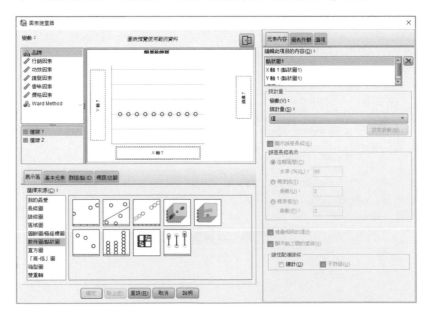

STEP **5** 拖曳左上角『變數(V)』方塊之「**行銷因素**」，將其拉到『圖表預覽使用範例資料』方塊之「X 軸?」處

STEP **6** 拖曳左上角『變數(V)』方塊之「**功效因素**」，將其拉到『圖表預覽使用範例資料』方塊之「Y 軸?」處

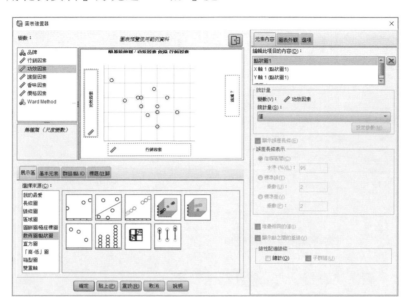

STEP **7** 下方選按 標題/註腳 標籤，選「**標題 1**」

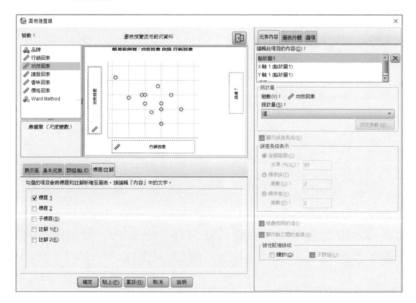

STEP **8** 續於『元素內容』對話方塊點選「**標題 1**」，於『自訂(C)』處，輸入『洗髮精之市場區隔』，當其大標題

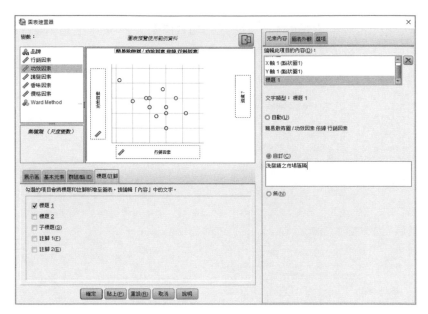

STEP **9** 按『圖表建置器』之 ▢確定 鈕，獲致

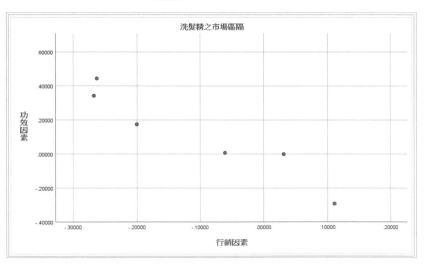

此圖當然也不是很好，若將其轉貼到『小畫家』稍加修飾，即可獲致下圖，將更容易比較出各品牌之優勢為何：

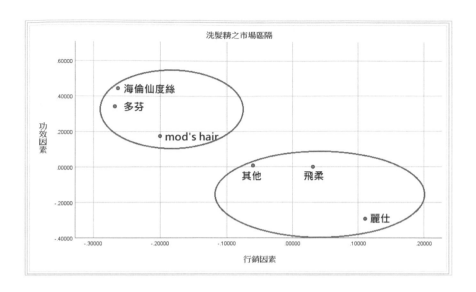

16-3 非階層式集群分析

SPSS 提供之非階層式集群分析法為『K 平均數集群法』（K-means method），K 即其組數，若未曾以前文之階層式集群分析法進行過分群，只好是憑研究者自己主觀判斷應分為幾群？假定有 K 組，就得先安排 K 個種子點（seed point，SPSS 稱之為中心點）才能進行 K 平均數集群法。其種子點可以由電腦隨機決定，也可以由我們自行輸入儲存於檔案，讓 SPSS 去讀取。

為方便與階層式集群分析法進行比較，底下仍使用『範例\Ch16\洗髮精品牌集群分析.sav』進行『K 平均數集群法』之分析。

▶▶ 隨機種子點

『K 平均數集群法』得先安排 K 個種子點（中心點）才能進行 K 平均數集群法。SPSS 預設狀況是隨機取 K 個觀察值當種子點（中心點）。假定，我們也剛好決定要將先前『範例\Ch16\洗髮精品牌集群分析.sav』資料分為兩個集群。其處理步驟為：

STEP 1　開啟『範例\Ch16\洗髮精品牌集群分析.sav』

STEP **2**　執行「**分析(A)/分類(Y)/K 平均數集群…**」

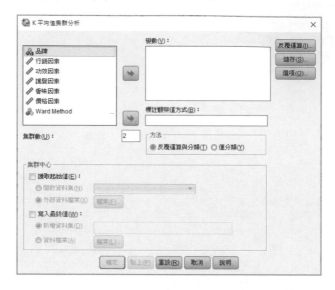

STEP **3**　於左側選取『行銷因素』與『功效因素』，按 ➡ 鈕，將其送到右側之
　　　　『變數(V)』方塊（為了方便與前文之結果比較）

STEP **4**　於左側選取『品牌』，按 ➡ 鈕，將其送到右側之『標註觀察值方式(B)』
　　　　方塊（此項並非必需）

STEP **5**　於『集群數(U)』處輸入要分為幾群（本例為 2）

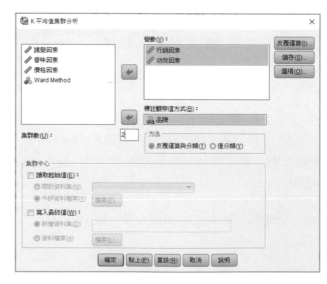

STEP **6** 於『集群中心』方塊，選「**寫入最終值(W)**」及「**資料檔案(A)**」

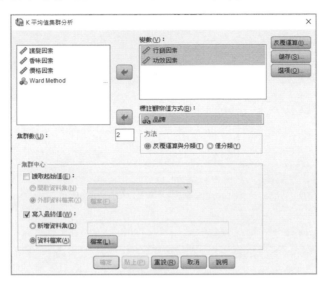

STEP **7** 按「**資料檔案(A)**」後之 檔案(L)... 鈕

STEP **8** 選妥儲存位置，輸妥檔名，將存為 SPSS 之資料檔（本例將其命名為 『K 平均數之結果-隨機種子點』）

STEP **9** 按 儲存(S) 鈕,回上一層對話方塊

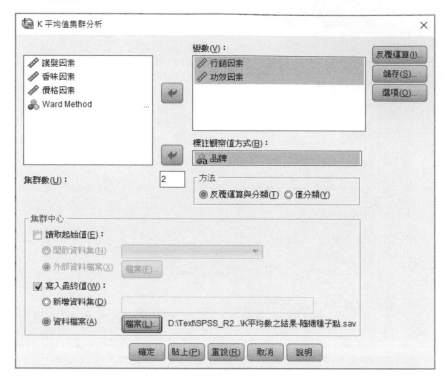

(步驟 7~9 並非必需,只是要看其內資料欄位如何安排而已)

STEP **10** 按 選項(O)... 鈕

STEP 11 加選「**每一個觀察值的集群資訊(C)**」（若樣本較多，則不用）

STEP 12 按 繼續(C) 鈕，回上一層對話方塊

STEP 13 若要將分群之結果儲存下來，可按 儲存(S) 鈕，進行儲存設定（選「**集群成員資格(C)**」，會於各樣本之最後增加新欄位，並於每列標示該樣本係分在第幾群）

（本例暫不想儲存分群之結果）

STEP 14 按 繼續(C) 鈕，回上一層對話方塊

STEP 15 按 確定 鈕，獲致

起始集群中心		
	集群	
	1	2
行銷因素	-.26343	.11067
功效因素	.44353	-.29189

本部份是最初之集群的中心點（種子點），若回原資料檢視，可發現是第 1 筆之『海倫仙度絲』與第 4 筆之『麗仕』資料。

集群成員資格

觀察值數目	品牌	集群	距離
1	海倫仙度絲	1	.125
2	飛柔	2	.095
3	mod's hair	1	.152
4	麗仕	2	.214
5	多芬	1	.033
6	其他	2	.135

本部份是各集群內分別包含那幾個觀察值？可看出第 1 群內含第 1、3、5 個觀察值（海倫仙度絲、mod's hair 與多芬）；第 2 群內含第 2、4、6 個觀察值（飛柔、麗仕與其他）。此一結果與先前之『重心集群化』及『Ward's 法』完全相同。

最終集群中心

	集群	
	1	2
行銷因素	-.24398	.02708
功效因素	.31984	-.09461

本部份是分群後，各集群之中心。與最初之集群的中心點比較，可發現中心已不是原來之種子點。可見，於分群過程中會不斷重算新的集群中心。

由於，我們先前設定要將此一結果儲存到『範例\Ch16\K 平均數之結果-隨機種子點.sav』。執行後，開啟該檔，可看到分群後集群之中心資料：

	CLUSTER_	行銷因素	功效因素
1	1	-.24398	.31984
2	2	.02708	-.09461

其第一欄欄名為『CLUSTER_』，後接用來分群之依據的欄名。下節，我們就可以仿此資料之安排方式。自行輸入『K 平均數法』所需要之 K 個種子點。

▶▶ 以階層式集群分析取得種子點

『K 平均數法』也允許使用者自行決定種子點之資料。M. Anderberg 提出之二階段集群法（two-stage clustering approach），建議以階層式集群法（最好是華德法或平均連鎖法）取得集群數目，計算出各群之重心。再以各群之重心為種子點，投入 K 平均數法進行重新分群。

所以，我們就以『Ward's 法』之結果來算其各群之重心（中心）當種子點。此分群資料目前已存於各樣本最後之新欄位（CLU2_1）：

	&a 品牌	⬧ 行銷因素	⬧ 功效因素	⬧ 護髮因素	⬧ 香味因素	⬧ 價格因素	&⬧ CLU2_1
1	海倫仙度絲	-.26343	.44353	.15178	.06566	-.10423	1
2	飛柔	.03113	.00033	-.10352	-.70760	-.64253	2
3	mod's hair	-.20050	.17426	.69818	.39740	.09957	1
4	麗仕	.11067	-.29189	-.56066	-.17290	.01491	2
5	多芬	-.26801	.34172	-.01805	.26029	.04186	1
6	其他	-.06056	.00771	.05719	.21218	-.06985	2

接著，以下示步驟先求算各群之重心（即求算各變數之均數）：

STEP **1**　執行「**分析(A)/比較平均數(M)/平均數(M)…**」

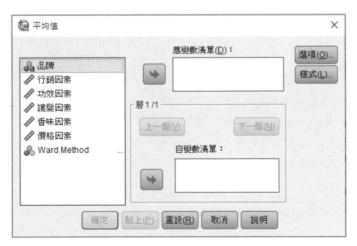

STEP **2**　於左側，選取『行銷因素』與『功效因素』，按 ➡ 鈕，將其送到右側之『應變數清單(D)』方塊

STEP **3**　於左側，選取『Ward Method [CLU2_1]』，按  鈕，將其送到右側之
　　　　『自變數清單』方塊

STEP **4**　按 確定 鈕，獲致兩群體之中心（平均數）

報告			
Ward Method		行銷因素	功效因素
1	平均值	-.2439779	.3198360
	N	3	3
	標準偏差	.03772486	.13596246
2	平均值	.0270813	-.0946150
	N	3	3
	標準偏差	.08568852	.17088410
總計	平均值	-.1084483	.1126105
	N	6	6
	標準偏差	.15983804	.26571742

接著，將兩群體之中心（平均數）資料輸入到『範例\Ch16\以華德法之
結果當種子點.sav』，擬作為下階段『K 平均數集群法』之起始種子點。
第一欄之欄名為『CLUSTER_』，後接用來分群之依據的欄名：

	CLUSTER_	行銷因素	功效因素
1	1	-.24398	.31984
2	2	.02708	-.09461

然後，再以下示步驟進行『K 平均數集群』：

STEP **1** 開啟『範例\Ch16\洗髮精品牌集群分析.sav』

STEP **2** 執行「**分析(A)/分類(Y)/K 平均數集群…**」，按 重設(R) 鈕，還原所有設定

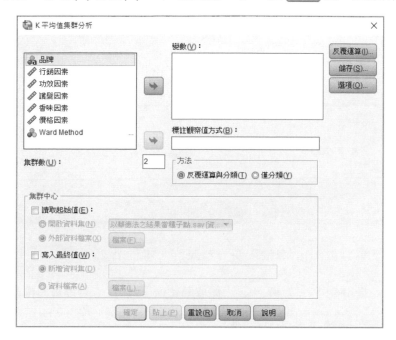

STEP **3** 於左側，選取『行銷因素』與『功效因素』，按 ➡ 鈕，將其送到右側之『變數(V)』方塊（為了方便與前文之結果比較）

STEP **4** 於左側，選取『品牌』，按 ➡ 鈕，將其送到右側之『標註觀察值方式(B)』方塊（此項並非必需）

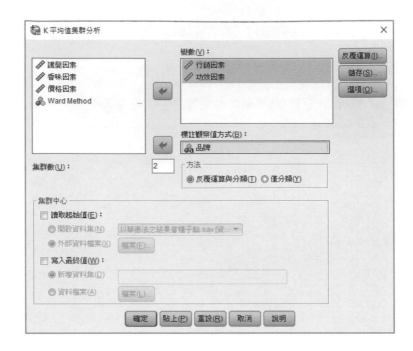

STEP **5** 於『集群數(U)』處輸入要分為幾群（本例為 2）

STEP **6** 於『集群中心』方塊，選「**讀取起始值(E)**」及「**外部資料檔案(X)**」

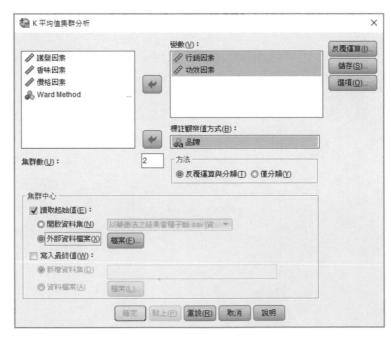

STEP **7**　按其後之 檔案(F)... 鈕，找出『範例\Ch16\以華德法之結果當種子點.sav』
　　　　當起始種子點

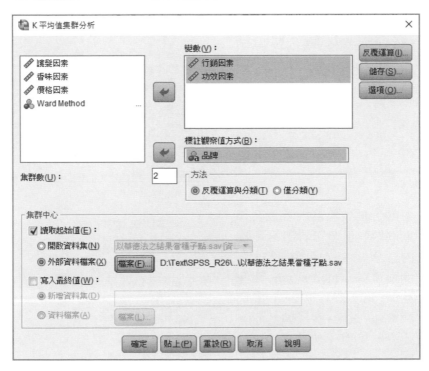

STEP **8**　按 開啟(O) 鈕，回上一層對話方塊

STEP **9** 按 選項(O)... 鈕，加選「**每一個觀察值的集群資訊(C)**」（若樣本較多，則不用）

STEP **10** 按 繼續(C) 鈕，回上一層對話方塊

STEP **11** 按 確定 鈕，獲致

起始集群中心		
	集群	
	1	2
行銷因素	-.24398	.02708
功效因素	.31984	-.09461
來自 FILE 次指令的輸入		

此即由『範例\Ch16\以華德法之結果當種子點.sav』所讀入之起始種子點。

集群成員資格

觀察值數目	品牌	集群	距離
1	海倫仙度絲	1	.125
2	飛柔	2	.095
3	mod's hair	1	.152
4	麗仕	2	.214
5	多芬	1	.033
6	其他	2	.135

本部份是各集群內各包含那幾個觀察值？可看出第 1 群內含第 1、3、5 個觀察值（海倫仙度絲、mod's hair 與多芬）；第 2 群為第 2、4、6 個觀察值（飛柔、麗仕與其他）。此一結果與先前之『重心集群法』、『Ward's 方法』，

最終集群中心		
	集群	
	1	2
行銷因素	-.24398	.02708
功效因素	.31984	-.09461

以及第一次以隨機取得種子點之『K 平均數法』，分群結果完全相同。
（若樣本較多，則可能會有不同）

本部份是分群後，各集群之中心。與最初之集群的中心點比較，可發
現根本就是原來所輸入之種子點，此乃是由於其分群結果完全相同的
原因所致。

馬上練習

以『範例\Ch16\洗髮精品牌集群分析.sav』之內容，改採使用『行銷因
素』、『功效因素』、『護髮因素』、『香味因素』與『價格因素』
等五個因素，進行二階段之集群分析。第一階段以華德法取得集群數
目，計算出各群之重心。再以各群之重心為種子點，投入 K 平均數法
進行第二階段重新分群。

Ward 鏈結

凝聚排程

| 階段 | 結合的集群 | | 係數 | 階段集群首次出現 | | 下一個階段 |
	集群 1	集群 2		集群 1	集群 2	
1	1	5	.049	0	0	2
2	1	6	.179	1	0	3
3	1	3	.538	2	0	5
4	2	4	1.047	0	0	5
5	1	2	2.484	3	4	0

將其整理成：

階段	集群數	係數	遞增量	最大值
1	5	0.049		
2	4	0.179	0.130	
3	3	0.538	0.359	
4	2	1.047	0.509	
5	1	2.484	1.437	**

總變異的最大遞增量是在群數為 2 變為 1 時，故應以分為 2 群，最為
恰當。

其集群的樹狀圖為：

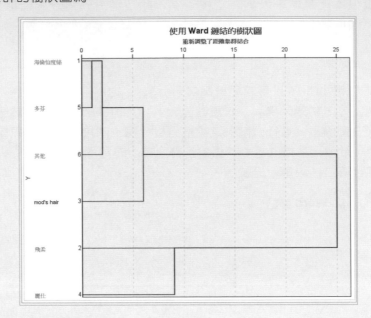

各集群內之成員為：

	集群成員資格			
觀察值	5 集群	4 集群	3 集群	2 集群
1:海倫仙度絲	1	1	1	1
2:飛柔	2	2	2	2
3:mod's hair	3	3	1	1
4:麗仕	4	4	3	2
5:多芬	1	1	1	1
6:其他	5	1	1	1

於分為 2 個群組時，第 1 群為第 1、3、5、6 個觀察值（海倫仙度絲、
mod's hair、多芬與其他）；第 2 群內含第 2、4 個觀察值（飛柔與麗
仕）。將分群結果儲存於『CLU2_2』，可發現此結果已不同於前文以
兩個變數進行分析之結果（CLU2_1）：

	品牌	行銷因素	功效因素	護髮因素	香味因素	價格因素	CLU2_1	CLU2_2
1	海倫仙度絲	-.26343	.44353	.15178	.06566	-.10423	1	1
2	飛柔	.03113	.00033	-.10352	-.70760	-.64253	2	2
3	mod's hair	-.20050	.17426	.69818	.39740	.09957	1	1
4	麗仕	.11067	-.29189	-.56066	-.17290	.01491	2	2
5	多芬	-.26801	.34172	-.01805	.26029	.04186	1	1
6	其他	-.06056	.00771	.05719	.21218	-.06985	2	1

以新的分群結果，求各群中心：

報告

Ward Method		行銷因素	功效因素	護髮因素	香味因素	價格因素
1	平均值	-.1981239	.2418054	.2222756	.2338805	-.0081622
	N	4	4	4	4	4
	標準偏差	.09674253	.19151759	.32478770	.13687639	.09512011
2	平均值	.0709030	-.1457792	-.3320884	-.4402465	-.3138076
	N	2	2	2	2	2
	標準偏差	.05624058	.20663034	.32324961	.37808840	.46488139
總計	平均值	-.1084483	.1126105	.0374876	.0091715	-.1100440
	N	6	6	6	6	6
	標準偏差	.15983804	.26571742	.40760540	.40126944	.27122574

將其存入資料檔：

	CLUSTER	行銷因素	功效因素	護髮因素	香味因素	價格因素
1	1	-.198124	.241805	.222276	.233881	-.008162
2	2	.070903	-.145779	-.332088	-.440247	-.313808

以此各群中心之資料，重新投入『K 平均數法』，進行集群分析：

起始集群中心

	集群	
	1	2
行銷因素	-.19812	.07090
功效因素	.24181	-.14578
護髮因素	.22228	-.33209
香味因素	.23388	-.44025
價格因素	-.00816	-.31381
來自 FILE 次指令的輸入		

獲致各集群內最終之成員為：

集群成員資格

觀察值數目	品牌	集群	距離
1	海倫仙度絲	1	.296
2	飛柔	2	.505
3	mod's hair	1	.519
4	麗仕	2	.505
5	多芬	1	.275
6	其他	1	.324

第 1 群為第 1、3、5、6 個觀察值（海倫仙度絲、mod's hair、多芬與其他）；第 2 群為第 2、4 個觀察值（飛柔與麗仕）。將分群結果儲存於『QCL_1』，可發現，此結果完全同於前文以『華德法』進行分析之結果（CLU2_2）：

	品牌	行銷因素	功效因素	護髮因素	香味因素	價格因素	CLU2_1	CLU2_2	QCL_1
1	海倫仙度絲	-.26343	.44353	.15178	.06566	-.10423	1	1	1
2	飛柔	.03113	.00033	-.10352	-.70760	-.64253	2	2	2
3	mod's hair	-.20050	.17426	.69818	.39740	.09957	1	1	1
4	麗仕	.11067	-.29189	-.56066	-.17290	.01491	2	2	2
5	多芬	-.26801	.34172	-.01805	.26029	.04186	1	1	1
6	其他	-.06056	.00771	.05719	.21218	-.06985	2	1	1

各群最後之集群中心為：

最終集群中心

	集群	
	1	2
行銷因素	-.19812	.07090
功效因素	.24181	-.14578
護髮因素	.22228	-.33209
香味因素	.23388	-.44025
價格因素	-.00816	-.31381

可發現第 1 群（海倫仙度絲、mod's hair、多芬與其他）係以『功效因素』、『護髮因素』與『香味因素』見長。而第 2 群飛柔與麗仕則以『行銷因素』見長。（『價格因素』請讀者自行分析）

16-4 信用卡消費者之市場區隔

於十三章，我們曾針對『範例\Ch13\申請信用卡考慮因素.sav』，將受訪者對申請信用卡重要考慮因素：『年費』、『循環利息』、『信用額度』、『可貸款』、『可預借現金』、『是否全球通行』、『是否受商店歡迎』、『失卡風險負擔』、『24 小時免付費專線』、『道路救援服務』、『旅遊保險』、『發卡銀行知名度』、『專業形象』、『卡片設計美觀』與『贈品』等 15 個變數，以主成份分析濃縮成：『知名與專業因素』、『功能因素』、『信貸因素』、『促銷因素』與『費用因素』等五個主成份因素。

本章，先將這些資料及其因素分數，以及受訪者的基本資料、是否有信用卡、主要使用之信用卡、每月刷卡金額、……等資料，轉存到『範例\Ch16\信用卡市場區隔.sav』：

	性別	發卡銀行	金額分組	FAC1_1	FAC2_1	FAC3_1	FAC4_1	FAC5_1
1	2	.00	1.00	-1.31671	.08774	-1.23157	.33366	.10629
2	2	.00	1.00	-.99184	.31164	-1.51945	.71763	-.21895
3	2	.00	1.00	-.97443	-.96883	-.59977	.19515	.42576

底下，就利用經主成份分析所濃縮成之『知名與專業因素』、『功能因素』、『信貸因素』、『促銷因素』與『費用因素』等五個主成份因素，針對受訪者進行二階段集群分析，將其分群找出信用卡市場區隔。於以判別分析驗證其分群之適當性後，再針對市場區隔進行描述其特性。

▶▶ 第一階段：華德法集群分析

第一階段先以『華德法』集群分析，判斷應分為幾群。其處理步驟為：

STEP 1　開啟『範例\Ch16\信用卡市場區隔.sav』

STEP **2** 執行「**分析(A)/分類(Y)/階層式集群分析(H)…**」

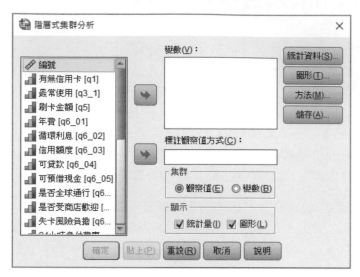

STEP **3** 於左側,選取『知名與專業[FAC1_1]』、『功能[FAC2_1]』、『信貸 [FAC3_1]』、『促銷[FAC4_1]』與『費用[FAC5_1]』等五個因素,按 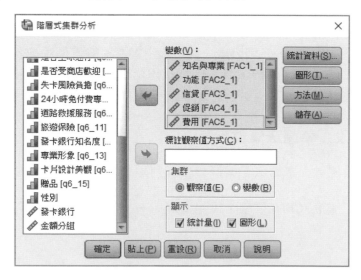 鈕,將其送到右側之『變數(V)』方塊

STEP <u>4</u>　按　方法(M)...　鈕，於『集群方法(M)』處，選「Ward's 方法」；『測量/ 區間(N)』處，選「**平方 Euclidean 距離**」（歐基里德直線距離平方）

STEP <u>5</u>　按　繼續(C)　鈕，回上一層對話方塊

STEP <u>6</u>　按　確定　鈕，獲致將 91 個樣本由 91 群合併到成為 1 群的凝聚順序（過程）

凝聚排程

階段	結合的集群 集群 1	集群 2	係數	階段集群首次出現 集群 1	集群 2	下一個階段
1	6	61	.104	0	0	10
2	38	68	.227	0	0	44
3	4	42	.421	0	0	70
85	16	26	218.129	78	77	86
86	1	16	243.950	82	85	90
87	5	17	270.367	84	83	89
88	13	44	306.161	81	79	89
89	5	13	348.795	87	88	91
90	1	4	393.808	86	80	91
91	1	5	455.000	90	89	0

將最後幾個凝聚過程彙總到下表，並計算其總變異的遞增量：

階段	集群數	係數	遞增量	最大值
85	7	218.13		
86	6	243.95	25.82	
87	5	270.37	26.42	
88	4	306.16	35.79	
89	3	348.79	42.63	
90	2	393.81	45.01	
91	1	455.00	61.19	**

可發現總變異的最大遞增量是在群數為 2 變為 1 時，故應以分為 2 群，最為恰當。

確定要分為 2 群後，再重新執行一次前面的『華德法』集群分析，但得按 儲存(A)... 鈕，選擇要將分群為 2 之結果儲存下來：

可將分群結果儲存於『CLU2_1』：

	FAC1_1	FAC2_1	FAC3_1	FAC4_1	FAC5_1	CLU2_1
3	-.97443	-.96883	-.59977	.19515	.42576	1
4	-.53243	-1.25731	.84023	.62180	.01750	1
5	-.42312	.25508	.44500	-.74404	1.57511	2
6	-.50453	-.37781	-.22363	-.27099	-.36804	1

接著，以下示步驟先求算各群之重心（即求算各變數之均數）：

STEP 1 執行「**分析(A)/比較平均數(M)/平均數(E)…**」

STEP 2 於左側，選取『知名與專業[FAC1_1]』、『功能[FAC_1]』、『信貸[FAC_1]』、『促銷[FAC4_1]』與『費用[FAC5_1]』等五個因素，按 ➡ 鈕，將其送到右側之『應變數清單(D)』方塊

STEP 3 於左側，選取『Ward Method』（此係其註解，原欄名為 CLU2_1），按 ➡ 鈕，將其送到右側之『自變數清單』方塊

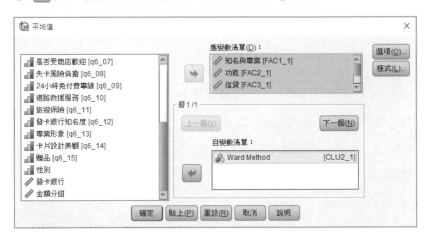

STEP 4 按 確定 鈕，獲致兩群體之中心（平均數）

報告		知名與專業	功能	信貸	促銷	費用
Ward Method						
1	平均值	.0171105	-.5386589	-.3017762	.3860384	.1678256
	N	50	50	50	50	50
	標準偏差	.71103419	1.01342622	.93215312	.84542648	.79907352
2	平均值	-.0203696	.6412606	.3592574	-.4595696	-.1997924
	N	42	42	42	42	42
	標準偏差	1.27063479	.46582440	.96839355	.98346811	1.17523020
總計	平均值	.0000000	.0000000	.0000000	.0000000	.0000000
	N	92	92	92	92	92
	標準偏差	1.00000000	1.00000000	1.00000000	1.00000000	1.00000000

▶▶ 第二階段：K 平均數法集群分析

接著，將兩群體之中心（平均數）資料輸入到『範例\Ch16\信用卡分群第一階段中心.sav』，擬作為下階段『K 平均數集群法』之起始種子點：（注意其欄名的安排方式，否則無法被順利讀取。第一欄為『CLUSTER_』，其餘各欄恰與進行集群分析之五個因素分數欄同名稱）

	CLUSTER_	FAC1_1	FAC2_1	FAC3_1	FAC4_1	FAC5_1
1	1	.0171	-.5387	-.3018	.3860	.1678
2	2	-.0204	.6413	.3593	-.4596	-.1998

然後，再以下示步驟進行『K 平均數集群』：

STEP **1**　開啟『範例\Ch16\信用卡市場區隔.sav』

STEP **2**　執行「**分析(A)/分類(Y)/K 平均數集群…**」

STEP **3**　於左側，選取『知名與專業[FAC1_1]』、『功能[FAC2_1]』、『信貸[FAC3_1]』、『促銷[FAC4_1]』與『費用[FAC5_1]』等五個因素，按 🔙 鈕，將其送到右側之『變數(V)』方塊

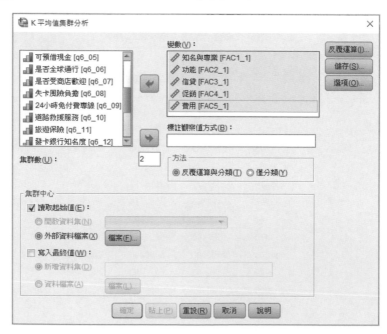

STEP **4** 於『集群數(U)』處輸入要分為幾群（本例為 2）

STEP **5** 於『集群中心』方塊，選「**讀取初始值(E)**」及「**外部資料檔案(X)**」，按其後之 檔案(F)... 鈕。找出『範例\Ch16\信用卡分群第一階段中心.sav』當起始種子點

STEP **6** 按 開啟(O) 鈕，回上一層對話方塊

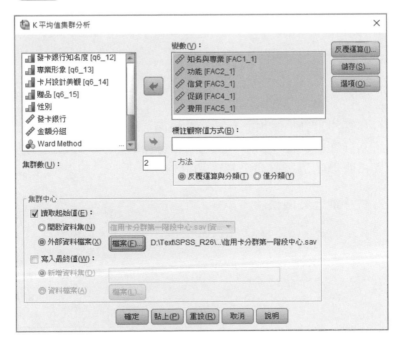

STEP **7** 按 儲存(S) 鈕，選擇要將分群結果儲存下來

K 平均值集群：儲存新… ✕
☑ 集群成員資格(C)
☐ 到集群中心的距離(D)
繼續(C)　取消　說明

STEP **8** 按 繼續(C) 鈕，回上一層對話方塊

STEP **9** 按 確定 鈕，獲致初始集群中心

起始集群中心

	集群	
	1	2
知名與專業因素	.0171	-.0204
功能因素	-.5387	.6413
信貸因素	-.3018	.3593
促銷因素	.3860	-.4596
費用因素	.1678	-.1998
來自 FILE 次指令的輸入		

及最後之集群中心：

最終集群中心

	集群	
	1	2
知名與專業	.04690	-.04898
功能	-.55569	.58039
信貸	-.30363	.31713
促銷	.52783	-.55129
費用	.11362	-.11867

可發現第 1 群在『促銷』上之分數較高，故可將其命名為『促銷群』；而第 2 群在『功能』與『信貸』上之分數較高，尤其在『功能』上之差異更明顯，故將其命名為『功能群』。

兩群體分別含幾個樣本：

每一個集群中的觀察值數目

集群	1	47.000
	2	45.000
有效		92.000
遺漏		.000

第 1 群有 47 個樣本；第 2 群
有 45 個樣本。並將分群結果
儲存於『QCL_1』：

	FAC5_1	CLU2_1	QCL_1
8	-.33204	2	2
9	.08370	1	2
10	-.10550	1	1
11	-.06078	2	2
12	.02132	2	2
13	-1.33694	2	2
14	-.73532	2	2
15	.72438	1	2
16	.70443	1	2

比較『CLU2_1』與『QCL_1』，可發現兩次分群結果有點不一樣。由
於在已知群數的情況下，『K 平均數法』優於『Ward's 方法』，故我們
取『QCL_1』之結果進行後續之分析。

茲將這些資料彙總於下表：

	集群一	集群二
知名與專業	0.0469	-0.0490
功能	-0.5557	0.5804
信貸	-0.3037	0.3171
促銷	0.5278	-0.5513
費用	0.1137	-0.1187
人數	47	45
百分比	51%	49%
集群命名	促銷群	功能群

▶▶ 驗證分群結果

要驗證先前之分群結果是否適當，可將分群結果（『QCL_1』）當分組變
數，將原『知名與專業[FAC1_1]』、『功能[FAC2_1]』、『信貸[FAC3_1]』、
『促銷[FAC4_1]』與『費用[FAC5_1]』等五個因素當自變數。跑一次判別分析，
看其判別函數之分組準確率如何？準確率越高，表先前之分群結果越好。

其處理步驟如下：

STEP **1**　開啟『範例\Ch16\信用卡市場區隔.sav』

STEP **2**　執行「**分析(A)/分類(Y)/判別(D)…**」

STEP **3**　左側選取『集群觀察值數[QCL_1]』變數（K 平均數法之分群結果）

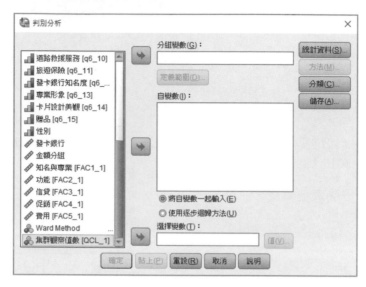

STEP **4**　按 ⬅ 鈕，將其送到右側之『分組變數(G)』方塊

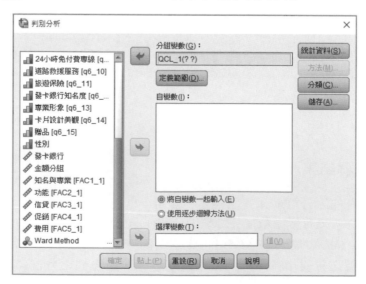

STEP **5** 按 定義範圍(D)... 鈕,於『最小值(N)』輸入 1,『最大值(X)』輸入 2,定義組別的上下限

STEP **6** 按 繼續(C) 鈕,回上一層對話方塊。『分組變數(G)』方塊處,QCL1_1 後之括號內會有剛剛所輸入之組別的上下限

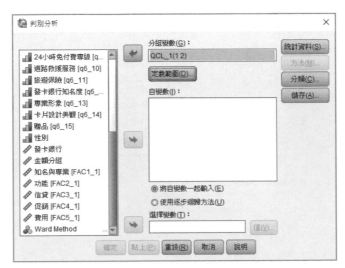

STEP **7** 左側選取『知名與專業[FAC1_1]』、『功能[FAC2_1]』、『信貸[FAC3_1]』、『促銷[FAC4_1]』與『費用[FAC5_1]』等五個因素,按 鈕,將其送到右側之『自變數(I)』方塊

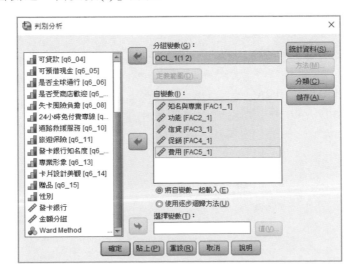

STEP **8** 選擇「**將自變數一起輸入(E)**」

STEP **9** 按 分類(C)... 鈕,於『顯示』處,選「**摘要表(U)**」,可列出一交叉表(混淆矩陣,confusion matrix),比較原組別與經過判別函數所指派之組別的正確率如何?

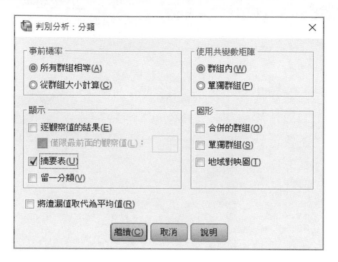

STEP **10** 按 繼續(C) 鈕,回上一層對話方塊

STEP **11** 按 確定 鈕,獲致

	Wilks' Lambda (λ)			
函數的檢定	Wilks' Lambda (λ)	卡方檢定	自由度	顯著性
1	.266	115.724	5	.000

　　Wilks' Lambda 值 0.266、卡方值 115.724、自由度 5、顯著性 0.000< α =0.05,判別能力達顯著水準,效果非常好。

標準化正準判別函數係數	
	函數
	1
知名與專業	-.109
功能	1.060
信貸	.671
促銷	-1.031
費用	-.262

標準化後之正準判別函數(典型判別函數)，正值部分以『功能』因素之係數最高（1.060）；負值部分以『促銷』因素之係數較大（-1.031）。

群組重心的函數	
	函數
集群觀察值數	1
1	-1.606
2	1.677
以群組平均值求值的非標準化正準判別函數	

集群 1 的重心為-1.606 之負值，由於『促銷因素』之係數為負且係數較高（-1.031），故愈注重此因素（贈品、卡片設計美觀）之受訪者，愈可能會歸屬到集群 1。

集群 2 的重心為 1.677 之正值，由於『功能因素』係數為正且較高（1.060），故而愈注重此一因素（是否受商店歡迎、失卡風險負擔、是否全球通行、循環利息、24 小時免付費專線）之受訪者，愈可能會歸屬到集群 2。

分類結果[a]

			預測的群組成員資格		
		集群觀察值數	1	2	總計
原始	計數	1	47	0	47
		2	0	45	45
	%	1	100.0	.0	100.0
		2	.0	100.0	100.0
a. 100.0% 個原始分組觀察值已正確地分類。					

此一判別函數的正確區別率為 100%，證明分群結果相當良好！

▶▶ 描述分群結果

將二階段集群分群之結果，經判別分析確認分群正確率之後，確定了應該分為兩個市場區隔後。接著即可針對這兩個市場區隔進行深入分析，如：以群別進行與基本資料之『交叉表分析』，可看出各群內之人口的性別、年齡、教育程度、職業、所得、有無信用卡、為何申請、為何不申請、所接觸之媒體、……等相關資料。

此外，也可以群別與對受訪者申請信用卡時所著重之考慮因素（進行主成份分析前之原始著重程度）、生活型態之態度量表、……等評價量表，進行『獨立樣本 T 檢定』（兩群體）或『單因子變異數分析』（多群體），以探討各群之考慮因素及生活型態的差異。

由於，對各群體有充份的瞭解，當業者考慮針對某一市場區隔進行重點促銷或主打某一專案時，將較能有效的深入到該群，不僅提高效果更能省下大筆經費。

首先，以群別分別與：性別、家庭所得、每月零用金、分組過之刷卡金額、有無信用卡、……等資料，進行交叉表分析。其處理步驟為：

STEP **1**　開啟『範例\Ch16\信用卡市場區隔.sav』

STEP **2**　執行「**分析(A)/敘述統計(E)/交叉資料表(C)…**」

STEP **3**　左側選取『集群觀察值數[QCL_1]』變數（K 平均數法之分群結果）

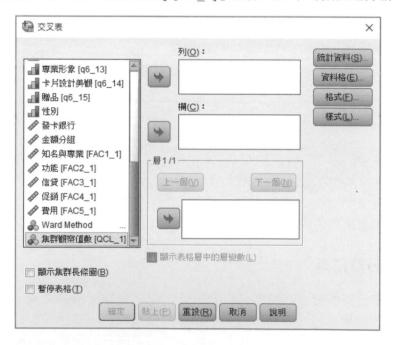

STEP **4**　按 🔁 鈕，將其送到右側之『欄(C)』方塊

STEP **5** 選『有無信用卡[q1]』、『最常使用[q3_1]』、『性別』、『發卡銀行』
與『金額分組』變數，按  鈕，將其送到右側之『列(O)』方塊

STEP **6** 按 統計資料(S)... 鈕，選擇要求得「**卡方檢定(H)**」

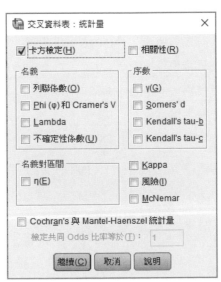

STEP **7**　按 繼續(C) 鈕，回上一層對話方塊

STEP **8**　按 資料格(E)... 鈕，設定要顯示「**觀察值(O)**」及「**欄(C)**」百分比

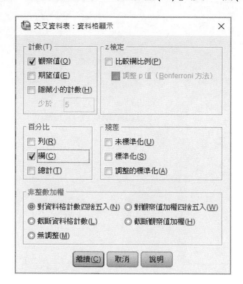

STEP **9**　按 繼續(C) 鈕，回上一層對話方塊

STEP **10**　按 確定 鈕，即可獲致各交叉表及其卡方值

茲將其交叉分析之結果彙總如下：

交叉內容	卡方	自由度	顯著性
群別 ＊ 有無信用卡	2.378	1	0.123
群別 ＊ 最常使用	4.222	7	0.754
群別 ＊ 性別	1.537	1	0.215
群別 ＊ 發卡銀行	0.549	4	0.969
群別 ＊ 金額分組	2.011	2	0.366

並未發現有任何顯著差異之現象。（可能是受訪者均為大學生，其齊質性太高之故）

由於，只有兩群。故接著以『獨立樣本 T 檢定』，檢定不同群別受訪者對：『年費』、『循環利息』、『信用額度』、『可貸款』、『可預借現金』、『是否全球通行』、『是否受商店歡迎』、『失卡風險負擔』、『24 小時免付

費專線』、『道路救援服務』、『旅遊保險』、『發卡銀行知名度』、『專業形象』、『卡片設計美觀』與『贈品』等 15 個變數之著重程度。其處理步驟為：

STEP 1　開啟『範例\Ch16\信用卡市場區隔.sav』

STEP 2　執行「**分析(A)/比較平均數(M)/獨立樣本 T 檢定(T)⋯**」

STEP 3　於左側選取『年費[q6_01]』～『贈品[q6_15]』，按 ⏵ 鈕，將其送到右側之『檢定變數(T)』方塊

STEP 4　左側選取『集群觀察值個數[QCL1_1]』變數（K 平均數法之分群結果），按 ⏵ 鈕，將其送到右側之『分組變數(G)』方塊

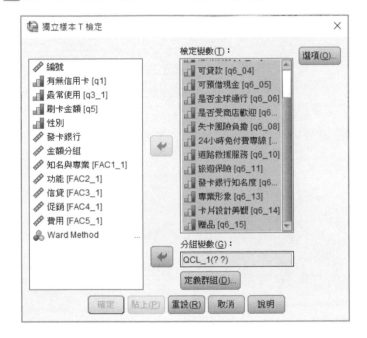

STEP 5　按 定義群組(D)... 鈕，定義組別之代碼

STEP **6** 按 [繼續(C)] 鈕，回上一層對話方塊

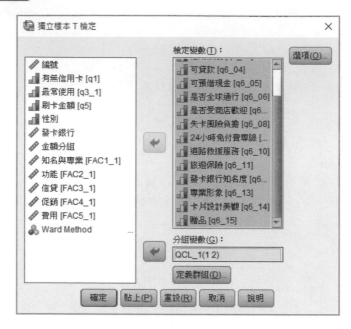

STEP **7** 按 [確定] 鈕結束，即可獲致其等之 T 檢定結果

群組統計量			
	集群觀察值數	N	平均值
年費	1	47	4.38
	2	45	3.89
循環利息	1	47	4.11
	2	45	4.42
信用額度	1	47	3.53
	2	45	3.93
可貸款	1	47	2.77
	2	45	3.24
可預借現金	1	47	2.57
	2	45	3.40
是否全球通行	1	47	4.11
	2	45	4.78
是否受商店歡迎	1	47	3.96
	2	45	4.78
失卡風險負擔	1	47	4.51
	2	45	4.96
24小時免付費專線	1	47	4.13
	2	45	4.44
道路救援服務	1	47	3.34
	2	45	3.89
旅遊保險	1	47	4.13
	2	45	4.29
發卡銀行知名度	1	47	3.91
	2	45	3.89
專業形象	1	47	4.06
	2	45	3.96
卡片設計美觀	1	47	4.04
	2	45	2.98
贈品	1	47	3.79
	2	45	2.82

獨立樣本檢定

		變異數等式的 Levene 檢定				平均
		F	顯著性	t	自由度	顯著性（雙尾）
年費	採用相等變異數	4.671	.033	2.819	90	.006
	不採用相等變異數			2.790	70.966	.007
循環利息	採用相等變異數	.163	.687	-1.804	90	.075
	不採用相等變異數			-1.811	88.069	.074
信用額度	採用相等變異數	4.120	.045	-2.678	90	.009
	不採用相等變異數			-2.682	89.859	.009
可貸款	採用相等變異數	.168	.683	-2.588	90	.011
	不採用相等變異數			-2.585	89.232	.011
可預借現金	採用相等變異數	.220	.640	-4.244	90	.000
	不採用相等變異數			-4.238	88.956	.000
是否全球通行	採用相等變異數	10.350	.002	-4.699	90	.000
	不採用相等變異數			-4.753	72.977	.000
是否受商店歡迎	採用相等變異數	2.265	.136	-6.428	90	.000
	不採用相等變異數			-6.485	79.645	.000
失卡風險負擔	採用相等變異數	72.815	.000	-4.349	90	.000
	不採用相等變異數			-4.428	55.588	.000

		F	顯著性	t	自由度	顯著性（雙尾）
24小時免付費專線	採用相等變異數	5.676	.019	-2.072	90	.041
	不採用相等變異數			-2.062	83.955	.042
道路救援服務	採用相等變異數	1.190	.278	-3.003	90	.003
	不採用相等變異數			-3.010	89.760	.003
旅遊保險	採用相等變異數	.002	.965	-.928	90	.356
	不採用相等變異數			-.927	89.606	.356
發卡銀行知名度	採用相等變異數	7.410	.008	.161	90	.873
	不採用相等變異數			.159	73.206	.874
專業形象	採用相等變異數	4.852	.030	.721	90	.473
	不採用相等變異數			.716	80.539	.476
卡片設計美觀	採用相等變異數	1.658	.201	6.537	90	.000
	不採用相等變異數			6.495	80.828	.000
贈品	採用相等變異數	.394	.532	5.020	90	.000
	不採用相等變異數			5.034	89.395	.000

於整體分析時，我們尚需要全體受訪者對各屬性著重程度之均數。故續以下示步驟求得：

STEP 1　執行「**分析(A)/敘述統計(E)/敘述統計(D)…**」

STEP **2** 於左側以滑鼠拖曳選取『年費[q6_01]』～『贈品[q6_15]』，按 ➡ 鈕，
將其送到右側之『變數(V)』方塊

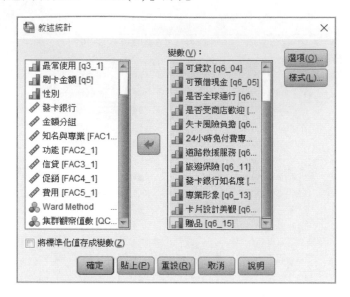

STEP **3** 按 確定 鈕，獲致全體受訪者對各屬性著重程度之均數

敘述統計

	N	最小值	最大值	平均值	標準偏差
年費	92	1	5	4.14	.872
循環利息	92	2	5	4.26	.850
信用額度	92	2	5	3.73	.743
可貸款	92	1	5	3.00	.914
可預借現金	92	1	5	2.98	1.016
是否全球通行	92	2	5	4.43	.760
是否受商店歡迎	92	2	5	4.36	.735
失卡風險負擔	92	2	5	4.73	.537
24小時免付費專線	92	2	5	4.28	.746
道路救援服務	92	1	5	3.61	.913
旅遊保險	92	1	5	4.21	.833
發卡銀行知名度	92	1	5	3.90	.771
專業形象	92	2	5	4.01	.719
卡片設計美觀	92	1	5	3.52	.943
贈品	92	1	5	3.32	1.037
有效的 N (listwise)	92				

茲將其結果彙總如下：（其操作方法詳第九章『均數檢定』之『轉入 Word 撰寫報告』）

變數	平均數			t 值	顯著性	<α
	集群 1	集群 2	全體			
年費	4.38	3.89	4.14	2.79	0.00	*
循環利息	4.11	4.42	4.26	-1.80	0.04	*
信用額度	3.53	3.93	3.73	-2.68	0.00	*
可貸款	2.77	3.24	3.00	-2.59	0.01	*
可預借現金	2.57	3.40	2.98	-4.24	0.00	*
是否全球通行	4.11	4.78	4.43	-4.75	0.00	*
是否受商店歡迎	3.96	4.78	4.36	-6.43	0.00	*
失卡風險負擔	4.51	4.96	4.73	-4.43	0.00	*
24 小時免付費專線	4.13	4.44	4.28	-2.06	0.02	*
道路救援服務	3.34	3.89	3.61	-3.00	0.00	*
旅遊保險	4.13	4.29	4.21	-0.93	0.18	
發卡銀行知名度	3.91	3.89	3.90	0.16	0.44	
專業形象	4.06	3.96	4.01	0.72	0.24	
卡片設計美觀	4.04	2.98	3.52	6.54	0.00	*
贈品	3.79	2.82	3.32	5.02	0.00	*
樣本數	47	45	92			

可發現有：『年費』、『循環利息』、『信用額度』、『可貸款』、『可預借現金』、『是否全球通行』、『是否受商店歡迎』、『失卡風險負擔』、『24 小時免付費專線』、『道路救援服務』、『卡片設計美觀』與『贈品』等申請信用卡考慮因素的注重程度，隨其群別不同而存有顯著差異。

第 1 群（『促銷群』）較著重：『年費』、『卡片設計美觀』與『贈品』等申請信用卡考慮因素。而第 2 群（『功能群』）較著重：『循環利息』、『信用額度』、『可貸款』、『可預借現金』、『是否全球通行』、『是否受商店歡迎』、『失卡風險負擔』、『24 小時免付費專線』與『道路救援服務』等申請信用卡考慮因素。

SPSS 26 統計分析嚴選教材
(適用 SPSS26~22)

作　　　者：楊世瑩
企劃編輯：江佳慧
文字編輯：王雅雯
設計裝幀：張寶莉
發 行 人：廖文良

發 行 所：碁峰資訊股份有限公司
地　　　址：台北市南港區三重路 66 號 7 樓之 6
電　　　話：(02)2788-2408
傳　　　真：(02)8192-4433
網　　　站：www.gotop.com.tw
書　　　號：AEM002500
版　　　次：2020 年 04 月初版
　　　　　　2024 年 03 月初版七刷
建議售價：NT$560

國家圖書館出版品預行編目資料

SPSS 26 統計分析嚴選教材(適用 SPSS26~22) / 楊世瑩著. --
初版. -- 臺北市：碁峰資訊, 2020.04
　　面；　　公分
　　ISBN 978-986-502-441-3(平裝)
　　1.統計套裝軟體　2.統計分析
512.4　　　　　　　　　　　　　　　　　　109002571